CARREIRAS DE IMPACTO

MARCELO SETTE-MOSANER

CARREIRAS DE IMPACTO

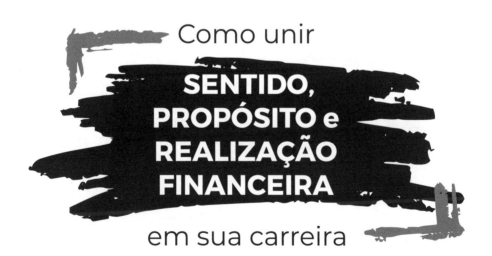

Como unir **SENTIDO, PROPÓSITO e REALIZAÇÃO FINANCEIRA** em sua carreira

ALTA BOOKS
EDITORA
Rio de Janeiro, 2021

Carreiras de Impacto

Copyright © 2021 da Starlin Alta Editora e Consultoria Eireli.
ISBN: 978-65-5520-607-4

Todos os direitos estão reservados e protegidos por Lei. Nenhuma parte deste livro, sem autorização prévia por escrito da editora, poderá ser reproduzida ou transmitida. A violação dos Direitos Autorais é crime estabelecido na Lei nº 9.610/98 e com punição de acordo com o artigo 184 do Código Penal.

A editora não se responsabiliza pelo conteúdo da obra, formulada exclusivamente pelo(s) autor(es).

Marcas Registradas: Todos os termos mencionados e reconhecidos como Marca Registrada e/ou Comercial são de responsabilidade de seus proprietários. A editora informa não estar associada a nenhum produto e/ou fornecedor apresentado no livro.

Impresso no Brasil — 1ª Edição, 2021 — Edição revisada conforme o Acordo Ortográfico da Língua Portuguesa de 2009.

Erratas e arquivos de apoio: No site da editora relatamos, com a devida correção, qualquer erro encontrado em nossos livros, bem como disponibilizamos arquivos de apoio se aplicáveis à obra em questão.

Acesse o site www.altabooks.com.br e procure pelo título do livro desejado para ter acesso às erratas, aos arquivos de apoio e/ou a outros conteúdos aplicáveis à obra.

Suporte Técnico: A obra é comercializada na forma em que está, sem direito a suporte técnico ou orientação pessoal/exclusiva ao leitor.

A editora não se responsabiliza pela manutenção, atualização e idioma dos sites referidos pelos autores nesta obra.

Produção Editorial
Editora Alta Books

Gerência Comercial
Daniele Fonseca

Editor de Aquisição
José Rugeri
acquisition@altabooks.com.br

Produtores Editoriais
Illysabelle Trajano
Maria de Lourdes Borges
Thales Silva
Thiê Alves

Marketing Editorial
Livia Carvalho
Gabriela Carvalho
Thiago Brito
marketing@altabooks.com.br

Equipe de Design
Larissa Lima
Marcelli Ferreira
Paulo Gomes

Diretor Editorial
Anderson Vieira

Coordenação Financeira
Solange Souza

Coordenação de Eventos
Viviane Paiva

Assistente Editorial
Caroline David

Equipe Ass. Editorial
Beatriz de Assis
Brenda Rodrigues
Gabriela Paiva
Henrique Waldez
Mariana Portugal
Raquel Porto

Equipe Comercial
Adriana Baricelli
Daiana Costa
Fillipe Amorim
Kaique Luiz
Victor Hugo Morais

Atuaram na edição desta obra:

Revisão Gramatical
Fernanda Lutfi
Flavia Carrara

Capa
Rita Motta

Diagramação
Heric Dehon

Ouvidoria: ouvidoria@altabooks.com.br

Editora afiliada à:

Dados Internacionais de Catalogação na Publicação (CIP) de acordo com ISBD

S495c Sette-Mosaner, Marcelo
Carreiras de Impacto: como unir SENTIDO, PROPÓSITO e REALIZAÇÃO FINANCEIRA em sua carreira / Marcelo Sette-Mosaner. - Rio de Janeiro : Alta Books, 2021.
320 p. ; 17cm x 24cm.

Inclui índice.
ISBN: 978-65-5520-607-4

1. Carreiras. 2. Realização profissional. 3. Realização financeira. I. Título.

2021-4196
CDD 658.3
CDU 658.3

Elaborado por Odilio Hilario Moreira Junior - CRB-8/9949

Rua Viúva Cláudio, 291 — Bairro Industrial do Jacaré
CEP: 20.970-031 — Rio de Janeiro (RJ)
Tels.: (21) 3278-8069 / 3278-8419
www.altabooks.com.br — altabooks@altabooks.com.br

SUMÁRIO

	APRESENTAÇÃO	**VII**
	PREFÁCIO	**IX**
	AGRADECIMENTOS	**XIII**
INTRODUÇÃO	UM CAMPO CADA VEZ MAIS PRÓXIMO DE NÓS	**XVII**
CAPÍTULO 1	UMA ANGÚSTIA DE FUNDO	**1**
CAPÍTULO 2	NOSSAS CRISES ÍNTIMAS E GLOBAIS	**19**
CAPÍTULO 3	O QUE HÁ NO CAMPO DE IMPACTO SOCIAL	**31**
CAPÍTULO 4	MITOS E PRECONCEITOS NO CAMPO DE IMPACTO SOCIAL	**49**
CAPÍTULO 5	AS PORTAS DE ENTRADA ESTÃO ABERTAS	**65**
CAPÍTULO 6	PLANEJANDO SUA GUINADA	**91**
CAPÍTULO 7	COMPETÊNCIAS E HABILIDADES ESSENCIAIS	**109**

VI — CARREIRAS DE IMPACTO

CAPÍTULO 8	ESCOLHENDO UM CAMINHO	**131**
CAPÍTULO 9	EXAMINANDO AS ORGANIZAÇÕES COM UMA LUPA	**149**
CAPÍTULO 10	O QUE AS ORGANIZAÇÕES ESPERAM DE VOCÊ	**163**
CAPÍTULO 11	ERROS E DESAFIOS QUE ESPREITAM SUA CARREIRA	**177**
CAPÍTULO 12	BOAS AÇÕES PRECISAM SER MEDIDAS	**195**
CAPÍTULO 13	COMO É O TRABALHO, NA PRÁTICA, NO CAMPO DE IMPACTO SOCIAL	**213**
CAPÍTULO 14	O PODER MULTIPLICADOR DO GOVERNO	**243**
CONCLUSÃO	UM BOM PRESSENTIMENTO	**279**
	REFERÊNCIAS	**282**
	ÍNDICE	**290**

APRESENTAÇÃO

A busca por uma vida que preenche expectativas é algo que se inicia muito cedo. Desde crianças, estamos permanentemente em busca do que queremos, do que nos deixa satisfeitos, com maior ou menor certeza de chegar lá, a depender dos nossos contextos familiar e socioeconômico. Chegar lá, no entanto, tem sido o desafio de sucessivas gerações de jovens que ingressam na vida profissional. Ao longo dos últimos 50-60 anos da nossa história, um aspecto tem se intensificado — a ligação direta do propósito com a realização individual.

Os últimos 20 anos adicionaram um elemento muito relevante — essa conexão só faz sentido quando é percebido o valor social, ou seja, quando essa carreira ganha dimensão ampliada. Uma carreira que inclui o propósito de enfrentar os grandes desafios socioambientais não se limita mais a organizações sem fins lucrativos e institutos e fundações empresariais. Essa perspectiva já compõe um "campo", como bem apresentado pelo autor, usando uma definição da física quântica: um espaço onde a possibilidade de existir é bem maior; campo esse que hoje inclui startups, empresas, governos e até mesmo grandes corporações.

Marcelo desvenda o que realmente importa nas jornadas rumo a carreiras plenas e bem-sucedidas, a partir de seu próprio percurso e de histórias reais de quem fez transições interessantes de carreira. Num papo reto com jovens pensando em ingressar numa carreira e também com aqueles que não veem sentido em sua atual carreira e desejam mudar, mas ainda não sabem como, nem para onde mudar, Marcelo traz muitas dicas práticas e situações inspiradoras, como quando apresenta um exercício de reflexão para que você também consiga desvendar suas possibilidades.

Este é um livro necessário para todos aqueles que buscam encontrar sentido na vida, fazendo a diferença além do tão falado sucesso. Ele irá lhe inspirar a gerar valor para si e para a sociedade. E, quando conseguirmos alcançar isso, teremos uma sensação clara de plenitude pessoal e perceberemos, sem sombra de dúvida, a mudança no nosso entorno e o progresso contínuo das pessoas de nossa convivência próxima e na sociedade mais ampla.

Angela Dannemann
CEO, Fundação Itaú Social

PREFÁCIO

Este livro é uma conversa bem informada, um sobrevoo de quem trabalhou em diversas áreas, em diferentes países, e optou por mudar a sua visão de sucesso na vida: em vez de buscar apenas encher o bolso, sentir que está fazendo algo útil. Todos nós precisamos equilibrar nossas contas e para isso estamos dispostos a suar a camisa. Mas será exagero pedir que o que fazemos tenha algum sentido para a sociedade e não apenas para os acionistas?

O conceito de "carreira de impacto" tem a ver precisamente com a oportunidade de dedicarmos nossos esforços a algo que faça sentido em termos de resultados sistêmicos. Não se trata de um luxo. Trata-se de conciliar os objetivos da nossa vida, de resgatar a harmonia entre a necessidade de sobrevivência e a ética, a decência humana, o sentimento tão importante de estar "contribuindo".

Essa é a visão de mundo que nos traz o autor: "É reconfortante, por exemplo, sabermos que há espaço para alinhar uma carreira de alto impacto na área social com muita qualidade de vida e satisfação. Essa satisfação não está ligada a bônus milionários nem ao consumo de bens e serviços de luxo, mas sim ao simples e profundo contentamento que vem de poder usar nosso bem mais

CARREIRAS DE IMPACTO

precioso — nosso tempo de vida — para produzir valor para todos aqueles que nos cercam, com um olhar dedicado aos mais vulneráveis e menos favorecidos."

Não se trata aqui de idealismo ingênuo. No ano de 2019, os presidentes das 181 maiores corporações norte-americanas assinaram uma carta de compromisso de que irão controlar seus impactos ambientais mais destrutivos, incorporar nas suas decisões os interesses das comunidades e não apenas dos acionistas, e assim por diante. Não devemos ter ilusões excessivas, conhecemos a força dos interesses financeiros organizados, mas o fato é que a questão da governança corporativa está na ordem do dia. O planeta enfrenta uma convergência de dramas: os desastres ambientais, a desigualdade explosiva, o caos dos sistemas financeiros descontrolados e, ainda por cima, a pandemia. O mundo está à procura de novos rumos e, com as crises, surgem oportunidades.

Milhões de pessoas no mundo já estão construindo novos rumos. De forma autônoma, com organizações de base comunitária, organizações não governamentais, bancos comunitários de desenvolvimento e semelhantes ou, ainda, formando empresas lucrativas, mas responsáveis em termos sociais e ambientais. A variedade é imensa e o presente livro traz inúmeros exemplos nos mais variados países, setores de atividade e formas de organização. De certa maneira, enquanto não chegam as tão aguardadas transformações estruturais, muita gente está mudando os rumos dentro do sistema atual.

O texto é repleto de sugestões sobre como uma pessoa pode encontrar espaço profissional neste mundo da "economia de impacto", desde as opções de estudo e conhecimentos necessários até os tipos de carreiras que se abrem, sem esconder escolhos e dificuldades. Numerosas entrevistas com profissionais da área tornam a discussão muito concreta. E a própria descrição da trajetória do autor, que trabalhou tanto em grandes corporações como em organizações da sociedade civil, mostra o dia a dia das opções que se apresentam. No conjunto, uma ótima ferramenta para quem deseja que sua vida profissional faça sentido não apenas para seu bolso.

Sabemos o que deve ser feito. Precisamos construir uma sociedade não só economicamente viável, como socialmente justa e ambientalmente sustentável. Esses objetivos estão detalhados na Agenda 2030, com os 17 objetivos e 169 metas. E temos os recursos: 85 trilhões de dólares de bens e serviços que o mundo produz anualmente representam 18 mil reais por mês por família de quatro pessoas — com uma moderada redução das desigualdades, podemos assegurar a todos uma vida digna e confortável. E dispomos das tecnologias para reconverter as atividades destrutivas em termos ambientais. O nosso problema não é econômico, no sentido de falta de recursos, e sim de organização política e social.

Ao tripé econômico, social e ambiental que resume os objetivos, corresponde um tripé de organização do processo decisório, com um novo equilíbrio entre o setor público, o mundo empresarial e as organizações da sociedade civil. Ultrapassando os discursos ideológicos sobre "Estado mínimo", a perseguição às ONGs ou as absurdas privatizações, precisamos assegurar a sinergia das diversas formas de organização, com papéis diferenciados, mas convergentes, para uma sociedade mais sustentável. Esses são os desafios, mas não precisamos esperar as grandes transformações para começar a enfrentá-los.

Os numerosos exemplos e a descrição de diferentes trajetórias profissionais que encontramos neste livro mostram que não se trata de sonhos, e sim de potenciais que já estão sendo aproveitados por muita gente que cansou de uma correria sem sentido. Este é um livro propositivo, muito útil nesta era de lamentações.

Ladislau Dowbor

Economista e Professor Titular da Pontifícia Universidade Católica de São Paulo
28 de novembro de 2020

AGRADECIMENTOS

Eu agradeço, agradeço e agradeço! Agradeço pela oportunidade de compartilhar não apenas a minha experiência pessoal, mas também por poder ventilar as ricas histórias das dezenas de profissionais que compartilharam abertamente suas trajetórias pessoais e profissionais para você que nos lê agora.

Agradeço a meu amigo Eduardo Vilella por ter me ajudado a formatar inicialmente o livro e por ter insistido em uma linguagem extremamente simples e direta; e ao amigo e jornalista Leonardo Mourão por participar ativamente das entrevistas e ajudar a transcrever as histórias deste livro em palavras simples e acessíveis, sem nunca perder a riqueza dos detalhes de cada entrevista.

Agradeço em especial à confiança dos seguintes profissionais de organizações voltadas ao impacto social que cederam seu valioso tempo para contribuir de algum modo com a construção desta obra: Alix Birche, Ana Luiza Loureiro, Ana Luiza Prudente, Anna Cristina Romanelli, Angela Dannemann, Anna de Souza Aranha, Bruna Cerqueira, Carla Branco, Carla Crippa, Cláudio Pucci, Daniel Lança, Débora Verdan, Eduarda La Rocque, Felipe Morais de Oliveira, Felipe Rigoni, Franklin Félix, Germano Guimarães, Gláucia Barros, Guilherme Sylos, Guillermo Scallan, Gustavo Bernardino, Isabela Tramansoli, Julietty Quinupe

Betzel, Karen Polaz, Ladislau Dowbor, Larissa Faresin, Luana Moraes Amorim, Luiz Fernando Pedroso, Luiza Cecarelli, Marcel Fukayama, Marcos Pinheiro, Mauricio de Almeida Prado, Márcia Pregnolatto, Michel Freller, Natália Pollachi, Otavio Leonhardt, Pamella Canato, Paula Fabiani, Rafael Camelo, Renata Camargo, Renata Fabrini, Renata Rizzi, Renata Ruggiero Moraes, Renata Sene, Roberto Hirsch, Sérgio Andrade, Sérgio Resende, Sean McKaughan e Uílson Paiva.

Agradeço também a todas as pessoas com as quais conversei e que contribuíram direta ou indiretamente para a construção desta obra.

Por fim, agradeço incondicionalmente à minha família por todo o apoio.

São Paulo
Dezembro de 2020

UM CAMPO
CADA VEZ MAIS
PRÓXIMO
DE NÓS

E ste é um livro que eu, o próprio autor, gostaria muito de ter encontrado em uma estante de livraria (seja física ou virtual) há dez anos, quando decidi deixar de lado uma carreira profissional convencional e reorganizar minha vida e minha carreira em torno do campo de impacto social. Eu passei a me dedicar a uma carreira de impacto.

XVIII · CARREIRAS DE IMPACTO

Carreiras de impacto são aquelas cuja razão de existir é trabalhar a fim de que transformações estruturais aconteçam para tornar o mundo um lugar melhor — mais justo, mais igualitário, com oportunidades melhor distribuídas entre as pessoas e, enfim, com menos sofrimento e mais felicidade para todos. Para isso, é preciso repensar e reorganizar o modo como nos relacionamos com o mundo. Precisamos repensar as nossas relações com as pessoas, com a natureza, com as empresas, com os governos e até mesmo com o nosso dinheiro.

Mas nem sempre pensei assim. Na época, decidi mudar de trajetória. Abandonei uma carreira bem remunerada e até mesmo inusitada — dentre outras iniciativas, abri uma empresa na China aos 23 anos de idade — e percorri uma longa e sinuosa estrada até conseguir me estabelecer no campo de impacto social.

Em minha caminhada, cheguei a um bom destino. Encontrei um campo no qual — muitos desconhecem — há organizações bem estruturadas, com atuação regional, nacional e global, que contam com políticas de cargos e salários bem definidos, com real possibilidade de ascensão profissional e remuneração crescente ao longo da carreira. Nos últimos anos, as melhores organizações desse campo têm oferecido salários mais próximos aos das empresas "convencionais", aquelas que visam exclusivamente ao lucro.

Os olhos da sociedade estão cada vez mais voltados para o campo de impacto social e tenho a convicção de que isso acontece em virtude de uma mudança que deve ser procurada, principalmente, dentro de nós.

O trabalho que essas organizações sociais realizam tem grande repercussão, é reconhecido por organizações internacionais, por governos mundo afora, e é visto com simpatia em quase todas as mídias de comunicação. Os profissionais que nelas atuam são vistos com seriedade pela imensa maioria das instituições, inclusive pela iniciativa privada "convencional", que frequentemente emprega os seus serviços e desenvolve contatos cada vez mais estreitos com elas.

Carreiras de impacto social são vistas com respeito, na medida em que seus integrantes têm uma crescente influência sobre os rumos da sociedade. Os olhos da sociedade estão cada vez mais voltados para o campo de impacto social e tenho a convicção de que isso acontece em virtude de uma mudança que deve ser procurada, principalmente, dentro de nós.

Cada vez mais pessoas estão sentindo um certo desconforto, que chamo de "angústia de fundo", com as dificuldades (desigualdades sociais das mais diversas, poluição do meio ambiente, aquecimento global etc.) que todos nós, habitantes deste planeta, estamos passando e desejam reinventar suas carreiras: trabalhar em algo com sentido e sentir-se verdadeiramente realizado no trabalho passaram a estar no topo das prioridades profissionais das novas gerações e de muitos membros da geração X. Ao mesmo tempo, há um desejo forte cada dia mais presente para tornar nossas cidades, país e planeta lugares melhores para se viver. Mostro a você, no Capítulo 1, que existe uma alternativa muito viável e interessante de carreira que é atuar no campo de impacto social. É, sim, completamente possível ser feliz no trabalho, contribuir para reduzir desigualdades sociais, resolver problemas ambientais e ser bem remunerado!

No Capítulo 2, conversaremos sobre os grandes desafios globais da atualidade, focando especialmente a questão climática e a extrema pobreza. Apresento um panorama da situação atual: embora tenhamos conquistado avanços importantes nas últimas décadas, entenderemos que há um longo caminho pela frente a ser percorrido, caminho esse que apresenta inúmeras oportunidades profissionais para você que deseja uma carreira que combine sentido, impacto positivo e boa remuneração. E temos muitos motivos para ficar esperançosos de que conseguiremos dar a virada rumo a um planeta sustentável e muito menos desigual, pois há tecnologia disponível, muita gente e organizações locais e globais dedicadas à resolução ou atenuação desses problemas.

A boa notícia é que o campo de impacto social é repleto de oportunidades em organizações sérias. Por meio delas é possível, sim, engajar-se de modo consciente e desenvolver uma carreira repleta de força transformadora e sentido. No Capítulo 3, teremos uma visão ampla do seu alcance (em 2016, havia mais de 820 mil organizações da sociedade civil no Brasil) e será possível conhecer as principais áreas de atuação nas quais essas organizações estão presentes. Tais áreas vão muito além do que chamamos tradicionalmente de "ONGs", mostrando vários outros perfis de organizações sociais sem fins lucrativos e também atuações com impacto social na iniciativa privada e no setor público.

Quais são os principais mitos e preconceitos que existem em relação às organizações e profissionais que atuam no campo de impacto social? Mesmo com a crescente influência dessas organizações no cenário nacional, muitos ainda não se convenceram de sua relevância enquanto elemento de transformação por conta de mal-entendidos, mitos e preconceitos contra o campo de impacto social. A falta de fundamento deles é debatida no Capítulo 4, que abordará tais

CARREIRAS DE IMPACTO

mitos e preconceitos, desconstruindo cada um deles e mostrando por que eles são completamente infundados.

Após conhecer o universo dos diferentes tipos de organizações do campo de impacto social e suas múltiplas possibilidades, o leitor entrará em contato com as portas de entrada para esse campo. O Capítulo 5 aborda as formações acadêmicas mais comuns, que conjunto de conhecimentos e experiências são interessantes, e quais são os caminhos mais interessantes de ingresso no universo do impacto (trabalho voluntário, prestação de consultoria, aplicação a editais, programas de trainees, dentre outros). Mas é preciso admitir que, também do lado das organizações sociais, há uma certa dificuldade em entender como a expertise de pessoas vindas da iniciativa privada pode contribuir com as boas causas sociais. Talvez haja até mesmo preconceitos. Ao contar um pouco de minha própria trajetória, proponho rotas para migrar para organizações de impacto social ou transformar sua carreira atual em empresas privadas em uma carreira de impacto social.

É importante que você reserve um tempo de qualidade para entrar no Capítulo 6, pois será estimulado a pensar o seu propósito, assim como fará um exercício para identificar as bagagens que você já traz de trajetórias anteriores. Uso o termo "bagagem" para me referir ao conjunto de conhecimentos, habilidades, competências e experiências que você já tem. Falaremos também sobre como você pode realizar uma transição tranquila de carreira para o campo de impacto social, entendendo a sua mudança de carreira como um processo e não uma mudança abrupta. Quais são os pontos de atenção que você deve levar em conta para sua transição? Você receberá dicas, insights e orientações para planejar sua mudança.

O Capítulo 7 revela quais são as principais habilidades e competências para uma carreira de sucesso no campo de impacto social. Uma especialista em recursos humanos com larga experiência trabalhando com organizações do campo de impacto social e um dos maiores entendedores do país sobre estratégia de captação de recursos, assunto de vital importância para a perenidade das organizações voltadas ao impacto social, ambos convidados por mim, compartilham seus conhecimentos e experiências sobre as competências e habilidades fundamentais em carreiras de impacto social.

Essa conversa com especialistas é especialmente preciosa na medida em que sabemos que as organizações de impacto social vêm se tornando crescentemente exigentes em seus processos de seleção. Esse é um campo no qual falar inglês vem se tornando uma exigência tão banal quanto saber lidar com os softwares mais básicos, disponíveis nos laptops comuns. Ter passado uma temporada no exterior, cursado um mestrado ou feito especializações não é mais algo que se restringe aos líderes dessas organizações.

No Capítulo 8 trataremos da escolha, feita por você, sobre a área específica na qual deseja atuar no campo de impacto social. Abordo as áreas de mudança climática, educação, saúde, startups sociais, dentre outras, e apresento os prós e os contras de se trabalhar em diferentes segmentos. Destaco também que pode ser muito válido primeiro viver uma experiência na área de seu interesse trabalhando nela como voluntário.

No entanto, como acontece em qualquer área, no campo de impacto social também há organizações boas e outras não tão boas assim. Embora a grande maioria das organizações seja séria, é importante que você aprenda a distinguir as iniciativas inócuas ou que não são idôneas, isso é, que não geram qualquer resultado social relevante. É necessário examinar com cautela, olhar "com lupa", como diz o Capítulo 9 em seu título, como essas organizações se estruturam, a que interesses elas, de fato, pretendem atender, qual é a seriedade das suas intenções e como as pessoas se relacionam dentro delas. Saber como identificar organizações sérias lhe protegerá de entrar em "frias", especialmente se você ainda não tem amigos ou conhecidos que atuam no campo de impacto social e possam fornecer recomendações e orientações.

Se devemos ter claro o que esperamos das organizações nas quais pretendemos trabalhar, devemos saber que elas também nos examinarão com uma lupa, caso tenham interesse em nos contratar. O Capítulo 10 traz as informações fundamentais sobre os processos seletivos em organizações do campo de impacto social. O leitor conhecerá as características e especificidades desses processos e receberá orientações sobre como deve se preparar para eles. Uma *headhunter*, convidada por mim, destrincha os processos e traz recomendações preciosas para você se preparar bem.

Pronto! Então você se prepara, investe tempo e energia e consegue uma vaga no campo de impacto. Perfeito — mas é importante que você saiba que seu dia a dia não será exatamente um mar de rosas. Quais são os problemas e desafios mais comuns enfrentados por quem trabalha no campo de impacto social? Quais são as pressões e as possíveis fontes de estresse no dia a dia? Quais são os erros básicos que os profissionais em início de carreira no campo de impacto social não podem cometer? Além disso, compartilho com você os principais desafios que vivo no meu trabalho.

XXII CARREIRAS DE IMPACTO

Boas ações precisam ser medidas. O Capítulo 12 mostra por que é fundamental avaliar e medir o trabalho das organizações de impacto social. Se não medimos, não conseguimos saber, de fato, a extensão do impacto e nem se o esforço, realmente, está vingando. Nesse capítulo você aprenderá o que são indicadores de resultado e a importância de fazer as perguntas certas ao avaliar o trabalho de organizações voltadas ao impacto social.

Os Capítulos 13 e 14 enriquecem e complementam informações sobre as principais áreas de atuação do campo de impacto social. Nessas duas últimas seções, saberemos como se deu o desenvolvimento da carreira de líderes atuantes nessas áreas.

O Capítulo 13 traz entrevistas com lideranças de ONGs, institutos e fundações empresariais e independentes e empresas de impacto social. Os entrevistados contam como construíram suas carreiras e como é trabalhar no campo de impacto social. Nele você conhecerá o que são as chamadas "Empresas B" e o atual estágio de desenvolvimento do investimento socialmente responsável no mundo.

As lideranças entrevistadas no Capítulo 14, especialistas em políticas públicas que atuam dentro e fora do poder público, mostram o tremendo poder de transformação das políticas públicas no desenvolvimento do país e também contam suas trajetórias profissionais.

Utilizei neste texto por diversas vezes o termo "campo de impacto social". Quando me sentei para começar a construir este livro, meu primeiro impulso foi chamar o grande contexto sobre o qual pretendia refletir de "setor do impacto social". Mas algo me fez parar e pensar. Por que usar a palavra "setor"?

Eu mesmo utilizei essa palavra por muito tempo para delimitar a grande área em que trabalho. Falava em *Setor de Impacto Social*, pensando em categorias de organizações sociais, de vários tipos e tamanhos, que têm como sua razão de ser, seu principal motivo de existência, provocar mudanças positivas e duradouras na estrutura da sociedade.

Mas alguma coisa parecia estar fora da ordem. Depois de pensar bastante e conversar com colegas, percebi que o termo não era justo. Parecia algo binário e estático, como se existissem carreiras de impacto apenas em lugares predefinidos e nenhuma possibilidade de encontrar carreiras de impacto social fora desse "setor". Principalmente porque, quando falamos em "setor", a coisa toda me parece ser uma caixa fechada, uma área ou um segmento que é uma subdivisão de algo.

UM CAMPO CADA VEZ MAIS PRÓXIMO DE NÓS

Não é assim que eu enxergo essa dimensão social. E considero não ter o direito de predefinir ou classificar que tipo de organizações geram, ou não geram, os impactos sociais específicos sobre os quais falaremos aqui.

Seguramente, várias carreiras e profissões que geram impacto social relevante e positivo não estarão neste livro, daí a injustiça que traria o termo "setor". Além disso, o objetivo aqui é compartilhar abertamente os meus aprendizados pessoais e profissionais, e não fazer um levantamento completo de todos os tipos de ocupações que geram impacto social positivo, algo que seria quase impossível.

Prefiro, portanto, o termo "campo".[1] Campo de impacto social. Por que falo em um campo de impacto social? Minha ideia aqui é de um campo de possibilidades e oportunidades. Se você buscar no dicionário, um campo é um espaço aberto e pode ser usado também como uma "esfera de ação" ou domínio. O campo não é "predefinido". Você pode atraí-lo e contribuir com sua expansão a partir de lugares inusitados, como, por exemplo, uma grande empresa sem tradição de sustentabilidade, ou mesmo iniciando seu próprio negócio social. O que chamo de campo de impacto social é um campo em que a *probabilidade* de poder contribuir com mudanças estruturais na sociedade é bem maior do que fora dele.

E é disso que se trata este livro: nosso planeta precisa de transformações, nós precisamos de transformações; por que não converter a necessidade nua e crua de mudanças em oportunidades de carreira? Para marcar um golaço no campo de impacto social, você — seja alguém que está em uma empresa convencional e pretende migrar para esse campo ou alguém que começa agora a sua carreira profissional — precisa pelo menos estar jogando no campo certo e no momento ideal. As indicações que faço aqui e as explicações do que entendo desse campo são informações essenciais para que você tenha maiores possibilidades de construir os trilhos da sua carreira com propósito, segurança e alcançando muita satisfação.

---

1   Eu fui muito inspirado pela física de partículas nessa ideia de um campo de possibilidades, especificamente pelo Campo de Higgs, que é uma espécie de área na qual a possibilidade de a matéria existir é maior. Muitas pessoas já ouviram falar do bóson de Higgs (bóson é apenas o nome de uma partícula e Higgs é a pessoa que a detectou), noticiada como a "partícula de Deus". Mas o realmente importante no meu entendimento leigo é o Campo de Higgs. O bóson é a prova material da existência do campo. https://super.abril.com.br/mundo-estranho/o-que-e-o-boson-de-higgs/

UMA ANGÚSTIA DE FUNDO

Vivemos um momento muito especial da história do planeta Terra. Um momento de transformações exponenciais no modo como nos conectamos, como pensamos, vivemos e trabalhamos. Experienciamos um tempo em que a ação do ser humano — os impactos do modo como produzimos e consumimos — passou a definir a viabilidade (ou a inviabilidade) da própria continuidade da nossa existência.

2 CARREIRAS DE IMPACTO

Tudo bem: eu sei que você já ouviu isso dezenas ou centenas de vezes, afinal quem nunca ouviu falar de mudança climática ou do plástico nos oceanos? Mas ouvir dizer é uma coisa, já fazer algo a respeito... isso é mais difícil. Como contribuir com algo que realmente traga um potencial de mudança? Como fazer isso? Este livro trata disso. Não falaremos sobre como é importante reciclar latinhas ou ajudar no asilo no fim de semana. Você pode encontrar informações sobre esses assuntos em outro lugar. Nada contra, são atividades importantes, mas simplesmente não é o foco deste livro. O que tratamos aqui é sobre como você pode fazer a diferença de outro modo, ao fazer disso o centro da sua vida, ou pelo menos o centro da sua vida profissional, e, portanto, sendo devidamente remunerado com essas atividades.

Eu tenho uma tese. Pelo menos comecei a perceber isso em mim e ao conversar com muitas pessoas sobre esse momento único da história da humanidade. A tese é a seguinte: eu tenho certeza de que essa ameaça à existência humana, junto com a sensação de impotência, tem gerado um mal-estar de fundo, podendo se transformar até em uma fonte de angústia. Para mim foi assim: no começo, era um sentimento quase indetectável, um incômodo no âmago, pois, na primeira vez que realmente entendi a gravidade da crise que vivemos, entendi apenas com a cabeça, mas, quando vi, uma voz já estava gritando dentro de mim: "Cara, você precisa usar seu potencial para fazer alguma coisa para ajudar as pessoas, afinal o que realmente importa na vida?"

Só que o problema é que, na maioria das vezes, não dá mesmo para fazer muita coisa. E como sabemos que tudo está indo para o buraco, mas não sabemos o que fazer e como fazê-lo, continuamos na rotina, na caminhada diária, no acordar–trabalhar–descansar–final de semana, cada vez espremendo mais e mais as atividades da nossa rotina, correndo com nossos dias agitados e cheios de tarefas, no tal do "piloto automático", o que eu chamo de "estar preso nos trilhos".

Muita gente está grudada nos trilhos, e essa expressão ressoa fundo em mim, pois tive uma série de sonhos muito realistas sobre essa situação, os quais conto em um box neste capítulo.

Estar dentro do trem é uma verdadeira angústia! Talvez você ache a palavra "angústia" muito forte para definir o que sente, ou ao menos na parte profissional. Pode ser até que você se considere razoavelmente feliz no seu trabalho e na sua vida. Mas talvez você não saiba que dá, sim, para ir além: dá para ser feliz com um trabalho que una propósito genuíno com uma situação financeira bacana, legal, confortável. Isso é possível e está, sim, ao seu alcance, eu tenho certeza disso! Só preciso voltar um pouquinho no tema da angústia de fundo antes de avançar e entrar mesmo no tema deste livro.

AMEAÇA E LIBERDADE INFINITA

Para mim, vivemos em um tempo de mal-estar coletivo. Você pode achar que eu estou sendo pessimista, que tem muita coisa boa acontecendo, e eu não discordo de você, mas precisamos encarar o que nos incomoda de frente, aprender a ouvir a vozinha medrosa dentro da gente para podermos ter a coragem de alçar voos mais altos. O mal-estar profundo está enraizado em nossas mentes, mas a minha tese é que ele está tão diluído entre nossas "correrias" individuais que quase não entramos em contato com esse sentimento. Todo mundo sabe que existe miséria perto de casa, que tem crianças e jovens morrendo no tráfico, mas se concentrar e dedicar uma vida para mudar uma causa requer foco, coragem, dedicação e aprender a se ouvir. Mas, afinal, de que sentimento estou falando, seria o que alguns chamam de "ansiedade", "sofrimento" ou até "descontentamento"? Existe uma definição do século retrasado que acho superatual: Para o filósofo dinamarquês Søren Kierkegaard (1813–1855), a angústia estaria mais ligada a um sentimento de ameaça impreciso e indeterminado, que nos seria inerente, ou seja, não temos como evitá-lo. O que é bem condizente com o mundo caótico e superdinâmico em que vivemos, e tem tudo a ver com o contexto da emergência climática, ou da pandemia, com a hiperconcentração de renda, e a desigualdade brutal. Até percebermos uma "ameaça difusa" que nos ronda.

Outra definição complementar foi escrita pelo filósofo Jean Paul Sartre (1905–1980), para quem a angústia viria justamente do sentimento de responsabilidade (e do peso) que temos por conta da infinita liberdade humana. Em outras palavras, como podemos fazer tudo (ou quase tudo), nos sentimos angustiados com todos os outros possíveis caminhos que não percorremos. Para nós, afirma Sartre, descartar opções e tomar decisões é angustiante.

Eu senti essa angústia muitas vezes: um aperto inexplicável no peito, dificuldade de respirar e a impressão de que não haveria outra saída para essa ou aquela situação e que teria de aguentar tudo sozinho. Apesar de todo o sofrimento, sou eternamente grato a essa angústia, pois ela mudou completamente minha carreira e minha vida. A frase pode ser considerada meio batida, mas só percebi o quanto isso foi verdadeiro anos depois da minha transição de

CARREIRAS DE IMPACTO

empresário e executivo em empresas para minha carreira atual. Ajudou-me bastante na construção de meus próprios trilhos, redefinindo minha própria razão de existir em torno de uma carreira de propósito ao trabalhar com impacto social.

Não foi um movimento fácil. Não me livrei imediatamente da "correria", da luta diária para dar conta de todas as tarefas, estejam elas no trabalho, em casa ou nos estudos. Aliás, quem trabalha com impacto social geralmente tem uma agenda cheia. Mas não aquela agitação, a afobação e as indefinições, o medo de arriscar — desse me livrei faz tempo: será que darei conta? Será que estou preparado para esta tarefa? O que será que meu chefe espera de mim? O que será de mim se eu simplesmente não for bom o suficiente? Como farei para pagar minhas contas e conquistar minha independência financeira? E, no fim, a pergunta que realmente importa: será que conseguirei ser feliz de verdade seguindo uma carreira que me possibilita ser quem realmente sou?

Para muitos, uma carreira bem-sucedida envolve necessariamente ganhar dinheiro, ter status e poder, mesmo que não tenhamos consciência disso o tempo inteiro. E, quase sempre, perseguimos esses três objetivos realizando um esforço extenuante, sacrificando a nossa vida pessoal para poder dar conta de todas as demandas. Pelo que aprendi em minha trajetória, esse é apenas um lado da moeda. É, sim, fundamental trabalhar com afinco, ritmo e perseverança, mas não existe carreira bem-sucedida sem um ser humano feliz consigo mesmo. No fundo, quando falo em ter uma carreira de sucesso, estou me pautando muito mais pelo sentimento interno de realização pessoal do que qualquer termômetro externo. O sentimento de realização interno e bem-estar de quem está plenamente realizado no trabalho vale muito mais do que percepções externas ou predefinições do que significa ser "bem-sucedido". Nunca se meça pela régua dos outros. Se for para se comparar, compare-se consigo mesmo, olhando com serenidade para seus erros e acertos.

> *Dentro dessa lógica, ser bem-sucedido de verdade exige muita, mas muita coragem mesmo. Exige coragem para respeitar seus próprios medos e angústias, dando a si mesmo chances reais de desenvolvimento.*

Dentro dessa lógica, ser bem-sucedido de verdade exige muita, mas muita coragem mesmo. Exige coragem para respeitar seus próprios medos e angústias (que todos nós temos), dando a si mesmo chances reais de desenvolvimento. Um pouco mais adiante neste livro, contarei algumas vivências que foram determinantes nesse sentido. Além da coragem, ou melhor, ao ter coragem e se conhecer, você muito provavelmente vai acessar também um ingrediente fundamental para ter sucesso na carreira de impacto social. E que eu diria até que é um ingrediente fundamental para sua própria felicidade e autorrealização. Estou falando da vontade real e genuína de ajudar outras pessoas. Aliás, abro aqui um segredo que talvez você não entenda de imediato, pois existem algumas vivências que levam a isso, mas querer ajudar as pessoas é mais do que a chave, é a própria construção em si.

Entender as angústias e motivações e querer ajudar as pessoas são posturas de vida que sempre serão excelentes pontos de partida para qualquer empreitada. Mas a questão é: como fazer isso no trabalho e, ao mesmo tempo, construir uma carreira de sucesso? Como ajudar os outros e entender nossas angústias poderá gerar reconhecimento e uma boa remuneração, que nos dê acesso a um bom padrão de vida, com direito a momentos de descanso, aproveitar finais de semana, ter dinheiro para viajar e poder realizar seus sonhos e desejos?

Não estou falando aqui em ficar rico. Pense comigo: a única razão pela qual as pessoas querem ficar ricas, ter um carro de luxo e uma piscina maravilhosa é porque elas acham que assim que ficarem ricas, imediatamente, será ligada a chave da felicidade e elas ficarão felizes para sempre. Você acha isso realista? Tudo bem, cada vez mais gente não liga para carros e nem se incomoda tanto em não ter um imóvel próprio. Muitas pessoas com quem conversei querem ficar ricas para viajar o mundo e "não ter mais que trabalhar". Mas e se houver um modo de ser feliz sem precisar ter milhões na conta corrente ou mesmo sem ter o suficiente para "deixar de trabalhar"? Você percebe que é um caminho mais rápido e mais inteligente? E outra coisa: já passou pela sua cabeça que o mundo não tem mais tantos recursos para que as pessoas sigam tendo esse padrão de vida extraordinário? Claro, quem tem muito dinheiro pode ter um nível absurdo de consumo, mas quantas florestas amazônicas não estamos devastando para que uma parte pequena das pessoas do mundo coma carne três vezes ao dia e ande de avião?

Nada contra ficar rico. Muito pelo contrário, admiro quem enriquece por real merecimento e esforço árduo, ainda mais se devolver para as pessoas, como o Bill Gates, por exemplo, que doou cerca de 95% do seu patrimônio para filantropia e construiu, com sua esposa, Melinda, uma das fundações mais poderosas e eficientes do mundo. Porém este livro não é sobre ficar rico. É sobre ganhar um valor justo, ter uma carreira em que você pode ser promovido, ter férias, se proteger para o futuro, mas tudo isso de um modo respeitoso com você mesmo, com o que acredita e dando seu sangue para causas que realmente importam, que

CARREIRAS DE IMPACTO

fazem do mundo um lugar um pouco melhor. Existe todo um movimento sobre a consciência do uso do dinheiro que você precisa conhecer, também chamado de finanças sociais. Preparei uma lista de sites para você adentrar nesse universo.

Então vamos lá, pode ser que você ainda esteja no início de sua carreira, na faculdade, fazendo estágio ou não. Talvez tenha acabado de chegar ao mercado de trabalho ou já esteja nele há vários e vários anos. Este livro também é para você que ainda estuda e não consegue se ver trabalhando em uma grande empresa no modelo convencional, na qual há horário para chegar, mas não para ir embora; e que, no fim do dia, fica sem saber para o que ou para quem você dedicou tanto suor. Enfim, não importa seu atual estágio na vida profissional, se você sente que algo lá no fundo não está tão bem assim, este livro foi escrito para pessoas como você.

Antes de seguir, preciso deixar claro que trabalhar na área de impacto social não resolverá todos os seus problemas existenciais. Não é o Santo Graal. Tem muita gente trabalhando em ONG com burnout.[1] A qualidade de vida, não custa lembrar, é um equilíbrio de vários fatores: atividade física, um esporte que você goste, meditação, mais tempo na natureza, tempo com amigos e com a família, poder viajar e se desconectar de vez em quando. O problema é quando não vemos sentido no que fazemos e, então, esses recursos e atividades não bastam para resolver o mal-estar interno, aquele grito silencioso de todos os dias, que alerta que algo pode estar muito errado.

▌ VITRINE DE DOCES

Como se não bastassem nossas próprias dúvidas, ainda há à nossa frente uma "vitrine" repleta de doces. O nome chique para isso é o status quo, o que eu chamo de ficar sentadinho dentro do trem, no ar-condicionado, em algum trilho que construíram muito antes de você chegar à estação. Quando falamos em carreira — e muitos confundem carreira com emprego —, geralmente as pessoas que nos amam tendem a se meter a dar conselhos e opiniões e talvez até uma certa "pressãozinha" para escolhermos "algo seguro" ou "que dê dinheiro".

Pena que esse estilo "seguro" não está mais funcionando para muita gente, que já não aguenta mais aquela rotina de empresa tradicional. Eu trabalhei em uma montadora, uma empresa de centenas de bilhões de dólares em

---

1   Um estado de intenso esgotamento físico e mental provocado pelos excessos da vida profissional.

faturamento. Adorava meu chefe. Possuía até alguma economia, coordenava pessoas em vários países, mas não dava mais para dedicar 8 horas do meu dia para ajudar na produção de uma coisa que está matando o planeta e as pessoas.

Se há uma coisa de que não precisamos são mais carros nas ruas! Sim, as empresas geram empregos em lugares em que não havia oportunidades antes. Tudo bem, não é uma questão de demonizar ou dizer que elas não deveriam existir, muito pelo contrário — mais à frente, neste livro, eu falo como é importante ter pessoas transformadoras e com a visão e o coração plugados no impacto social em grandes empresas.

Agora, do lado do profissional ou do jovem estagiário que quer trilhar pelo impacto social, infelizmente não existem os melhores incentivos: algumas posições de destaque no mercado financeiro — que muitas vezes não produzem nenhum valor para a economia real e trabalham apenas com "troca de papel" — pagam bem mais do que os empregos sobre os quais falo neste livro. Já os doces são oferecidos pelas grandes empresas que nos prometem pacotes "irresistíveis" de remuneração e benefícios, como treinamentos para o desenvolvimento de carreira, plano de saúde, previdência privada, seguro de vida, direito a férias e, às vezes, até bônus e planos de carreira estruturados.

O problema é que, se esses estímulos até nos dão uma sensação de segurança, ao mesmo tempo vão nos tornando cada vez mais dependentes, pois nossa tendência, pelo padrão de vida "de sucesso" que é vendido por aí, é nos endividarmos mais rapidamente do que o aumento de nossos salários, fazendo com que se torne cada vez mais difícil sairmos do vagão do trem e pegarmos nossas bicicletas. E mais: lá no fundo, talvez nenhuma dessas oportunidades de emprego possa entregar o que você realmente deseja: entender a finalidade do que você faz; que seu trabalho faça sentido e esteja em sintonia com um propósito na vida.

O que falamos aqui, portanto, é para quem não quer ser seduzido por uma vitrine de doces, para quem não quer mais ficar "nos trilhos". É para quem deseja tomar o guidão de sua carreira e construir seus próprios caminhos, com trajetória, velocidade e rumos definidos por você mesmo. Eu escrevo para quem sente a necessidade de gerar impacto com propósito, para quem tem, ou está buscando, coragem para mudar.

Eu fiz isso com a minha carreira. Deixei uma trajetória profissional muito bem-sucedida na área privada que não me trazia a paz de espírito e a profundidade de envolvimento que tenho hoje trabalhando com impacto social. A mudança me deu um nível de energia sem precedente. Um vigor, uma vontade

8 CARREIRAS DE IMPACTO

de aprender, de crescer, e isso tudo ligado ao desejo de apoiar mudanças estruturais, ou seja, no modo como a sociedade funciona — que traz privilégios para poucos e sofrimento desnecessário para muitos.

Nesse processo, encontrei um real sentido no que faço e entendi que nosso tempo de vida é curto demais para nos dedicarmos a algo que não faça sentido. Uma pessoa que começa sua carreira profissional aos 20 anos terá talvez um tempo médio de 50 anos para deixar sua contribuição, considerando uma média da expectativa de vida. São 50 anos, ou 600 meses de tempo em que você pode realmente fazer a diferença!

Não fui o único a viver essa experiência. Nem de longe! Esse caminho também foi percorrido pelas centenas de pessoas que conversei para produzir esta obra e milhares de outros personagens no Brasil e no mundo. Assim como eu, elas conseguiram alinhar satisfação na carreira com um propósito maior, com um olhar para o outro, e contribuir com seu trabalho sintonizadas com as reais necessidades dos indivíduos que vivem neste planeta.

Você já deve estar pensando em mil coisas e no quão arriscado pode ser uma mudança dessas. Calma! Uma das coisas que mais ajuda quando queremos fazer grandes transformações em nossas vidas é agir com calma, com pequenos passos de cada vez. E você, posso garantir, já deu o primeiro passo, pois está investindo seu tempo buscando informações de qualidade para lhe ajudar nessa trajetória. Como acabei de dizer, muitas e muitas pessoas transformaram suas carreiras, conquistando mais sentido e alegria para a própria vida. E como conhecer caminhos já percorridos por outros costuma nos encorajar a também colocar o pé na estrada, contarei tudo o que sei e vivi exatamente nessa transição do setor privado para o campo de impacto social. Também entrevistei vários profissionais e contarei a história de alguns ao longo deste livro.

Minha trajetória foi complexa, pelo fato de ter tido várias atuações diferentes e intensas em um curto espaço de tempo. Como comentei na introdução deste livro, montei minha primeira empresa aos 23 anos, quando vivia na China. Ao longo de oito anos, atuei com empresas de todos os tipos e tamanhos na área de compras e logística internacional. Estive em dezenas províncias na China e seguramente visitei centenas de fabricantes de uma infinidade de produtos. Desde aquela época, sempre que dispunha de algum tempo, pensava em como desenvolver negócios que pudessem ajudar as pessoas e o meio ambiente. Em determinado momento, entendi que a tal "angústia de fundo", na verdade, apresentava uma grande oportunidade de desenvolvimento pessoal e profissional e comecei, então, a desenhar meus próprios trilhos.

UMA ANGÚSTIA DE FUNDO **9**

Isso não foi nada fácil. Pense comigo: no início eram oito anos em uma área que eu conhecia muito bem de um lado da balança e, do outro, zero experiência na área de impacto social. Levou mais de dois anos para que as oportunidades começassem a aparecer. Minha mudança de direção implicou em ouvir uma quantidade enorme de "nãos". Mas o que importa é que consegui e fiz isso graças a meu próprio esforço e aprendendo a ouvir a voz interior que me dizia que eu poderia dedicar minha vida a atividades com mais propósito. Contei, a meu favor, com uma boa formação acadêmica, experiência e habilidades que desenvolvi trabalhando no setor privado por mais de uma década (sim, elas foram importantes no meu reposicionamento profissional) e alguns poucos recursos financeiros.

Hoje atuo numa fundação internacional avaliando programas sociais e de desenvolvimento humano em toda a América Latina. Estão envolvidas áreas tão diversas como acesso à água, programas de preservação do meio ambiente, reciclagem inclusiva, migrações e mudanças climáticas, sempre colocando o ser humano no centro do processo de desenvolvimento. Talvez tenha conhecido as pessoas mais incríveis da minha vida nessa fase da carreira. Estive com ministros de Estado no Paraguai e na Argentina, com presidentes de grandes corporações no Peru, com líderes de movimentos sociais no Brasil, quilombolas que moram a meio dia de barco da cidade mais próxima e uma senhora que dormia com sede todas as noites no interior da Paraíba, pois não tinha como acessar qualquer fonte de água para beber.

Isso me causou uma enorme indignação. Mas não adiantava ajudar aquela senhora e deixar milhares de outras pessoas passando sede. Aí entra o planejamento, a estratégia e a organização que eu aprendi montando as operações logísticas de comércio exterior na China e na indústria automotiva. É preciso falar com jeito, cada público tem uma velocidade, interesses e limites. Mas é o fato de haver alguma chance de ajudar aquela senhora a ter água, ou aquele quilombola a ter uma escola e um posto de saúde mais próximos, que alimenta a minha alma e mantém meu coração bombeando sangue. É preciso fazer alguma coisa e eu estou tendo essa chance.

O trabalho é desafiador em muitos sentidos, mas traz como bônus me permitir viajar e conhecer pessoas inspiradoras, verdadeiros agentes de mudança, assim como canaliza minhas energias para as grandes transformações que quero ver no planeta. Meu dia a dia profissional me mostra que existem, sim, soluções estruturais que atacam as raízes dos grandes problemas. E mais: muitas dessas soluções são possíveis no médio prazo, desde que haja uma conciliação entre a tecnologia e a política, e uma base social consistente que as sustente.

Ao longo do livro, contarei como foi essa transição, suas principais dificuldades e desafios e as posturas mais adequadas para superá-los. Você também descobrirá no decorrer desta leitura que ao longo desse processo de construção de carreira haverá oportunidades de ter encontros com a expressão mais profunda do seu ser, e isso lhe fará muito bem!

▍ E VALEU A PENA?

Quando conto as razões pelas quais deixei uma carreira pulsante na área de comércio exterior e logística internacional para atuar em uma organização sem fins de lucro, escuto esta pergunta com uma frequência impressionante: "Valeu a pena?" Na verdade, é quase automático escutar isso. Outras perguntas que ouço muito são se trabalho como voluntário e se tenho outra fonte de renda. Costumo usar bastante aplicativos de transporte e durante um ano conversei sobre esse tema com motoristas, não apenas no Brasil, mas também em outros países. Eram como entrevistas informais, em que busquei me informar sobre o nível médio de conhecimento da população sobre o campo de impacto social. São dúvidas geradas por mitos comuns envolvendo essa área. Vou, inclusive, dedicar todo um capítulo, o de número 4, para tratar desses mitos e desinformações.

Minha resposta à primeira pergunta, se valeu a pena, é inequívoca e muito semelhante às respostas de mais de uma centena de profissionais do setor com quem conversei para escrever este livro. E qual é essa resposta? A absoluta maioria, e aí eu também me incluo, declara estar muito satisfeita com sua opção pela carreira atual. E não a trocaríamos por outra coisa, mesmo sabendo que eventualmente poderíamos ganhar mais em uma organização privada. E, mais impressionante, muitos falam entusiasticamente que, quando olham para trás, não enxergam outra opção. Isso porque não conseguem mais se ver fazendo outra coisa, qualquer trabalho diferente de algo que não produza um profundo impacto social. Então, sem dúvida, valeu e vale a pena.

Na época em que fundei essa empresa na China, não apenas desconhecia a existência dessa galáxia de pessoas e organizações voltadas para esse "impacto social" como também não sabia das oportunidades profissionais existentes nesse setor. No início dos anos 2000, esse universo era pouco conhecido e, desde então, começou a se desenvolver rapidamente no Brasil e no mundo. A tendência é que essa galáxia de pessoas e organizações siga crescendo fortemente nos próximos anos. Isso se dará tanto pela consolidação das ONGs como pelo amadurecimento das empresas sociais já em operação e a entrada em cena de um grande número de novas startups sociais. Além disso, há um grupo de grandes organizações que começa a mudar, oferecendo carreiras realmente enfocadas no desenvolvimento humano e com uma forte consciência ambiental, ou seja, os cenários atual e futuro são muito mais promissores do que aquele que conheci quando iniciei a minha carreira.

O que tem empurrado esse crescimento é a profissionalização dessas organizações, afinal elas necessitam cada vez mais gerar um impacto positivo e comprovado (e planejado e mensurado) para manter e aumentar o nível de investimentos que recebem e, num ciclo virtuoso, gerar ainda mais impacto. E o que digo em seguida é de grande importância: contar com um número crescente de profissionais qualificados com conhecimentos e competências específicas para suas áreas de atuação torna-se, portanto, uma condição fundamental para a expansão do campo de impacto social. Em última instância, esse movimento de "profissionalização" é o passo necessário em direção à resolução dos grandes problemas sociais, ambientais e humanitários, sejam eles locais, regionais ou globais.

Foi durante a minha "fase chinesa" que me dei conta que a angústia e a dificuldade em encontrar a si mesmo na vida e no trabalho têm uma dimensão coletiva e as causas do problema também podem apresentar sua resolução. É justamente com pessoas cheias de energia e propósito, bem qualificadas e orquestradas que algumas das soluções sociais que vamos ver a seguir surgiram e puderam mudar a vida de milhares, e às vezes milhões, de pessoas no mundo.

Ao mesmo tempo que surgiu essa constatação, me convenci também de que não se pode ser feliz sem fazer o outro feliz. E, ainda, que essas mesmas carreiras de impacto, numa dança sinérgica e vigorosa, podem trazer de volta o sentido e o propósito genuínos do trabalho às milhares de pessoas que ingressarão no campo de impacto social nos próximos anos.

Mesmo que hoje se assista a uma rápida expansão de uma mentalidade favorável a nos engajarmos de maneira séria e integral no esforço para lidar com os efeitos negativos do modelo econômico e social vigentes, a maioria das pessoas tende a se acomodar à sua rotina de trabalho. Isso é perigoso, pois pode "normalizar" a angústia de fundo, tratando esse estado de descontentamento como sendo algo "natural" da vida. Outro movimento contrário, porém, começa a ganhar mais e mais força: um número crescente de pessoas acorda para a realidade de que tudo o que temos é o agora. Não há mais condições de seguir adiando a felicidade, nem a nossa, nem a dos outros.

A chave aqui é que poucas coisas na vida proporcionam tanta felicidade como poder ajudar os outros. Desde muito cedo, na faculdade, vislumbrei e me entusiasmei em ter como objetivo de vida a possibilidade de poder mudar as regras do jogo e contribuir com as vidas de milhares de pessoas. Como falaremos mais à frente, um primeiro contato com essa sensação de altruísmo e energia de doação pode ser encontrado em trabalhos voluntários, que têm a vantagem de serem flexíveis em termos de horas, dias e frequência. Mas lembre-se: quando você se voluntaria, pessoas contam com a sua participação. É preciso que você cumpra seu compromisso. Voluntariado é uma coisa séria!

Um número crescente de pessoas acorda para a realidade de que tudo o que temos é o agora. Não há mais condições de seguir adiando a felicidade, nem a nossa, nem a dos outros.

O voluntariado apresenta uma oportunidade enorme de realização não apenas para quem recebe o resultado desse trabalho, mas principalmente para quem transfere graciosamente seu tempo e conhecimentos, ativando a energia de doação, algo que é muito poderoso. Apenas no Brasil, cerca de 7 milhões de pessoas realizaram atividades de voluntariado em 2017, dedicando desde algumas horas por ano até trabalhos que envolviam uma frequência mensal ou semanal. O voluntariado, contudo, por sua própria natureza, não substitui o obrigatório trabalho remunerado e, nesse sentido, acaba sendo uma atividade de fim de semana ou sazonal.

▎SATISFAÇÃO E REMUNERAÇÃO

O que proponho é algo bem distinto. É mostrar que existem alternativas para quem quer se desenvolver, ter uma carreira, ou uma atuação profissional que junte um trabalho que proporcione muita satisfação e felicidade. Um trabalho que seja remunerado de forma justa, adequada e ainda agregue benefícios, fortalecendo a sociedade e o meio ambiente, que, no fim, voltarão para nós como agentes criadores de nossa realidade.

O livro que você segura em suas mãos é uma ferramenta importantíssima para buscar essa alternativa ao mostrar a viabilidade e as oportunidades de gerar impacto social de modo organizado, por meio de carreiras sólidas, consistentes e promissoras. De novo, essa é uma forma de atuação profissional que está crescendo no mundo inteiro. Em resumo: é possível alcançar a realização pessoal com propósito, com dinheiro e em harmonia com o planeta.

Não é segredo para ninguém que pessoas felizes e satisfeitas com o trabalho são muito mais produtivas. Você já deve ter ouvido também que as grandes empresas são feitas de pessoas com múltiplas habilidades. Alguns autores garantem que o principal trabalho do CEO de uma organização é atrair e reter as melhores pessoas que conseguir gerando oportunidades de crescimento para todos e zelando por reter aquelas mais inovadoras e produtivas. É a criação de condições para atração e desenvolvimento dos melhores profissionais que faz uma organização. Apenas desse modo as empresas aumentam seu portfólio de produtos e serviços, melhoram suas ofertas ao mercado, conquistam novos clientes e incrementam o valor que entregam à sociedade, com receita recorrente e crescente.

Empresas bem-sucedidas em sua habilidade de resolver os problemas dos clientes de forma eficiente, rápida e vantajosa atraem, por sua vez, outros clientes que também têm os mesmos problemas. Eles buscarão resolver seus problemas e desafios contratando os serviços ou adquirindo os produtos que essas organizações oferecem. Os melhores gestores do mundo têm a capacidade de escutar o cliente, ler a temperatura do mercado, entender seus motivos e — ao olhar para as capacidades específicas da empresa que gerem — oferecer boas soluções.

Tendo trabalhado por quase uma década no setor privado e em áreas de alta complexidade — como, por exemplo, a área de logística internacional do setor automotivo —, defendo que o campo de impacto social, e especialmente as organizações sem fins lucrativos, podem e devem se beneficiar enormemente desse conjunto de conhecimentos e práticas avançadas de gestão.

Entendo, ainda, que esse processo está apenas no início, em que as organizações apenas começam a atentar para a importância de monitorar mais de perto suas atividades e medir seu impacto, ou seja, há entre nós um enorme potencial de transferência de conhecimentos e práticas. Uma das melhores maneiras para que isso possa acontecer é por meio da atração de capital humano de áreas específicas do setor privado tradicional para o campo de impacto social.

Outra maneira é justamente proporcionando as melhores condições aos líderes da iniciativa privada para que consigam cada vez mais priorizar o impacto social em suas organizações. E uma terceira alternativa é divulgar oportunidades de carreiras de impacto mostrando que, sim, é possível para jovens estudantes e profissionais em início de carreira atuarem nesse campo.

▌ IMPACTO SOCIAL PROFISSIONALIZADO

Esse rol de competências técnicas e funcionais envolve a administração econômico-financeira das organizações; melhores práticas de governança; a logística das atividades, a gestão estratégica de compras e operações; estratégias de comunicação e engajamento; gestão estratégica de dados; e, claro, modelos de gestão de pessoas e de desenvolvimento organizacional.

As dezenas de entrevistas que conduzi para escrever este livro com profissionais que trabalham com impacto social confirmam a tese de que a chegada de uma geração de pessoas talentosas e esforçadas, que detêm esses conhecimentos mencionados, influencia profundamente a profissionalização das organizações de impacto social e especialmente as sem fins lucrativos. E esses profissionais qualificados contribuirão com soluções para seus principais desafios de gestão, como, por exemplo, a sustentabilidade financeira das organizações.

Há, aí, um problema circular: é necessário ter recursos primeiro, para então contratar profissionais de peso. No entanto, considero que há outros elementos nesse jogo. Primeiramente, as organizações podem crescer de modo sustentável a partir dos recursos já existentes, que muitas vezes são subaproveitados. Aqui, falo em recursos de modo amplo, considerando não apenas o recurso financeiro, mas toda a gama de ofertas em termos de conhecimentos, incluindo entre eles conhecimentos de gestão de algumas áreas do ecossistema de impacto social mais desenvolvido e até mesmo trabalho voluntário que poderia ser alavancado.

Segundo ponto: há recursos financeiros nacionais e internacionais disponíveis e não acessados pelas organizações que mais precisam, como falarei ao longo do livro. Terceiro, há recursos captados e mal utilizados devido à má gestão e à falta de planejamento. E, quarto ponto, há o fator da captura de oportunidades de sinergias, ainda não aproveitadas, que começam a acontecer a partir de ondas de profissionais que adentram no campo de impacto social, e também pelo próprio amadurecimento do setor. O gráfico a seguir mostra como funciona essa relação dinâmica entre a qualidade do capital humano empregado em organizações de impacto e o impacto social resultante.

Em suma, acredito que a cruzada para construir oportunidades para pessoas desenvolverem seu pleno potencial se inicia no mercado de trabalho, nesse campo que estou chamando de "impacto social". Essas oportunidades se frutificam e se expandem por meio dos programas das organizações voltados para milhares de pessoas menos favorecidas, que enfrentam algum tipo de vulnerabilidade. O horizonte de possibilidade que se abre aqui é o de construir a si mesmo, ao ajudar a construir uma vida melhor para os outros, assim como atuar em prol da sustentabilidade do meio ambiente para as atuais e futuras gerações.

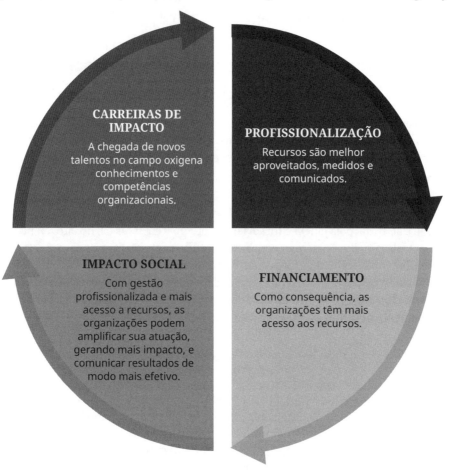

Para mostrar que isso é possível, entrevistei pessoas que, ao descobrirem oportunidades de carreira no campo de impacto social, tiveram a profunda coragem de mudar seus caminhos e construíram seus próprios trilhos em direção a carreiras de impacto, com profundo propósito social. Essas histórias, que estão no fim deste livro, nos Capítulos 13 e 14, não são casos isolados, mas foram selecionadas em meio a muitos outras para representar uma situação que se torna crescentemente comum: cada vez mais pessoas estão buscando carreiras

CARREIRAS DE IMPACTO

mais conectadas com seus propósitos internos. Outros dois critérios foram utilizados na sua seleção: que fossem brasileiros e, portanto, refletissem melhor nossa realidade; e que fossem recentes, pois há centenas de outras histórias de sucesso na internet que ocorreram em outros países e em anos passados.

No próximo capítulo, faremos uma rápida análise do panorama mundial de desafios que estão colocados diante de nós e que, afinal, são os responsáveis por nos trazer a angústia de fundo sobre a qual me referi.

SONHOS DE TRILHOS E TRILHAS

Durante minha transição de carreira, tive uma sequência de sonhos muito reveladores. Três deles foram muito especiais no sentido de mostrar a caminhada rumo à autonomia de decisões, por isso compartilho esses três sonhos a seguir.

No primeiro deles, eu estava em um trem comum, mas não aguentava o tédio de ficar dentro do vagão. Tudo parecia muito seguro, parado, previsível. Daí, eu saí pela janela e fui surfar no teto do trem. Mas ali, no alto, eu não controlava nada. Colei meu corpo, deitado, na parte de fora do teto e segurei com todas as minhas forças nas barras laterais, rezando e depois batendo na lataria para pedir que o maquinista diminuísse a velocidade. Estava com o estômago gelado. Dentro ou fora do trem, nenhuma das duas situações era realmente boa, mas eu estava experimentando.

***

No segundo sonho, umas duas semanas depois, eu tinha o meu próprio trem. Era apenas a locomotiva e um vagão-restaurante, daqueles que têm poltronas uma de frente para a outra. Todos os meus amigos estavam no vagão, uns tomando cerveja, outros jogando baralho; e eu estava feliz. Mas só não me dei conta de que eu estava de costas para o maquinista, que eu nem sabia quem era, nem para onde estava levando o trem. Daí eu pensei: "Mas o que adianta eu ter um trem, se os trilhos são tão limitados? Para onde eu posso ir?" No sonho, o trilho ia até a esquina de casa e chegava em um sítio que tenho em sociedade com alguns amigos, que é um projeto de agroecologia. Bom, já estava melhorando. Tinha o meu próprio trem, mas eu precisava dos meus próprios trilhos.

***

Não deu duas semanas e, pimba!, tive o terceiro sonho. Dessa vez, era a bicicleta o meu meio de transporte. Eu amo cicloviagens. Bikes são o meio de transporte que adoro, que é radical e me dá segurança ao mesmo tempo, e que me leva aonde eu quiser no mundo. Estava indo feliz da vida para meu sítio e, entre montanhas e estradas de terra, percebi que meus dois pneus simplesmente haviam furado! Entendi que, quando vivemos a vida para valer e construímos nossas próprias rotas, imprevistos acontecem! Mas está tudo bem. No sonho, achava que tinha de voltar todo o caminho para passar em um bicicleteiro conhecido em São Paulo. E, então, pimba! Lembrei-me de que também podia empurrar um pouco a bike, no meu próprio ritmo, até o vilarejo mais próximo, onde uma nova bicicletaria acabava de abrir suas portas!

Depois entendi, eu estava construindo a minha autonomia, meu próprio meio de transporte, mas ele ainda não estava completo. Nunca estará completo, pois é uma construção constante. Quando nos "completamos", morremos, pois viver é essa eterna construção.

NOSSAS CRISES ÍNTIMAS E GLOBAIS

São muitos os gatilhos que fazem disparar a angústia de fundo sobre a qual falamos no capítulo anterior. A insatisfação com o trabalho pode ser o revólver mais à vista, mas o tiroteio quase sempre vem de muitos outros fatores que impactam diretamente na qualidade de vida de quem vive em grandes cidades, trabalha em empresas ou por conta. Eles são, dentre outros, os desafios de mobilidade urbana, os altos custos de vida nas metrópoles, o processo de terceirização, chamado de "uberização" da economia, que produz instabilidade profissional crescente, pressão por custos, cobrança diária por resultados e prazos de entrega que se tornaram onipresentes e ainda mais cruéis com a chegada dos smartphones, e o WhatsApp pipocando mensagens, que tornam muitos profissionais disponíveis em todos os horários e em todos os lugares, invadindo momentos preciosos de lazer. Quem nunca teve momentos de lazer, como uma viagem com amigos, invadida por mensagens e áudios "urgentes" do chefe? Não dá um aperto no coração?

CARREIRAS DE IMPACTO

Sabemos bem que todos esses gatilhos, na iminência de serem disparados, podem gerar grandes cargas de estresse e ansiedade. Mas há, ainda, mais desafios por debaixo desses sintomas. Na verdade, se abrirmos mais os olhos, veremos que, infelizmente, essa é apenas a ponta do iceberg. Se compararmos nossas queixas e insatisfações do dia a dia com as grandes crises globais, nossos problemas parecem pequenos.

▌ NÃO SABEMOS SEUS NOMES

Compartilho aqui alguns números muito preocupantes: das mais de 7 bilhões de pessoas que viviam no planeta em 2015, aproximadamente 4 bilhões sofriam de escassez severa de água para beber durante ao menos um mês do ano.[1] Cerca de 3,8 bilhões, ou seja, quase 4 a cada 10 pessoas, não tinham acesso a fontes seguras de água potável, ficando reféns de doenças de fácil resolução, como diarreia e cólera, que matam, em média, 780 mil pessoas por ano.

E isso não está necessariamente longe de nós, em países africanos ou do Sudoeste Asiático. No Brasil, em 2017, mais de um quarto da população era considerada pobre, vivendo com menos de R$406 por mês. Regiões inteiras, como o Norte e o Nordeste do país, têm quase a metade dos seus habitantes (entre 43% e 46%) vivendo nessa situação.[2] E o pior é que nessa população há um grupo de pessoas vivendo no que se convencionou chamar de pobreza extrema.

Essa classificação, feita pelo Banco Mundial, foi dada àqueles que recebiam menos de US$1,90 por dia, ou o equivalente a R$140 por mês, em 2017. Esse grupo somava impressionantes 15 milhões de pessoas em todo o país. É difícil entender o que números tão grandes significam na prática. Dá para tentar recorrer a uma imagem mental para lhe ajudar um pouco a entender o tamanho do problema. Tente se lembrar da região mais pobre que você já viu. Possivelmente essa região tinha córregos a céu aberto, palafitas e casas de papelão ou mesmo crianças andando em meio a montes de lixo, ratos e insetos. Você deve ter imaginado uma comunidade ou bairro em situação de pobreza. Agora imagine mais

---

1   https://www.worldwildlife.org/threats/water-scarcity#:~:text=Billions%20of%20People%20Lack%20Water,-may%20be%20facing%20water%20shortages.

2   O dado foi disponibilizado pelo Instituto Brasileiro de Geografia e Estatística (IBGE) na Síntese dos Indicadores Sociais 2018 (https://biblioteca.ibge.gov.br/visualizacao/livros/liv101629.pdf).

da metade da Grande São Paulo, com seus 21 milhões de habitantes, nessa situação. Claro, a pobreza tem muitas facetas e a mesma renda pode significar situações muito diferentes, dependendo do local. Esse foi o tema que estudei no meu mestrado: entender modos mais confiáveis de medir a intensidade da pobreza para orientar políticas públicas de qualidade.

O que acontece é que, independentemente do que chamamos de "pobreza", quando quase a metade da população de uma grande região, como o Nordeste, ou a quarta parte da população de todo o país sobrevive com muito menos do que o mínimo necessário, não podemos simplesmente chamar isso de um "problema social". Isso é uma crise de grandes proporções! Uma situação que deveria ser tratada como um desastre social; e ações focadas na sua resolução precisam ser tomadas imediatamente.

Números escondem rostos e histórias de vida e transformam esses graves dramas humanos em mera "estatística", uma lista de cifras impessoais e mortas numa folha de papel.

Infelizmente, para a maioria das pessoas, inclusive para mim, até alguns anos atrás, o impacto causado por esses números não era traduzido em uma necessidade de ação imediata. Por mais que isso me causasse uma grande indignação e até mesmo raiva, a magnitude desses desafios era algo tão gigantesco que me causava uma sensação enorme de impotência. Além do mais, quando não conhecemos ninguém vivendo em situação de pobreza extrema, não sabemos seus nomes, não conhecemos as crianças e seus sonhos, logo, os problemas se desumanizam.

Números escondem rostos e histórias de vida e transformam esses graves dramas humanos em mera "estatística", uma lista de cifras impessoais e mortas numa folha de papel. Um trabalho importante nesse sentido é, portanto, o de humanizar a pobreza. Assim, permitiremos que os mais pobres possam mostrar seus nomes, seus sonhos e dificuldades, com a oportunidade de contar a sua própria história. Eles não se transformam em uma "estatística" gelada.

A Universidade de Oxford possui um centro de estudos dedicado exatamente a medir a pobreza e dar voz aos mais pobres. É uma excelente iniciativa, pois alia uma medição robusta e a compilação de um índice global de pobreza com rostos e nomes de pessoas e famílias nessa situação.[3] As estatísticas, para quem

---

3   https://ophi.org.uk/mpi-case-studies/.

CARREIRAS DE IMPACTO

precisa delas, estão ali. Mas já não serão tão frias, quando olhamos por detrás dos números e entendemos as trajetórias daquelas pessoas de carne e osso.

▋ AVANÇOS, APESAR DE TUDO

Se os atuais dramas humanos provocados pela falta de oportunidades[4] podem provocar lágrimas, nem por isso devemos fechar os olhos para o quanto avançamos nas últimas décadas, até para quebrar uma percepção errada de que "nada nunca melhora", o que além de dar um baita desânimo, simplesmente não é verdadeiro. Nos últimos 30 anos, houve um grande avanço, tanto no planeta como no país, nas condições de vida das pessoas. O Banco Mundial confirma que entre 1990 e 2015 mais de 1 bilhão de pessoas conseguiram sair da linha de pobreza extrema.

A mortalidade infantil, um indicador-chave que ajuda a medir diversas condições sociais importantes — como o acesso à água potável, nutrição e moradia digna — vem caindo no mundo. Esse dado é medido registrando o número de recém-nascidos que morrem em cada grupo de 1 mil crianças nascidas vivas. Assim, passamos das quase 65 mortes por 1 mil nascidos vivos em 1990, para cerca de 30 mortes por 1 mil nascidos vivos em 2015.

No Brasil, a queda da mortalidade infantil entre 1990 e 2011 foi avassaladora. Emociona-me lembrar que presenciei mais de uma vez esse caso de sucesso ser mostrado por acadêmicos de altíssimo calibre em conferências sobre políticas públicas e desenvolvimento humano das quais participei. Na última delas, no Japão, foi um grande especialista em saúde pública, que é consultor do governo inglês, que mostrou esse caso como exemplo de que é possível estudar, entender os problemas e mudar a realidade do mundo.

O Brasil simplesmente conseguiu reduzir a mortalidade infantil de 127, na década de 1960, para 13,2 por 1 mil nascidos vivos em 2017. Essa redução foi mais acentuada no período entre 1990 (58/1.000, nesse ano) e 2011 (16/1.000). Essa queda se deu por uma série de causas que não discutiremos agora, mas fica claro que é, sim, possível mudar até mesmo os quadros mais dramáticos

---

4   Há uma discussão muito importante sobre se o que falta são recursos ou oportunidades. De acordo com o filósofo e economista Amartya Sen, um dos principais influenciadores do meu mestrado, a conclusão é de que o problema maior é a falta de oportunidades.

de miséria com esforços coordenados na direção correta. Como esses, existem muitas outras evidências de políticas públicas bem focalizadas e bem-sucedidas que ajudaram a erradicar a miséria e a reduzir a pobreza.

Uma política pública bem focalizada é aquela que é construída com dados e informações de qualidade, com ações persistentes e eficazes enfocadas no desafio que se pretende resolver. Para que funcione, deve ser monitorada e melhorada continuamente.

Mas uma dúvida persiste. Se avançamos tanto em alguns itens, por que é tão difícil superar outros desafios? E por que os grandes problemas estruturais persistem? Para explicar algo tão complexo de um modo simples e direto, podemos separar por um momento a crise planetária em quatro dimensões: a ambiental, a social, a política e a econômica. Esses contextos estão totalmente relacionados e interagem entre si, impedindo que soluções fáceis e simplistas deem resultados. Essa constatação não impede de vermos muitos fazendo propostas ingênuas e até mesmo infantis para resolver tais desafios. Em outras palavras, tudo é muito mais complexo, intrincado e repleto de meandros do que tendemos a acreditar.

▍ DESASTRE CLIMÁTICO

A começar, temos uma crise ambiental global que não se resume apenas à mudança climática, mas também inclui a exploração insustentável (e crescente!) de recursos naturais finitos — petróleo, minérios, florestas — que, se "consumidos" no ritmo atual, acabarão. Não bastando tudo isso, temos a conhecida poluição gerada pela atividade humana, que já resulta em milhões de mortes todos os anos devido a doenças associadas com a contaminação do ar e da água.

A mudança climática foi referida pela jovem ativista sueca Greta Thunberg,[5] que se tornou uma personalidade mundial, no segundo semestre de 2019, por protestar todos os dias na frente do parlamento sueco, pelo que essa crise realmente é, ou seja, um desastre climático. E, se não tratarmos essa situação efetivamente como um desastre, tudo irá piorar muito mais e aí, sim, impactará sobre todos nós. Na verdade, já está impactando, mas esse peso vai gradualmente

---

5 https://www.newyorker.com/news/our-columnists/the-fifteen-year-old-climate-activist-who-is-demanding-a-new-kind-of-politics.

CARREIRAS DE IMPACTO

aumentar, ano após ano,[6] podendo dificultar, e muito, a vida de nossos filhos, para quem pensa em ter filhos ou tem crianças pequenas. Mas os que serão mais impactados por essa catástrofe serão os mais pobres e vulneráveis, afinal são eles que dependem diretamente do solo para plantar e sobreviver, e que não têm moradias dignas, protegidas contra chuvas e ventos. Com toda certeza, serão eles que perecerão primeiro pela escassez de água e alimentos.

Devemos entender muito claramente que o desastre climático é um determinante de nosso futuro, não apenas uma tendência ou mera possibilidade. Isso significa que o futuro será redesenhado pelas mudanças que estamos causando no planeta. Resta apenas saber em que profundidade e velocidade isso ocorrerá. Há boas e más notícias nesse sentido. Por um lado, se a grande maioria dos países chegou a um acordo quanto às metas de redução do impacto ao meio ambiente, sabemos que boa parte não honrará esses compromissos. Mesmo que cumprissem as metas, a temperatura média do planeta ainda assim subiria cerca de 2 graus até 2050, algo que seria insustentável para a preservação da vida no planeta. Estamos diante de uma possibilidade real de vivenciar nossa própria extinção.

Se você já teve uma febre de 39 graus sabe a diferença que apenas 2 graus podem fazer sobre o seu bem-estar. O corpo pesado, suando frio, com dores, lutando para restabelecer a temperatura e o seu funcionamento normal é um incômodo que conhecemos e tememos. Agora, faça uma conta: uma pessoa pesa em média 60 a 80 quilos ou 0,06 a 0,08 toneladas. Imagine o planeta Terra pesando quase 6 sextilhões de toneladas. São 60 contra 6.000.000.000.000.000.000.000 quilos de febre. Deu para imaginar o tamanho do mal-estar, certo? Essa "febre" que atingirá o nosso planeta causará quebras na agricultura, fome, migrações, novas doenças e bactérias, guerras por recursos e outros agravantes. Por isso é muito importante estarmos preparados e gerarmos a resiliência necessária para podermos superar esses desafios.

---

6   Recomendo o documentário *Earth 2100 Lucy's story*, produzido pela rede ABC. Ele mostra a trajetória fictícia de Lucy, nascida em 2017, que conta a história dos próximos 100 anos da Terra, na perspectiva dos eventos climáticos — https://www.youtube.com/watch?v=_8ZGy_QxrqE.

▋ COMEÇAR A AGIR

Mas, diante de tantos problemas, quais são as "boas notícias" sobre as quais falei alguns parágrafos atrás? O positivo é que a tecnologia nos dá recursos para conhecer e prever melhor as dimensões do desastre climático e, como consequência, o que temos de fazer — como pessoas, cidades e nações — para diminuir os danos e promover as adaptações que serão necessárias. Sim, concordo, é mais um "nem tudo está irremediavelmente perdido ainda", do que "boas notícias", mas essa constatação deve nos incentivar e nos convencer de que devemos sair da posição de meros espectadores e começar a agir.

Muitas organizações de impacto social estão dedicando quase a totalidade de suas energias com dois focos: a chamada "mitigação", ou seja, medidas de redução das emissões dos gases de efeito estufa, e a adaptação de cidades e regiões para que possam começar a se preparar hoje para lidar melhor com o impacto de mudanças climáticas. As principais cidades do mundo já têm planos de adaptação e mitigação às mudanças climáticas.[7]

A crise ambiental está ligada também à má distribuição dos recursos do planeta. Cada vez mais, os recursos (financeiros, humanos e materiais) são controlados por um número infinitesimalmente pequeno de pessoas. Dados de diversas pesquisas indicam que nos aproximamos de um mundo em que os 1% mais ricos controlarão quase metade de tudo o que é produzido. Em 2017, a ONG internacional OXFAM divulgou um relatório com conclusões ainda mais avassaladoras: apenas oito bilionários possuem a mesma riqueza que a metade mais pobre da humanidade. A capa escolhida para o relatório foi um carrinho de golfe, indicando que metade da riqueza do planeta caberia dentro dele.

O problema não é a desigualdade em si. Para alguns economistas, certo nível de desigualdade na renda é até considerado saudável para estimular a competição, e com isso aumentar a produtividade. O problema é que, com níveis de concentração assim tão elevados, fica difícil manter um mercado consumidor que inclua os mais pobres. Dito de outra maneira, a persistir essa distribuição tão conflitante de recursos, haverá menos gente consumindo, o que dificulta sustentar o crescimento econômico no longo prazo, podendo gerar queda nas vendas e

---

7   Você pode conhecer um pouco mais sobre isso em iniciativas como "100 Resilient Cities" (100resilientcities.org) e C40 (www.c40.org/).

desemprego, com menos gente trabalhando na indústria, em serviços e na agricultura para produzir esses bens. Com um desemprego maior, o consumo despencará, inclusive reduzindo as possibilidades para os mais ricos. Isso é o que se chama "superacumulação", um fenômeno que traz desafios cada vez maiores para o crescimento econômico. Sem uma distribuição de renda minimamente equilibrada, será complicado manter a dinâmica de produção e consumo, como ocorria até pouco tempo.

Não é difícil entender que a falta de oportunidades no mercado de trabalho é um dos obstáculos que dificultam ou impossibilitam a eliminação da pobreza extrema no mundo. Sem a oferta de trabalho, como alguém poderá gerar renda suficiente para alimentar a si mesmo e à sua família e ainda garantir um mínimo para viver com dignidade?

Tal situação aumenta a condição de vulnerabilidade de bilhões de pessoas nos mais diversos países, inclusive nas nações ditas ricas. As pessoas mais vulneráveis, por viverem em casas sem proteção contra a chuva ou o frio, terem pouco ou nenhum acesso a postos médicos e a escolas de qualidade, terão sua situação agravada pela crise ambiental. Recursos indispensáveis à vida, como água potável, energia e alimentos, não chegarão para esse grupo de indivíduos. E dificuldades ainda mais severas virão com as mudanças climáticas, já que essas pessoas são as mais suscetíveis a perder tudo em desastres naturais.

Como se ainda fosse possível piorar sua situação, muitas delas não tiveram a chance de estudar para tomar decisões e atitudes que poderiam mudar suas vidas. Nem mesmo são capazes de exercer uma cobrança ativa de seus governantes. Sem poder de pressão, dependem muitas vezes de doações e da boa vontade de empresas que atuam em sua região, o que causa uma crise de governança.

▌ NÃO DEFINIMOS NADA

É preciso também que entendamos que não são apenas as pessoas com menos recursos que não dispõem de acesso a instrumentos para questionar esse estado de coisas. Nós também, que somos mais privilegiados, não opinamos ou definimos quase nada do que é realmente importante no planeta. Na verdade, quase não decidimos nada fora das nossas estritas opções de vida individuais. Como consequência, raramente elegemos bons governantes. Quando isso por acaso ocorre, muitas vezes o poder é capturado por grupos tradicionais, que almejam manter o status quo. As "crises políticas" que, infelizmente, não são uma exclusividade brasileira, quase sempre são brigas de grupos de poder que lutam para manter os privilégios daqueles que são poucos, mas extremamente poderosos.

Mesmo entre os mais vulneráveis, há desigualdades que fazem com que alguns entre eles tenham ainda menos oportunidades. Na maior parte dos países do mundo, as mulheres ainda recebem muito menos que os homens para realizar o mesmo tipo de trabalho. Como se isso não bastasse, ainda têm uma "dupla jornada de trabalho". A primeira, passam no ambiente convencional de trabalho, já a segunda parte — o trabalho doméstico — não é remunerada e não entra nas estatísticas nacionais. Em 2018, o Banco Mundial produziu um relatório que concluiu que as perdas em riqueza mundial por conta da desigualdade de salários podem chegar a US$160 trilhões.[8]

Negros, indígenas e populações com modos de vida tradicional também estão, infelizmente, em uma situação de desvantagem em vários países, devido ao preconceito que, mesmo velado, dificulta que esses grupos tenham as mesmas oportunidades que os demais. Intolerâncias históricas profundas, bem como forças conservadoras, dificultam a produção de ambientes institucionais de igualdade entre as pessoas.

Nessa altura, os problemas levantados aqui parecem tão complexos que temos até dificuldade em entender o quadro geral. Além disso, você pode estar se perguntando o que tudo isso que foi dito tem a ver com o mercado de trabalho e, em particular, com a sua carreira. Quando olhamos para os grandes problemas globais, suas cifras colossais, guerras, enchentes e fome, podemos duvidar que haja alguma solução. É fácil entender esse sentimento, afinal tudo o que fazemos e todos os números em nossa vida cotidiana parecem infinitamente menores e não vemos com facilidade a conexão do nosso dia a dia com as grandes questões globais.

---

8   https://www.worldbank.org/en/topic/gender/publication/unrealized-potential-the-high-cost-of-gender-inequality-in-earnings.

TEMPO É PRECIOSO

É exatamente esse o meu propósito com este livro. Eu o imaginei integrando um movimento maior que conecta a necessidade crescente das pessoas em fazer algo que tenha um sentido que se estenda além das necessidades individuais. Uma alternativa que tenha valor para você e para as outras pessoas e que ofereça soluções potentes para atenuar e resolver problemas globais. Uma das coisas mais importantes que aprendi na vida é que o nosso ativo mais significativo não é o dinheiro ou os bens que possamos ter. O que é precioso mesmo é o nosso tempo de vida.

Até mesmo os relacionamentos mais difíceis podem ser reconstruídos, mas o nosso tempo, e especialmente a porção de horas de trabalho ativo, que produz valor social, não pode ser reposto. Essa é a razão pela qual o que fazemos precisa ter sentido. E a solução dos grandes problemas globais requer que cada vez mais pessoas motivadas, inteligentes e dispostas a mudar, como eu e você, possam dedicar-se por mais tempo a trabalhar nessas causas.

Esse esforço deve se dar de modo contínuo, direto, sistêmico e inteligente. Meu trabalho aqui é oferecer caminhos para que você possa se fazer as perguntas corretas, que inevitavelmente o levarão, com o devido tempo e esforço, à realização de seus objetivos pessoais e profissionais.

Sobre as grandes crises globais, o melhor modo que podemos resumir os últimos 30 anos no debate sobre desenvolvimento humano é dizer que os desafios são enormes e complexos. Já avançamos muito, em várias áreas, mas não na velocidade necessária. Podemos seguir ainda mais à frente, mas não sem antes mudar as regras do jogo. Para repensar os movimentos desse jogo, podemos e devemos contar com o apoio de novas tecnologias e de novos arranjos produtivos.

Dependemos, sobretudo, de uma nova mentalidade que coloque efetivamente o ser humano como agente central desse processo, e não como um acessório. Essa nova massa crítica de pessoas será capaz, se trabalhar duro e de modo coordenado, de dar os próximos grandes e necessários saltos nas conquistas que favoreçam a igualdade, a dignidade e a compaixão.

Há espaço e oportunidades para materializar esse novo mundo que almejamos. Ele está no que proponho chamar de "campo de impacto social". Trata-se de um campo formado por organizações de vários tipos e tamanhos que fornece oportunidades de construção de carreiras com impacto social significativo. Esse campo não é apenas integrado por entidades filantrópicas e sem fins lucrativos tradicionais, mas também por grandes e influentes organizações internacionais que se ocupam do desenvolvimento econômico e social. Também formam esse setor novas empresas centradas em resolver problemas sociais, bancos de desenvolvimento, institutos, fundações e muitas outras organizações. Quando falo em um "campo" de impacto social, não podemos excluir o maior investidor social do país, que é o governo. Dentro do foco deste livro, incluímos alguns casos de inovação e alto impacto social por profissionais de impacto no setor público. É sobre esse tipo de organizações, e sobretudo as pessoas que nelas trabalham, que poderemos efetivamente desenhar um novo mundo, o que falaremos no próximo capítulo.

CAPÍTULO 3

O QUE HÁ
NO CAMPO
DE IMPACTO
SOCIAL

O campo de impacto social no Brasil é muito maior e está muito mais presente entre nós do que costumamos imaginar. Em 2016, havia no país cerca de 820 mil Organizações da Sociedade Civil (OSCs).[1] Certamente há uma organização dessas em uma rua próxima a você ou no seu bairro, pois, diferentemente das grandes empresas e indústrias, que se concentram nas capitais e nos estados do Sudeste, essas instituições estão espalhadas por todo o Brasil, de uma maneira mais ou menos proporcional à distribuição da população.

---

1   Embora o relatório consolidado mais recente do IPEA seja de 2016, o IPEA mantém o Mapa das Organizações da Sociedade Civil online com atualizações mensais — https://mapaosc.ipea.gov.br/resultado-consulta.html.

CARREIRAS DE IMPACTO

O total de empregos criados é, também, bastante significativo. Essas organizações mantinham, em 2015, cerca de 3 milhões de empregos formais. Esse número representou, naquele ano, o equivalente a 9% do total de pessoas empregadas no Brasil.

As OSCs são formadas por organizações privadas, geralmente registradas como fundações ou associações. Em muitas delas, em geral as de menor porte, todos trabalham como voluntários. Naquelas que são mais bem estruturadas há diretores, gerentes, coordenadores e funcionários remunerados. A principal diferença entre elas e as empresas comuns, mas não a única, é que as OSCs não distribuem lucro, ou seja, o valor recebido por elas — quer venham em forma de doações, transferências públicas ou prestação de serviços para terceiros — deve ser aplicado em investimentos sociais e no pagamento de despesas administrativas e salários dos funcionários. Justamente por isso é fundamental realizar uma boa gestão acompanhada de prestação detalhada de contas à sociedade.

Há organizações do campo de impacto social de todos os tamanhos. Da pequena ONG (Organização Não Governamental) que funciona nos finais de semana com poucos voluntários para ajudar na manutenção de uma creche do bairro a megaorganizações, como a Cruz Vermelha Internacional[2] ou os Médicos Sem Fronteiras,[3] com seus 36 mil colaboradores que atuam em mais de 70 países.[4]

Algumas dessas instituições podem ser até mesmo tão poderosas e influentes quanto as empresas multinacionais tradicionais. Segundo reportagem publicada em julho de 2008 pela revista *Foreign Police* (FP),[5] a BRAC é a maior ONG do mundo. Criada em 1972, em Daka, capital de Bangladesh, para prover crédito barato para os refugiados da sangrenta guerra de libertação do Paquistão, que ocorreu no ano anterior, a organização seria responsável, dentre outros feitos, por reduzir a taxa de mortalidade nacional entre crianças de até 5 anos de idade, de 25% para 7%, no espaço de 30 anos. Empregando cerca de 112 mil pessoas e gerenciando um montante de 4,6 bilhões de dólares em microcréditos, a BRAC atuava, em 2020, em 10 países na Ásia e na África.[6]

---

2   https://www.irc.org

3   http://www.msf.org

4   No site suíço NGO Advisor, é possível encontrar a relação das 100 maiores e melhores ONGs mundiais: https://www.ngoadvisor.net/

5   https://foreignpolicy.com/2008/07/01/the-list-the-worlds-most-powerful-development-ngos/

6   http://www.bracuk.net/where/

SEIS ÁREAS

Levando em conta o porte e a natureza dessas organizações, podemos dividi-las em seis grandes áreas. A primeira delas é constituída por pessoas e entidades que atuam na iniciativa privada e se integram, em diferentes graus, às organizações que buscam o lucro.

Mesmo aqueles que enxergam criticamente o comportamento da iniciativa privada diante dos desafios sociais e ambientais deveriam dar crédito às pessoas bem-intencionadas que viram oportunidades de gerar impacto positivo em grande escala.

Estamos falando aqui de empresas que você provavelmente conhece — grandes corporações — e que oferecem oportunidades de carreira em áreas como a de responsabilidade social corporativa, sustentabilidade e relações com comunidades. Também incluo nessa área as empresas que contemplam em sua estratégia o comércio justo e a valorização de produtos de comunidades tradicionais, como, por exemplo, a Natura, que adotou uma ampla estratégia de valorização da floresta em pé, por meio da integração de coletores de produtos tradicionais da Amazônia em suas cadeias de valor. Outro caso interessante é o de grandes corporações que incluem produtos sociais em sua oferta de produtos no mercado.

Não podemos ser ingênuos em acreditar que tudo o que essas empresas fazem é positivo ou que seu impacto ambiental é totalmente neutralizado por essas ações. Também não podemos desprezar o impacto positivo das grandes empresas em termos de geração de emprego e renda, não se trata disso aqui. O objetivo deste livro é expandir seus horizontes, mostrando que há possibilidades de gerar impacto social positivo trabalhando em grandes empresas que oferecem excelentes atrativos de carreira.

Claro, infelizmente muitas delas ainda investem em iniciativas que podem ser chamadas de "cosméticas", que estão muito mais voltadas para uma ação de marketing e têm pouca ou quase nenhuma profundidade. O objetivo exclusivo é o de criar uma imagem pública positiva da organização, muitas vezes para tentar remediar impactos negativos ou problemas gerados pela empresa. Felizmente, está cada vez mais claro que esse tipo de atitude não se sustenta ao longo do tempo, pois as pessoas estão ficando mais críticas a esse respeito.

Bons exemplos protagonizados pelas ações sociais de empresas de grande porte são encontrados também entre nós. Um deles é o projeto Ama,[7] da Ambev, empresa brasileira produtora de bebidas que controla quase 70% desse mercado no país.[8] Trata-se da produção de uma água mineral, com a marca Ama, comercializada e distribuída pela empresa, cujo lucro de comercialização é totalmente destinado a projetos de acesso à água potável.

Em seu site, a empresa afirma que já apoiou com esses recursos 50 projetos no semiárido brasileiro, tendo investido, até setembro de 2020, R$2.8 milhões, o que beneficiou mais de 43 mil pessoas. A Ambev continua expandindo o programa para outras regiões do país.

Tive a oportunidade de conhecer pessoalmente algumas dessas comunidades no Nordeste e conversar com as famílias beneficiadas. Fiquei impressionado com o impacto que o acesso à água de boa qualidade traz para a vida das pessoas.

A Ambev não faz uma mera doação, bancando todos os gastos, inclusive os de produção. A Ama expõe, na internet, a composição dos seus custos de produção:[9] do preço de cada garrafa, 45% corresponde ao custo de produção e transporte; 25% são usados para pagar impostos; 5% são o custo com vendas e marketing e, finalmente, o lucro é assegurado pelos 25% restantes. Em outras palavras, a operação não traz prejuízo para a empresa, mas também não contempla os ganhos diretos, exigidos nas empresas privadas. A destinação total do lucro, de acordo com a empresa, é verificada pela KPMG, multinacional especializada em auditorias independentes.

Infelizmente não encontrei no Brasil outros exemplos de grandes empresas que tenham produtos sociais como esse. Sempre comento esse caso da Ama com as pessoas, buscando inspirar mais líderes empresariais e gerentes em grandes corporações para os benefícios de incluir produtos sociais em seus portfólios, pois eles geram uma fonte recorrente de financiamento social, aproveitando a estrutura da empresa e ainda gerando uma imagem social bastante positiva.

Internacionalmente, um caso bastante conhecido, e até antigo, é o da multinacional francesa Danone, que lançou, em parceria com o Grameen (que apresentaremos na sequência) um iogurte rico em micronutrientes para ajudar a

---

7   https://aguaama.com.br/#intro

8   http://g1.globo.com/economia/negocios/noticia/2015/10/sabmiller-aceita-oferta-de-compra-da-ab-inbev-por-us-109-bilhoes.html

9   https://aguaama.com.br/#como-funciona

combater a desnutrição em Bangladesh. O iogurte se chama Shokti Doi e sua premissa é pagar bem os produtores locais de matéria-prima e disponibilizar um produto de alto valor nutritivo a preços acessíveis, o que foi potencializado pela potente rede de distribuição da Danone. Todo o lucro é reinvestido na própria iniciativa, possibilitando a ampliação de seu alcance. A iniciativa foi bem-sucedida e a Danone segue investindo em fundos de investimentos para outros negócios sociais.[10]

Não se trata aqui de fazer propaganda — não conheço em detalhes todas as práticas dessas empresas e acredito que sempre há muito trabalho a fazer para melhorar. Espero que essas iniciativas possam ajudar as empresas a repensar todo o seu modelo de negócios para modos mais inclusivos, respeitando os limites planetários. Isso não me impede, porém, de elogiar e divulgar essas iniciativas, especialmente as que pude conhecer pessoalmente.

Outra coisa que já está acontecendo, e que vem sendo chamada de "produto social", é a venda de produtos customizados por uma organização social sem fins lucrativos para apoiar em seu financiamento. O GRAAC, por exemplo, OSC referência na luta contra o câncer infantil no país,[11] trabalha com uma linha de produtos destinados exclusivamente para empresas que são feitos com a participação de voluntários e pacientes.

O Instituto Rodrigo Mendes,[12] referência em educação inclusiva, chegou a comercializar direitos de imagens digitais de trabalhos dos alunos atendidos. Essa é uma estratégia interessante para apoiar o financiamento de organizações sem fins lucrativos, mas imaginem quanto esse impacto poderia ser amplificado se cada empresa média e grande no Brasil decidisse incorporar um produto social e aplicasse esse lucro em investimentos sociais! E imagine quantas oportunidades de carreira para os futuros gestores de produtos sociais, gerando retornos positivos de marca e posicionamento para a empresa? Se você trabalha em empresas, já pensou em propor o desenvolvimento de um produto social?

QUANDO O LUCRO VOLTA PARA CASA

Relativamente recente no cenário das iniciativas engajadas no impacto social, a segunda área é formada por **empresas sociais** ou **negócios sociais** que têm

---

10   http://knowledge.essec.edu/en/sustainability/a-social-business-success-story.html

11   https://graacc.org.br/produtos-sociais/

12   https://institutorodrigomendes.org.br/#produtos

CARREIRAS DE IMPACTO

como seu *core business*, ou seja, a estratégia central do negócio, gerar impacto social positivo atuando junto a desafios estruturais da sociedade de difícil resolução. Essas empresas colocam toda a sua energia no enfrentamento dessas questões e o lucro surgirá como consequência de um trabalho bem-feito. Esse lucro poderá ser reinvestido na própria iniciativa ou distribuído como dividendos aos sócios do negócio.

Embora eu tenha dito que essa segunda área passou por um desenvolvimento recente, ela já teve seus fundamentos expostos na década de 2000, quando o economista nascido em Bangladesh, Muhammad Yunus, lançou os livros *Criando um Negócio Social*[13] e *Um Mundo Sem Pobreza: a Empresa Social e o Futuro do Capitalismo.*[14] É dito que foi Yunus quem criou os termos "empresa social" e "microcrédito", um tipo de crédito de menor expressão monetária, que é concedido a pessoas em contexto de vulnerabilidade, que não têm acesso a qualquer outro tipo de crédito, por não terem como dar garantias ou não possuírem um histórico de bons pagadores às instituições de crédito convencionais.

Consta que Yunus chegou a emprestar do próprio bolso microcréditos para pobres de Bangladesh,[15] até criar, em 1983, o Grameen Bank. Essa instituição tinha, em 2020, 2.564 escritórios, nos quais trabalham 19.800 funcionários. Um total de 8,3 milhões de pessoas, que vivem em 81,4 mil vilarejos já tomaram empréstimos na instituição. A taxa de pagamentos honrada pelos tomadores é de 97%, mais alta que em instituições financeiras comuns.[16] Em 2006, Yunus e o Grameen Bank receberam o Prêmio Nobel da Paz, "pelos seus esforços em criar um desenvolvimento econômico e social a partir das camadas sociais de baixo",[17] segundo atestou o comitê do Nobel.

Empreendimentos dessa segunda área se expressam em iniciativas tão variadas quanto são diversos os grandes problemas mundiais. Todas essas organizações cobram pelo serviço que prestam, mesmo que sejam taxas socialmente aceitáveis. Há aquelas que oferecem aplicativos que facilitam o acesso a informações pelos usuários; outras que oferecem educação por meio de realidade virtual ou empresas que criam redes de empoderamento para populações em áreas de vulnerabilidade.

---

13 *Criando um Negócio Social*, Editora Campus, 2010

14 *Um Mundo sem Pobreza: a Empresa Social e o Futuro do Capitalismo,* Editora Ática, 2008

15 https://www.grameen-info.org/grameen-founder-muhammad-yunus/

16 Idem.

17 https://www.nobelprize.org/prizes/peace/2006/summary/

O mundo das finanças parece ter sido particularmente contemplado com iniciativas dessa área. É o que mostra outro exemplo de impacto financeiro junto a camadas mais pobres. Falo de empresas que se especializaram no envio de dinheiro por SMS, por meio de *smartphones*, para a população não bancarizada, ou seja, que não possui conta em uma instituição financeira. Uma dessas empresas, a Globa, foi criada em 1997, na África do Sul, e expandiu seus negócios por grande parte do continente africano. De acordo com um dos criadores da empresa, Johan Meyer, há pelo menos 2,5 bilhões de pessoas no mundo que não têm acesso aos serviços bancários e realizam todas as suas transações utilizando dinheiro vivo,[18] com todas as dificuldades e limitações que isso traz em um mundo cada vez mais profundamente envolvido com transações bancárias virtuais.

Também no Brasil há várias organizações voltadas para promover o progresso social e econômico de diferentes segmentos sociais. A SITAWI Finanças do Bem[19] é uma OSCIP que se apresenta como pioneira no desenvolvimento de soluções financeiras para impacto social. Uma das iniciativas apoiadas por ela é a Feira Preta, criada em 2002, com o objetivo de difundir costumes e tradições da cultura negra e fomentar negócios de empreendedores da comunidade negra.

A Feira Preta[20] vem crescendo na sua presença. Na sua primeira edição, na Praça Benedito Calixto, no bairro de Pinheiros em São Paulo, em 2002, ela contou com 40 expositores. Nos últimos anos, o evento passou a acontecer no Pavilhão de Exposições do Anhembi, também em São Paulo, com mais de 100 expositores. De acordo com a SITAWI, aproximadamente 500 artistas e 600 microempreendedores afro-brasileiros participaram da feira, muitos dos quais iniciaram seus empreendimentos informalmente em edições passadas e hoje têm empresas formalmente constituídas.

Atualmente, a SITAWI apresenta a iniciativa "Finanças do Bem", que possibilita ao investidor pessoa física oportunidades de emprestar dinheiro a empresas sociais a juros competitivos, com rendimentos superiores à poupança e ao CDI. Outras duas iniciativas importantes nesse sentido são a Trê Negócios Sociais[21] e a Vox Capital,[22] que trabalham com propostas de valor semelhantes. Por meio

---

18   https://thenextweb.com/africa/2012/05/23/globas-sms-money-transfer-service-targets-africas-unbanked-population-and-the-world/

19   https://www.sitawi.net/a-sitawi/

20   http://feirapreta.com.br/

21   Para mais informações, acesse https://treinvestimentos.com.br/

22   Para mais informações, visite https://www.voxcapital.com.br/

CARREIRAS DE IMPACTO

desses e outros canais é possível dar um uso mais consciente para seu dinheiro, possibilitando investimentos iniciais entre R$500 e R$1.000. Se você já investe no mercado financeiro brasileiro ou mesmo se pensa em começar a investir, vale muito a pena reservar um tempo para visitar os sites e conhecer as oportunidades dessas iniciativas.

O número de empresas nessa área vem crescendo vigorosamente. Segundo pesquisa do GIIN — Global Impact Investing Network —, a rede global de investimentos de impacto, publicada em 2019, esse mercado já movimentava mais de US$500 bilhões, investidos por cerca de 1.300 organizações em todo o mundo.[23] Porém, apenas 4% desse montante, o equivalente a cerca de US$20 bilhões, está na região da América Latina e do Caribe, o que pode representar uma oportunidade de crescimento para a região.

Como em qualquer outro negócio, claro que há também uma taxa de fracasso. Mesmo assim, essas inciativas são de grande importância e terão um peso significativo no processo de grandes transformações sistêmicas de que todos os países têm necessidade.

Não acredito, no entanto, que apenas organizações do que estamos chamando aqui de campo de impacto social serão capazes de dar soluções efetivas para esses desequilíbrios tão profundos, sem que haja uma atuação de políticas públicas, que, de fato, vem surgindo em segundo plano. Imagino que isso esteja sendo sinalizado com a criação pelo governo federal, em abril de 2017, da Enimpacto — Estratégia Nacional de Investimentos e Negócios de Impacto. Na página vinculada ao site do Ministério da Economia,[24] na qual é apresentada, a Enimpacto é definida como "uma articulação de órgãos e entidades da administração pública federal, do setor privado e da sociedade civil com o objetivo de promover um ambiente favorável ao desenvolvimento de investimentos e negócios de impacto".

De acordo com o texto, essa articulação se propõe a ampliar a oferta de capital para negócios de impacto; aumentar a quantidade desses negócios de impacto; fortalecer as organizações intermediárias; promover um ambiente institucional e legislativo favorável aos investimentos e aos negócios de impacto e fortalecer a geração de dados que deem mais visibilidade aos investimentos e negócios de impacto. Mais de 26 órgãos têm representantes nos comitês da Enimpacto. O espectro é bastante diferenciado, da Casa Civil da Presidência da República,

---

23 https://thegiin.org/research/publication/impinv-market-size

24 https://www.gov.br/produtividade-e-comercio-exterior/pt-br/assuntos/inovacao/enimpacto

passando por vários ministérios, Banco do Brasil, BNDES até o Programa das Nações Unidas para o Desenvolvimento, o BID, o Instituto Anjos do Brasil e o Sistema B. Dentre as organizações da sociedade civil, não há como falar em iniciativas de fomento ao investimento social privado sem mencionar o exemplar trabalho desenvolvido pelo ICE — Instituto de Cidadania Empresarial —, que há 20 anos vem batalhando por essa pauta junto a atores públicos e privados.[25]

▌ COM E SEM DINHEIRO PRIVADO

A exemplo das organizações sobre as quais acabamos de tratar, aquelas que são classificadas na terceira área também têm participação da iniciativa privada. Estamos falando de **institutos** e **fundações empresariais** que, mesmo sem ter como objetivo gerar lucro, são registradas no Brasil como organizações privadas de interesse social. São dois grupos distintos na realidade. Enquanto na terceira área deles estão os **institutos** e **fundações empresariais**, a quarta área é formada por **organizações sem fins lucrativos**, que são, podemos dizer, **independentes** e não têm ligação com qualquer corporação privada de grande porte. Essas organizações sem fins lucrativos, geralmente registradas como associações, são comumente chamadas de "ONGs" pelo público leigo, termo que não conta toda a história, pois na realidade os institutos e fundações empresariais também são (na ponta da letra) organizações "não governamentais".

Essa distinção é importante porque institutos e fundações têm uma maior facilidade em acessar o capital, quase sempre vindo da própria empresa que as criou ou diretamente vindo de recursos do fundador, o que raramente acontece com aquelas que são independentes e precisam procurar, de maneira ativa e intensa, captar os recursos necessários para a sua sobrevivência. Como exemplos, podemos citar fundações das quais você provavelmente já ouviu falar (ou, se não ouviu falar na fundação, certamente conhece empresa): Fundação Roberto Marinho, Fundação Itaú Social, Fundação Boticário, Fundação Bradesco, Instituto Algar, Instituto Natura... todas essas são exemplos de personalidades jurídicas que recebem recursos das suas mantenedoras. Algumas fundações e institutos costumam prestar serviços, por exemplo, de consultoria para o mercado, conseguindo, assim, reforçar a sua sustentabilidade. Mas tais práticas costumam ser uma exceção entre essas organizações.

---

25   Caso se interesse pelo tema, não deixe de acessar: http://ice.org.br/

CARREIRAS DE IMPACTO

O GIFE — Grupo de Institutos, Fundações e Empresas — realiza um censo a cada dois anos, retratando o estágio do investimento social privado no Brasil. Em 2018, o investimento social privado no Brasil por institutos e fundações foi estimado em R$3,25 bilhões, valor estimado com base nas 133 organizações que responderam à pesquisa e compreendem os maiores institutos e fundações empresariais do país.

Nos Estados Unidos, no ano de 2015, esse investimento foi estimado em US$62.7 bilhões pelo Foundation Center, que também disponibiliza estatísticas detalhadas por tipo de fundação e estado norte-americano,[26] valor cerca de 60 vezes superior ao investimento social privado no Brasil.

Na realidade, se considerarmos a taxa de câmbio média do dólar norte-americano em 2019, que foi de quase R$3,95 (segundo o IPEA), uma única fundação norte-americana — da qual falaremos a seguir — investiu cerca de R$15 bilhões em investimentos sociais, ou quase 5 vezes mais do que a somatória de todo o investimento social privado computado pelo censo GIFE! Mesmo guardadas as diferenças culturais e históricas — que não são pequenas —, e mesmo com todos os esforços para o avanço de uma cultura de doação no país, ainda existe um *gap* enorme, sinalizando que há muito espaço para crescimento.

A fundação norte-americana que mencionei acima é a Bill & Melinda Gates Foundation,[27] apontada pela já citada revista *Foreign Police* como a mais poderosa do mundo. Criada em 2000, pelo fundador da Microsoft, Bill Gates, e sua esposa, Melinda, o total de doações à fundação, em 2017, chegou a US$50,7 bilhões. A Bill & Melinda Gates atua globalmente promovendo e apoiando iniciativas voltadas para cuidados da saúde e redução da pobreza extrema, além de destinar recursos para pesquisas científicas, inclusive para brasileiros. O documentário *O Código*, lançado na Netflix no fim de 2019,[28] conta algumas façanhas e lutas da fundação, que tem objetivos auspiciosos, como a erradicação da varíola no mundo. Vale a pena conferir.

Essa área responde por grande parte do universo dos empreendimentos ligados ao campo de impacto social no Brasil. Nela estão quase 80 mil organizações, que correspondem a 40% das cerca de 200 mil associações brasileiras, conforme dados do IPEA — Instituto de Pesquisa Econômica Aplicada, órgão vinculado ao Ministério da Economia. A maior parte dessas organizações pertence ao

---

26   http://data.foundationcenter.org/

27   https://www.gatesfoundation.org/

28   youtube.com/watch?v=yOCjrGevsdo

O QUE HÁ NO CAMPO DE IMPACTO SOCIAL

que estamos chamando de quarta área, que são associações independentes com interesse social. Não é preciso dizer que a quase totalidade dessas organizações tem um porte modesto, ou modestíssimo, quando comparadas aos *players* milionários desse grupo.[29]

Aqui nessa área estão, ainda, as organizações religiosas, que, no entanto, têm uma personalidade particular. Elas são organizações sem fins lucrativos, não vinculadas ao governo, nem a empresas, institutos ou fundações, mas o que as une é uma crença religiosa comum. Algumas delas são multinacionais poderosas e têm ação social relevante em todo o planeta. Há, no entanto, grandes diferenças de propósito entre essas entidades religiosas. De maneira bem sintética, podemos identificar duas vertentes que as definem. Uma que se preocupa com questões materiais, como os desafios sociais e econômicos enfrentados pelas pessoas; enquanto na outra vertente há aquelas que são voltadas fortemente para a evangelização e trabalhos missionários.

No grupo das que se voltam para questões mais terrenas e operam de maneira ecumênica, há a atuação, por exemplo, do Serviço Pastoral do Migrante (SPM) e da Pastoral da Terra, que realizam um trabalho importante que ajuda muita gente. A SPM, que tive a honra de conhecer e colaborar em um projeto, faz um trabalho exemplar no acolhimento e apoio a migrantes venezuelanos, apoiando também a construção de cisternas e a educação contextualizada ao semiárido e com redução da violência.

Existem organizações internacionais religiosas que investem muito dinheiro em serviços básicos, como acesso à água, higiene e cuidados pessoais, e não dão tanta ênfase à pregação religiosa. Para essas iniciativas, o foco está mais em garantir acesso a serviços básicos do que em aumentar o fórum da igreja.

Também é nessa quarta área que se encontra a maior diversidade de organizações, desde aquela ONG que atua aos finais de semana, oferecendo cursos de inglês na periferia com apoio de trabalho voluntário, por exemplo, até organizações mais conhecidas do grande público, como Greenpeace, WWF ou Oxfam, que têm uma estrutura de captação de dinheiro já mais consolidada e eficiente.

---

29   Em 2016, havia 237 mil Fundações Privadas e Associações sem Fins Lucrativos (FASFIL) no Brasil. Em comparação com anos anteriores, houve queda no número de FASFIL ativas, tanto em relação a 2013 (-14,0%) quanto a 2010 (-16,5%). As FASFIL eram voltadas, principalmente, à religião (35,1%), à cultura, à recreação (13,6%) e ao desenvolvimento e defesa de direitos (12,8%) e concentravam-se mais no Sudeste (48,3%), Sul (22,2%) e Nordeste (18,8%); e menos no Norte (3,9%) e Centro-Oeste (6,8%). Dessas instituições, 64,5% não possuíam nenhum empregado assalariado. Nas demais, estavam empregadas 2,3 milhões de pessoas, com remuneração média de R$2.653,33 mensais em 2016. A maioria dos empregados nas FASFIL eram mulheres (66,0%), cuja remuneração média (R$2.395,52) equivalia a 76,0% da dos homens (R$3.151,83) — https://agenciadenoticias.ibge.gov.br/agencia-sala-de-imprensa/2013-agencia-de-noticias/releases/24162-fasfil-2016-numero-de-entidades-sem-fins-lucrativos-cai-14-em-relacao-a-2013

A Fundación Avina, na qual eu trabalho, é uma típica organização cujas fontes de financiamento são bem diversificadas, incluindo a captação de recursos de doadores internacionais — que geralmente são institutos e fundações ou bancos de desenvolvimento —, a doação por parte de empresas e até mesmo a prestação de serviços de consultoria e assessoria técnica. Todos os recursos são vinculados a projetos específicos com métricas muito claras e total transparência, pois, afinal, para além da comprovação dada aos financiadores que o recurso foi bem investido, as métricas têm alto valor para mostrar erros e acertos e, com isso, contribuir com a missão de promover mudanças estruturais na sociedade.

Se você mora em uma cidade relativamente grande, já deve ter se deparado com jovens com camisetas de ONGs que ficam pedindo dinheiro em ruas e avenidas de grande movimento ou estações de metrô para alguma causa social. São pessoas contratadas por empresas especializadas em solicitar doações. Elas, muito provavelmente, não são voluntárias ou estagiárias das organizações para as quais pedem contribuições, mas terceirizadas por alguma empresa que repassará os recursos para organizações sociais em troca de um pagamento. Essa é, portanto, uma das muitas formas de captar recursos disponíveis nesse universo social.

Existem muitas outras estratégias de arrecadação de recursos para garantir o funcionamento de uma organização no campo de impacto social. Em um plano mais modesto, temos os conhecidos bazares de fim de ano, leilões, venda de bolos, doces e salgados promovida por voluntários bem-intencionados no bairro. Mas, por serem rudimentares e descontínuas, essas iniciativas são incapazes de garantir um fluxo constante de recursos, capaz de promover a prosperidade ou a sustentabilidade da organização. Esse é o grupo que mais precisa de gestão, de capital humano. Todos os outros também têm suas dificuldades, mas esse grupo de ONGs com menor grau de profissionalização é o mais carente de bons gestores. No Capítulo 7, entrevisto Michel Freller, da Associação Brasileira de Captação de Recursos (ABCR), que fala mais a fundo sobre esse importante assunto.

FUNCIONÁRIOS PÚBLICOS ENFRENTAM SEUS MITOS

Alguns talvez se surpreendam ao saber que a quinta área é formada por pessoas que empreendem dentro do próprio governo. Se pensarmos bem, o setor público tem como principal missão e razão de existir o investimento na área social. Apenas um rápido exemplo na área da educação: as escolas públicas no Brasil atenderam a 45 milhões de alunos, sendo que o total de alunos matriculados no país, incluindo as escolas particulares, foi de 53 milhões em 2018, segundo o INEP.[30] O governo federal, com orçamento aprovado em 2020 de R$3,6 trilhões, é, de longe, o maior investidor social do país.

Quando expomos esses dados não imaginamos a complexidade da gestão pública no Brasil e damos crédito ao mito de que todo funcionário público é preguiçoso e que todo mundo que está em algum órgão público é, por princípio, corrupto. Muitas vezes nem conseguimos contar um bom e verdadeiro caso de sucesso vindo do setor governamental sem antes tentar anular a ideia, tão arraigada, de que funcionário público não faz nada, tem má vontade e, depois de passar o crachá ao chegar no trabalho, passa todo o dia sem fazer nada.

Apesar da incredulidade geral, há vários casos de ações positivas por parte desses profissionais, principalmente nas prefeituras e nos estados. Nessas instâncias, há gente jovem, inovadora, bem formada, ligada ao desenvolvimento sustentável, preocupada em tornar o município mais competitivo ou desenvolvendo estratégias para livrar a cidade em que atuam das dívidas. Essas pessoas são funcionários públicos, secretários de Fazenda, de Orçamento, prefeitos que abraçam a causa da sustentabilidade. E costumam trabalhar em um ritmo tão intenso quanto qualquer outro profissional. Muitas vezes, esses profissionais trabalham conjuntamente com OSCs em programas específicos de desenvolvimento profissional e melhoria das capacidades de gestão dos municípios.

Mais do que prefeitos e ocupantes em cargos comissionados, há inúmeros profissionais de carreira no setor público que apresentam uma performance muito superior àquela que está no imaginário do brasileiro. Claro, há aqueles que correspondem aos piores estereótipos desses profissionais, mas tenho certeza de que são uma ínfima minoria. Por esse motivo, precisamos jogar uma luz sobre esses focos de inovação para que a postura de renovar torne-se a regra junto ao funcionalismo público, e não uma exceção.

Há entidades do campo do impacto social que têm iniciativas voltadas para a valorização dos profissionais do setor público. O Instituto República criou, por exemplo, uma ação em que colhe depoimentos de funcionários que se destacam

---

30   http://inep.gov.br/artigo/-/asset_publisher/B4AQV9zFY7Bv/content/escolas-publicas-atendem-45-milhoes-de-alunos-no-brasil/21206

por suas atitudes profissionais.[31] O instituto também participa, junto com a Fundação Brava, a Fundação Lemann e o Instituto Humanize, de dezenas de outras instituições do "Prêmio Espírito Público", que premia profissionais do setor público por sua atuação em diversas categorias.[32] A Fundação Lemann mantém um programa "Pessoas no Setor Público",[33] que tem como objetivo fortalecer o debate sobre atração e seleção para cargos de liderança de profissionais para o setor público.

O Capítulo 14 é dedicado a entrevistas com profissionais de destaque no setor público, incluindo especialistas em design de serviços na área pública e em inovação na gestão pública municipal, profissionais que atuaram na administração pública estadual e municipal e com a elaboração de planos de governo.

BILHÕES DE DÓLARES À DISPOSIÇÃO DO MUNDO

A sexta e última área, nesta classificação, é aquela da **cooperação internacional**. São bilhões de dólares que estão presentes nos **organismos multilaterais de desenvolvimento**. Dentre eles, entidades de estatura e relevância global como o Banco Mundial, o Banco Interamericano de Desenvolvimento (BID), OCDE, União Europeia, New Development Bank (o banco dos BRICS[34]), o Asian Development Bank, Banco de Desenvolvimento da América Latina, Banco Africano de Desenvolvimento, o sistema ONU e vários outros, incluindo as agências de cooperação nacionais, como a USAID, dos Estados Unidos; o DFID, da Inglaterra; e a GIZ, da Alemanha.

O universo de doadores e receptores de recursos de cooperação internacional é bastante complexo, pois se trata de uma entramada relação entre governos, agências internacionais, sistema ONU e países que podem receber de algumas fontes e doar para outras. Além disso, muitos dos trabalhos realizados localmente contam com uma cadeia complexa de subcontratações que podem envolver ONGs, fundações e empresas especializadas.

Por conta disso, é difícil estimar de modo certeiro o volume total de recursos para cooperação internacional, até porque existem fundações internacionais

---

31 Pessoas Públicas — Wilson — https://www.youtube.com/watch?v=VW6kuQEClfg

32 https://premioespiritopublico.org.br/sobre/

33 https://fundacaolemann.org.br/projetos/pessoas-no-setor-publico

34 Bloco de cooperação formado por Brasil, Índia, China, Federação Russa e África do Sul.

que também são doadoras. O que sabemos é que, entre 2014 e 2016, US$63 bilhões foram doados anualmente pela cooperação internacional. Desse montante, US$38.4 bilhões foram direcionados a 34 organizações do sistema ONU, US$24.8 bilhões foram direcionados a 20 outras organizações multilaterais e o restante para outras organizações. Os quatro maiores países doadores — Estados Unidos, Inglaterra, Japão e Alemanha — foram responsáveis por quase a metade desse montante.[35] [36]

Pois bem, e o que é feito com todo esse recurso? De tudo um pouco. São bilhões investidos na área da saúde, com programas de erradicação de doenças, prevenção e tratamento de doenças infecciosas como malária e HIV, programas de apoio ao pequeno agricultor, operações de paz em áreas de conflito, incluindo o apoio a refugiados, programas contra a fome e a desnutrição infantil, estratégias de enfrentamento à mudança climática e outras centenas de linhas de ação.

Entre 2014 e 2016, 63 bilhões foram doados anualmente pela cooperação internacional.

A relevância desses atores está no volume de investimentos com os quais eles operam e nos mecanismos de controle para assegurar a eficácia desses recursos. Essas organizações financiam programas simultaneamente em múltiplos países, repassando recursos diretamente para governos e agências implementadoras, mas também alocam dinheiro para iniciativas pontuais, de porte mais modesto.

A Avina, por exemplo, recebeu recursos do BID para o desenvolvimento de um programa de reciclagem que se propõe a gerar condições dignas para o reciclador de base em vários países da América Latina. A intervenção tem como objetivo influenciar as pessoas que antes viviam nos lixões catando o que havia de reutilizável no lixo, sem equipamentos de proteção, junto com crianças, a fim de vender para empresas que se ocupavam de reciclagem. O trabalho, com o apoio do BID, promoveu a profissionalização e o reconhecimento formal da profissão de reciclador, integrando essas pessoas às cadeias produtivas e favorecendo, em última análise, a criação de leis nacionais reconhecendo o importante papel do reciclador. Esse é apenas um entre outras centenas de exemplos de como a cooperação internacional vem financiando programas de desenvolvimento

---

35   Dados detalhados sobre os volumes financeiros da cooperação internacional podem ser acessados na base de dados da OCDE.

36   Essa síntese foi produzida neste artigo acadêmico: https://onlinelibrary.wiley.com/doi/full/10.1111/1758-5899.12653

sustentável na América Latina. Uma intervenção desse tipo envolve organizações de todas as áreas do campo de impacto social e ilustra como, na prática, as organizações atuam de modo interconectado, com múltiplos vínculos de trabalho. A imagem a seguir ilustra as seis áreas, e os anéis entrelaçados simbolizam os múltiplos vínculos que podem existir entre elas.

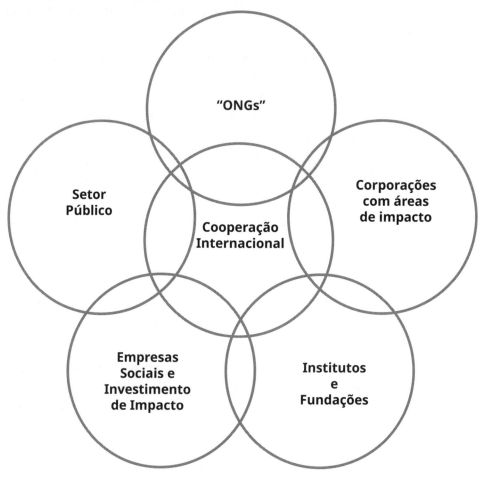

Fonte: Elaborada pelo autor.

Neste capítulo, apresentei o que estou chamando aqui de "campo de impacto social", incluindo as áreas em que acredito que você encontrará as melhores oportunidades de carreiras com sentido: uma parte bem seleta das grandes empresas com ação social relevante, institutos e fundações empresariais e independentes e organizações sem fins lucrativos, tradicionalmente conhecidas como ONGs ou OSCs, empresas de impacto social (*impact investing*, como é conhecido o termo no exterior), profissionais inovadores no setor público e organismos multilaterais de financiamento, incluindo os bancos multilaterais de desenvolvimento e o sistema ONU.

O importante é saber que essa separação foi um modo didático para lhe contextualizar rapidamente sobre as áreas potenciais e algumas características de cada tipo de organização para facilitar sua busca por oportunidades. No mundo real, todos os tipos de organização trabalham de modo dinâmico, em múltiplos formatos de parcerias: fundações podem contratar ONGs e repassar recursos de fundos multilaterais; empresas privadas podem contratar serviços de ONGs e institutos; e fundações podem apoiar a melhora dos resultados do investimento público de uma infinidade de maneiras. E esses são apenas alguns exemplos de casos reais e até comuns de cooperação para o impacto social.

Um dos objetivos deste capítulo foi apresentar a diversidade de organizações do campo de impacto social, introduzindo diferentes perfis, portes e modalidades de financiamento, além dos números macro de cada área. Ao longo deste livro você lerá também sobre os distintos níveis de profissionalização, organização e autonomia de cada uma das áreas por meio de entrevistas e depoimentos de profissionais que atuam em algumas dessas áreas.

Mesmo com toda essa diversidade de atuações, muita gente ainda sustenta mitos e preconceitos sobre o campo de impacto social, principalmente com o que se convencionou chamar de "ONGs". No próximo capítulo, falaremos dos mitos e preconceitos e, ao tratarmos dessa questão, ficará claro como a maior parte das coisas que são faladas sobre ONGs carece realmente de qualquer fundamento real, é mera invenção ou percepção preconceituosa sobre a maneira como essas organizações trabalham.

MITOS E PRECONCEITOS NO **CAMPO** DE **IMPACTO SOCIAL**

uando estava preparando este capítulo, fiz um pedido para os meus amigos no Facebook: "Estou escrevendo um artigo relacionando os principais mitos e lendas sobre ONGs. Que mitos e histórias vocês ouvem por aí? Qual é a primeira coisa que vem à mente quando você ouve que alguém 'trabalha numa ONG'?" Devido ao capítulo anterior, você já sabe que o campo de impacto é bem mais amplo do que as organizações sem fins lucrativos, e que a ideia geral de "ONG" é ainda mais restrita. Mas perguntei especificamente sobre ONGs aos meus amigos, por saber que as pessoas em geral não têm essa visão tão completa do campo que agora você possui. Sabe quais foram as respostas que recebi?

CARREIRAS DE IMPACTO

As pessoas colocavam aquelas carinhas sorridentes, faziam piadas. Mas era perceptível que havia um certo desconforto, uma pitada de amargura, nas respostas curtas que enviaram. Algumas pessoas ficaram bem à vontade e responderam realmente a primeira coisa que veio à mente, sem muito filtro: "É um lugar pequeno, escuro, mal organizado, uma casinha caindo aos pedaços"; "um bando de gente de esquerda"; "um bando de maconheiros"; "ONGs são feitas para desviar dinheiro e sonegar impostos"; "começam bem, acabam mal"; "me diga uma que é boa, eu desconheço"; "coitado, deve ser chato trabalhar quase de graça"... e por aí vai longe.

Desde que comecei a pensar em escrever este livro, montei um roteiro "informal" de entrevistas às pessoas com quem cruzava em minhas viagens a trabalho, principalmente a motoristas de aplicativo, ou mesmo taxistas, que encontrei por minhas andanças. O assunto? Percepções gerais sobre carreiras de impacto, especialmente em organizações sem fins lucrativos.

Devo ter conversado sobre isso com ao menos uns 50 motoristas em mais de 10 estados pelo Brasil e também em alguns países da América Latina, como Argentina, Chile, Bolívia e Peru.

Os motoristas de aplicativos são uma boa fonte de informação para saber a opinião geral da população, pois estão constantemente conversando com todos os tipos de pessoas.

Vejam o que acabei descobrindo: primeiramente, a imensa maioria pensava que o trabalho em ONGs era sempre voluntário. As entrevistas foram quase sempre realizadas na ida ou retorno a aeroportos. Quando os motoristas me viam ocasionalmente de terno, trabalhando com o celular, e às vezes até abrindo o notebook para consultar alguma coisa, era natural me perguntarem com o que eu trabalhava. Era essa a deixa para realizar a entrevista.

A maioria presumia que eu era empresário ou executivo de alguma grande empresa e, quando eu falava que trabalhava em uma ONG, instalava-se um silêncio no carro. Muitos pensam que eu ganhei dinheiro antes de trabalhar na área de impacto social ou que venho de família rica e faço esse trabalho como hobby. Quando contava que trabalho normalmente nessa área, com chefe, salário, viagens a trabalho e direito a férias surgia um desconforto e uma curiosidade (às vezes até desconfiança) em relação à origem dos recursos — muitos deles perguntavam se recebíamos dinheiro do governo.

Na sequência, eu fazia um resumo das várias formas de financiamento, mostrando resultados atingidos e os convencendo que se trata de um trabalho sério e organizado. Então os motoristas se entusiasmavam e faziam mil perguntas, já com um brilho no olhar, querendo saber mais: vocês também trabalham com empresas? Vocês atuam nesta ou naquela área?

Alguns deles me deram seu contato, queriam saber de oportunidades. Uma vez um motorista de Uber na Argentina me contou que era fotógrafo e ofereceu seus serviços. Disse que gostaria muito de conhecer como vivem essas pessoas nas comunidades que eu visitava. Outra vez, em Teresina, o motorista pegou meu contato para passar ao sobrinho, cujo sonho era trabalhar com desenvolvimento sustentável, coisa que, até então, ele acreditava ser uma atividade "de fim de semana" e não um "trabalho principal".

Às vezes eu me cansava do desconhecimento, do preconceito, afinal, se estamos falando de um setor da economia que emprega tanta gente e tem tanta importância no desenvolvimento do país, comecei a me perguntar seriamente: por que há tanto preconceito contra as organizações sem fins lucrativos e os que nelas trabalham? De onde teria surgido essa predisposição negativa em relação às ONGs?

Encontrei algumas possíveis respostas. A primeira foi realmente a constatação de que o conhecimento médio das pessoas sobre o campo de impacto é bem pequeno. Mesmo entre amigos e conhecidos, pessoas viajadas, que falam vários idiomas e moraram fora, esse conhecimento não é tão difundido. Existem alguns motivos para isso.

A maior parte das organizações do campo de impacto social é relativamente nova no cenário brasileiro, e mesmo no mundial. Elas passaram a se consolidar há 15 ou 20 anos, ou seja, um espaço menor do que o de uma geração. A área de investimentos de impacto começa a ser conhecida do grande público apenas agora, com o aumento do número de empresas, de aceleradoras, maior divulgação na mídia e realização de eventos maiores. Poucos profissionais conhecem as oportunidades de trabalho em institutos e fundações empresariais desde a faculdade ou sonham em ser presidentes de uma ONG.

Existe, ainda, um motivo de fundo: como qualquer setor, há uma concentração de recursos em poucas organizações, que têm um nível profissionalizado de gestão, voltado a medir o impacto social, planejar e avaliar suas ações para ser o mais eficaz possível. Numericamente, há dezenas de milhares de ONGs que, de fato, não são tão estruturadas, apresentam dificuldades em arrecadar recursos e monitorar seus investimentos. Por essa razão, eu entendo que é mais provável que seu primeiro contato com uma ONG seja por meio do trabalho voluntário e que possivelmente ela não tenha um escritório em um edifício comercial de primeira linha nem uma rotina clara de trabalho.

CARREIRAS DE IMPACTO

A maior parte das empresas, porém, em qualquer país, é composta de micro e pequenas empresas e boa parte delas também sofre bastante com a gestão, tem desafios diários para manter o faturamento e não possui escritórios em edifícios de primeira linha. Por que, então, quando se fala em empresas ou pequenas empresas, as pessoas não pensam em uma casa mofada com fumadores de maconha? Existe aqui, portanto, uma confusão entre a estrutura de financiamento — com e sem fins lucrativos — e a qualidade da gestão administrativa-financeira. Se olharmos no micro, vamos ver que existem ONGs mais eficazes que empresas em completar sua missão — quantas vezes já perdemos a paciência com empresas que entregam produtos errados ou de má qualidade e que nos deixam uma eternidade no telefone tentando resolver a situação?

Ainda bastante curioso em descobrir os motivos desses mitos sobre ONGs, lembrei-me da minha experiência nos Estados Unidos, um país que tem uma cultura de filantropia e de doação bastante forte. Também andei conversando com motoristas de aplicativos por lá e, apesar de não conhecerem detalhes sobre o trabalho, já era bastante normal para eles o fato de que pessoas podem, sim, ter carreiras remuneradas em organizações sem fins lucrativos.

Há peculiaridades na maneira como o Brasil se estrutura economicamente que influenciam o entendimento sobre o trabalho de OSCs. Uma comparação com o que acontece nos Estados Unidos deixará mais claro o que eu quero dizer. Naquele país, até o início do século passado, foi a iniciativa privada a responsável pelos projetos importantes de melhoria e benfeitoria social. Fizeram universidades, hospitais e moradias. Apenas décadas mais tarde o Estado começaria a se tornar mais presente nesses projetos, estabelecendo o conceito de que ele, que arrecada os impostos, é quem deveria construir escolas, hospitais e outros bens públicos.

O IMPACTO É O EMPREGO

Esse processo foi muito diferente no Brasil. Aqui, o Estado foi entendido, e exigido, como o provedor. Não há qualquer dificuldade ou carência que surja para nós, brasileiros, que não responsabilizemos o Estado por ela e esperemos que apenas ele se empenhe em contorná-las. Entre nós, a expectativa em relação à iniciativa privada limita-se a que ela gere empregos. É óbvio que gerar empregos, mais do que isso, gerar bons empregos, é algo fundamental. Mas termina aí a nossa visão do papel da iniciativa privada, que, por sua vez, também considera

MITOS E PRECONCEITOS NO CAMPO DE IMPACTO SOCIAL

suficiente empregar pessoas e lhes proporcionar salários e benefícios. O meu impacto, esses empresários diriam, é o emprego e ponto.

Falam de peito estufado que geram dezenas, centenas, milhares de empregos, com orgulho do seu "impacto social". Como se os empregados devessem amá-los para sempre pela grande "oportunidade", sem se darem conta de que, muitas vezes, trabalhar em sua empresa não era exatamente uma questão de escolha. Alguns deles, quando confrontados sobre seu papel social, enchem novamente o peito para falar que fazem doações todo fim de ano para a caridade. Vocês realmente acham que ainda existe espaço para esse tipo de empresa no mundo de hoje? Eu acho que não. Se as empresas não se reinventarem a partir das reais necessidades planetárias e das pessoas, estaremos todos fadados ao fracasso.

Aliás, uma das objeções que escutei sobre as ONGs foi a de que elas estão fazendo o trabalho que o Estado deveria fazer, como se estivéssemos "roubando o mercado" do Estado ou, de alguma forma, "passando um pano" nas responsabilidades do Estado.

Mas o que deve ser olhado é que o único desenvolvimento possível é aquele que se relaciona com o ambiental e com o social. Se você leu com atenção o segundo capítulo deste livro, com certeza entende bem que nessa nova realidade não cabe, e não é suficiente, apenas a atuação do Estado. Empresas e iniciativas civis têm de se envolver nesse esforço. Mas, quando se insiste nesse olhar que enxerga as empresas apenas como provedoras de emprego, fica difícil entender qual é o papel das instituições sem fins lucrativos, que, embora possa não parecer para alguns, têm a sua existência estreitamente ligada à iniciativa privada.

Há, portanto, uma certa miopia em relação à real dimensão do campo de impacto social; desconhece-se a extensão das diversas modalidades de atuações existentes e do número de atores potencialmente capazes de ter um papel relevante nesse campo; por isso, mantém-se uma visão limitada e convencional sobre as ONGs. Além de ser uma visão antiga, de que as ONGs vivem de doações, não produzem valor e são restritas às casinhas caindo aos pedaços. Não se está vendo o papel preponderante das empresas, que podem atuar como agentes e distribuidoras de recursos para melhorar as condições do meio ambiente e da vida de quem mais precisa e, ainda assim, obter lucro.

Por acreditarem nisso, as ONGs e outras iniciativas do campo de impacto social vivem de doações e são ineficientes, essas pessoas consideram que essas organizações não são sustentáveis, dependem de verbas públicas e, portanto, falta-lhes estrutura e seriedade para produzir o que for. O que o grande público conhece, e talvez respeite mais, são os eventos cobertos pela mídia, como o Teleton, veiculado pelas emissoras SBT e TV Cultura; ou o Criança Esperança, da TV Globo.

São iniciativas relevantes, certamente, mas representam apenas uma pequenina parte desse ecossistema. Agora imaginem se uma dessas grandes emissoras — e também os jornais impressos e virtuais — dedicasse mais espaço às iniciativas do campo de impacto social que estão dando certo? Torço muito para que algum jornalista influente leia este livro e possa criar um programa com horário fixo para passar casos de impacto social, mostrando para as pessoas que há, sim, oportunidades de carreira com sentido.

ACERTANDO AS CONTAS DOS MUNICÍPIOS

A verdade é que as organizações de impacto social, independentemente de serem vistas com nitidez pelas pessoas, estão presentes no país e realizando um trabalho de gigantesca importância. Muitos municípios estão hoje com as suas contas em dia, até mesmo gerando um superavit, por contarem com a ajuda dessas organizações. Não deixa de haver uma certa ironia nisso, quando sabemos que ONGs são vistas como sugadoras de dinheiro, mas, em muitas situações, são elas que apoiam municípios, e até mesmo alguns estados, na gestão pública, nas questões orçamentárias e na arrecadação de tributos.

Há vários casos de organizações sociais que ajudaram municípios a passarem de deficitários para tornarem-se entidades que têm contas em dia. E, o que pode ser mais surpreendente para os céticos, sem cobrar qualquer coisa dos cofres públicos por esse trabalho, já que são apoiadas por outras organizações.

As organizações de impacto social são aceleradoras, apostam em inovação e geram impactos que podem ser tremendos. É um terceiro *player* ao lado dos dois outros agentes de mudança social, o Estado e as empresas, que podem trazer qualidade de vida e dignidade ao ser humano. Esses dois agentes têm grande poder de moldar a realidade em que vivemos — para o bem e para o mal —, mas não escapam de algumas fragilidades. O Estado é detentor de uma grande escala de recursos e possui abrangência nacional. Ninguém será capaz de superar o orçamento social que ele tem em suas mãos. Mas, por outro lado, por ser uma máquina muito grande, controlada por vários instrumentos internos e ter um cobertor curto para cobrir adequadamente as necessidades e demandas de muitas áreas complexas, sua atuação é, de modo geral, engessada, lenta, limitada e marcada por disputas para ver quem se mantém no poder.

Já o setor privado é capaz de colocar em movimento rapidamente seu capital e sua criatividade. No entanto, ele está fortemente voltado para o alcance de resultados financeiros, o que conflita com o comprometimento com as questões sociais e ambientais. Nesse contexto, as organizações de impacto social têm a seu favor a agilidade, a facilidade em inovar e a capacidade de atuar de maneira cirúrgica em áreas que o gestor público não é estimulado a participar e a iniciativa privada não enxerga a possibilidade de usufruir do lucro. Há, porém, duas dificuldades: a de se financiar, pois não contam com impostos nem receita de venda de produtos; e a dificuldade de escalar sua atuação, por não terem caixa para realizar grandes investimentos sociais.

Talvez seja esse o papel principal do campo de impacto social: lançar soluções de alta qualidade e, para atingir escala e sustentabilidade, atuar em parceria com o poder público e com as empresas privadas. Claro que, internacionalmente, diversas ONGs têm o papel muito importante de fazer um contrapeso aos governos nacionais de muitos países, apontando injustiças, excessos e medidas que aumentam a pobreza, a desigualdade e o acesso a oportunidades para todos. Esse papel de contestação é importante, principalmente em contextos ditatoriais ou contra agendas perversas, em que se torna inviável trabalhar com o Estado. Mas o ponto aqui é que, sem influenciar a ação do Estado, apoiando a construção de políticas públicas de qualidade e contestando os retrocessos, não há a possibilidade de mudar substancialmente a realidade ou, como costumo falar, provocar mudanças "estruturais".

É, sim, verdade que há organizações sem fins lucrativos que são capazes de produzir efeitos em dimensões globais com orçamentos gigantescos, mas são casos excepcionais. Um exemplo é a Cruz Vermelha Internacional, uma organização centenária que ajuda milhões de pessoas com forte atuação em zonas de guerra, catástrofes e de pobreza crônica. Conversando com um amigo que foi responsável pela logística da organização em Washington, aprendi um dado impressionante: cerca de uma em cada quatro pessoas neste nosso mundo já foi atendida pela Cruz Vermelha. Não sei exatamente como essa informação foi produzida, mas, para que você tenha uma ideia da dimensão disso, apenas o braço norte-americano da Cruz Vermelha reportou que, em 2019, foi responsável por distribuir 40% do total de sangue doado em todo o país.[1]

---

1   https://www.redcross.org/content/dam/redcross/about-us/publications/2019-publications/Annual-Report-2019.pdf

CARREIRAS DE IMPACTO

Mas, de modo geral, são apenas poucas ONGs que têm esse grande poder e abrangência de atuação. Eu vejo o papel das ONGs muito mais como entidades empenhadas em lançar soluções de alta qualidade a serem multiplicadas pelo Estado ou nas cadeias de valor das empresas, colocando o ser humano no centro do processo de desenvolvimento.

Mesmo nessa realidade que descrevi, os preconceitos ainda permanecem, e fortes, entre nós. Um deles, talvez o mais prevalente, é o de que os fundadores das ONGs recebem muito dinheiro e não produzem nada de concreto. Isso não é verdade. A primeira informação incorreta que há nesse pensamento é a de que existe muito dinheiro sendo repassado para as organizações de impacto social. Os repasses governamentais vêm caindo de maneira consistente. Em 2016, as transferências de verbas federais para as ONGs correspondiam a 0,35% do orçamento federal, o que significava uma redução pela metade do repasse feito em 2001, que foi de 0,71%, segundo ensaio publicado em fevereiro de 2019, no jornal digital *Nexo*,[2] assinado por Diogo Santana, doutor em Direito pela USP e mestre em Administração Pública pela Kennedy School, o instituto que estuda políticas públicas e governo da Universidade de Harvard.

Ainda de acordo com Diogo Santana, a crença de que a maioria das associações sem fins lucrativos é financiada pelo governo federal é falsa. "No ano de 2016, só 7 mil de um total de 820 mil entidades (...) receberam recursos diretamente do governo", afirma. E completa: "Quando apresentados sem refinamentos (...) os números globais dos repasses — R$6,3 bilhões de transferência [registrados no ano seguinte] em 2017 — parecem um mar de rosas para as ONGs, porém esses números agregam hospitais de excelência, associações de pais e mestres e fundações públicas, como o Instituto Butantã", ou seja, organizações com necessidades de investimentos altos e recorrentes para poder atender com qualidade.

Já a segunda parte do argumento, de que essas entidades "não produzem nada de concreto", pega na minha ferida como especialista em avaliação de programas sociais. Como assim, elas nada fazem? Como é possível fazer uma afirmação dessas sem avaliar a atuação e medir os resultados para ver o que, de fato, funciona e o que não funciona? Será que isso tem a ver com uma certa descrença de que as coisas possam melhorar no Brasil de um modo geral?

---

2   https://www.nexojornal.com.br/ensaio/2019/Os-mitos-e-mentiras-sobre-o-trabalho-essencial-das-ONGs?fbclid=I-wAR0mb9Z9s7SgSJgnMevXa_ADfqqzJxGV59xhzfNf9zzDPpUnaWq2WxCtnyU&utm_medium=article_share&utm_campaign=self

Como mostrei no Capítulo 2, muita coisa melhorou nas últimas décadas — haja vista a redução da mortalidade infantil no mundo e no Brasil. Existe uma infinidade de exemplos de resultados concretos atingidos pelo trabalho das ONGs. Para muito além dos casos que menciono neste livro, há muita informação sobre isso disponível na internet, então não faz sentido sustentar essa crença de que as ONGS recebem muito dinheiro e nada fazem.

ONGs CONTRATAM PESSOAS E EMPRESAS

O trabalho dessas organizações também tem impacto em uma área a qual as pessoas acreditam que só está ao alcance da iniciativa privada: a criação de empregos. Além de empregarem diretamente milhões de pessoas, como falamos no Capítulo 2, as ONGs também precisam contratar outras milhares de empresas para operar tanto suas atividades diretas como as indiretas, e assim criam, ainda, muitas oportunidades de trabalho. É muito comum a contratação de empresas privadas para poder entregar os resultados. Como eu trabalho com avaliação e monitoramento, já contratei muitas vezes equipes de entrevistadores, coordenadores de pesquisa e equipe de logística no Nordeste e na Amazônia Legal aqui no Brasil; todo o trabalho foi realizado com pessoas locais que, de outro modo, não teriam a oportunidade.

Nos trabalhos de doação e assistência humanitária há uma operação logística grande, que acaba também gerando empregos no setor privado para além dos colaboradores das organizações sem fins lucrativos. As ONGs que trabalham com a construção de infraestrutura pública, como poços de água e cisternas, reparo e melhoria de escolas e hospitais, por exemplo, contratam profissionais da construção civil, gerando um forte fator multiplicador, ou seja, produzindo oportunidades de emprego e renda que não existiriam se não fosse o investimento delas. E o melhor é que muitas vezes isso ocorre em regiões distantes e vulneráveis, em que já não há muita oferta de empregos.

Outro mito que está presente no imaginário das pessoas é que a maioria das organizações não governamentais são organizações "de esquerda", o que é uma grande bobagem, primeiro porque essa distinção entre direita e esquerda em si já vem carregada de outros mitos e preconceitos, como, por exemplo, que a esquerda é mais corrupta do que a direita, ou que a esquerda não respeita a iniciativa privada e a direita não respeita os direitos humanos. Ideias que podem ou não ser verdade, dependendo do partido, do momento político e do que realmente estiver em jogo, mas não devem ser generalizadas. Segundo, porque é preciso distinguir o pensamento dos colaboradores, que muitas vezes pode ser bastante plural, do posicionamento formal, ou institucional, da organização. Nenhuma organização social séria vincula-se politicamente com partidos políticos específicos. Isso inviabilizaria a independência do trabalho, que deve ser orientado por causas e objetivos concretos que não mudam segundo interesses políticos, e nunca está alinhado a interesses partidários.

As organizações sociais podem estabelecer diálogo e até somar esforços com deputados e senadores em causas específicas, porém o elemento que dá a liga é a causa, o objetivo comum, nunca um alinhamento incondicional a partidos políticos. Nessa parte surgem desafios importantes. Algo perverso que vem ocorrendo é o apoio velado de políticos a grupos de pressão. Há até mesmo casos de políticos que montam associações sem fins lucrativos para sustentar visões ideológicas, desplugadas da realidade dos fatos, e que muitas vezes têm como real objetivo apenas se manter no poder. No Capítulo 9 falaremos um pouco sobre como analisar as organizações sociais para não acabar trabalhando para uma organização com objetivos duvidosos.

Outra possível explicação por detrás desse mito — que as ONGs são entidades "de esquerda" — é que, apenas pelo fato de trabalharem por mudanças estruturais em favor da igualdade de direitos, possam ser confundidas com uma esquerda mais "ideológica". Antes de mais nada, é importante lembrar que, em essência, a esquerda é basicamente uma ala ou posição política que não está satisfeita com a realidade e propõe mudanças na estrutura social, geralmente a favor de condições mais igualitárias. Não tem nada de implicitamente "comunista", "socialista" ou "ditatorial" nisso. Isso é pura ignorância.

Entendo que, diante dos grandes desafios que o Brasil enfrenta, é quase natural que profissionais da área de impacto busquem propor mudanças para proteger não apenas a população em geral, mas especialmente os mais vulneráveis, que é a opção mais ética a ser seguida. Então seria correto, sim, dizer que a maior parte das pessoas que trabalham em ONGs tem um viés progressista, no sentido de apoiar iniciativas que visem à inclusão social. Mas a receita do bolo pode variar bastante: uns podem ser mais liberais na economia, outros mais conservadores, outros de centro, podendo, ainda, ter visões diferentes sobre temas como racismo, segurança pública e proteção do meio ambiente. A esta altura do livro, já deve ter ficado bem claro que temas como nutrição, saúde e mudança climática não são temas de "esquerda" ou de "direita", são temas que impactam as pessoas, geram sofrimento e angústia; e todos nós podemos nos solidarizar com essas causas.

No ensaio já citado alguns parágrafos atrás, Diogo Santana também discorreu sobre essa crença de que as ONGs têm um viés ideológico. De acordo com o texto, "uma das principais características da sociedade brasileira é a sua pluralidade; entre as mais de 800 mil entidades existentes, estão representados os mais diferentes espectros ideológicos e religiosos (...). Essas vozes possuem diferentes projetos de Brasil"[3].

Concordo com a análise que ele faz ao dizer que a sociedade civil brasileira tem sido crítica aos governos, tenham eles a orientação política que tiverem. Isso seria decorrência de essas entidades perceberem com rapidez, por estarem no cotidiano dos brasileiros, as dificuldades e a exclusão que estão presentes no nosso país. Por insistirem em tratar dessas questões, cobrar soluções estruturais para esses problemas e divulgar publicamente os desequilíbrios sociais existentes, essas organizações acabam incomodando quem está no poder, o que gera tensões políticas.

Há, ainda, a crença de que o dinheiro que é repassado para essas organizações não governamentais não é submetido a qualquer controle e que essas entidades não prestam contas de como empregaram a verba recebida. Essa é uma afirmação que só quem nunca lidou com verbas públicas é capaz de fazer. Trata-se, portanto, de um grande equívoco.

E O IMPACTO DO TRABALHO REALIZADO?

Quando os recursos são públicos, as ONGs devem providenciar um calhamaço de informações para os órgãos públicos que chega a detalhes como o de registrar quantos lápis e quantas borrachas foram gastas. Um nível enorme de detalhes. Infelizmente, o que não é perguntado é qual o impacto final do programa. Faço esse reparo para contrapor ao discurso vazio que afirma que as ONGs não fazem nada. Caberia às organizações fiscalizadoras melhorarem sua avaliação porque, no fim, o que faz sentido é analisar o impacto do trabalho realizado.

Se for um programa que busca a redução do alcoolismo, a pergunta que faria mais sentido seria a de quantas pessoas deixaram de ser dependentes de álcool,

---

3   https://www.nexojornal.com.br/ensaio/2019/Os-mitos-e-mentiras-sobre-o-trabalho-essencial-das-ONGs?fbclid=I-wAR0mb9Z9s7SgSJgnMevXa_ADfqqzJxGV59xhzfNf9zzDPpUnaWq2WxCtnyU&utm_medium=article_share&utm_campaign=self

CARREIRAS DE IMPACTO

não é mesmo? Se for, por exemplo, um programa de contraturno, quando é criado um turno extra em uma escola para atividades extracurriculares, seria fundamental verificar se aumentou o interesse das crianças pelas aulas ou até mesmo se o rendimento escolar das crianças melhorou, para mencionar apenas alguns indicadores básicos. Mas não se pergunta isso. O que geralmente se faz é uma gestão voltada para o fiscal, para o que está sendo investido, para os lápis e borrachas adquiridos com os recursos.

O ideal seria criar grupos de comparação para medirmos com mais rigor os resultados de uma determinada política implementada em uma escola. Acompanharíamos unidades nas quais não foram aplicados determinados programas contrapondo as suas performances às outras nas quais investiram-se melhorias. No fim, teríamos um quadro claro dos resultados, ou da falta deles, do trabalho que alguma ONG fizesse nessas escolas, afinal o que se quer saber é qual foi a diferença que o programa fez na vida das pessoas.

Quando essas organizações não governamentais participam de um edital público, elas devem submeter uma proposta técnica, especificar produtos, datas de conclusão e submeterem-se aos mecanismos de avaliação. Se não entregam o que foi acordado previamente, não recebem os recursos. Como alguém pode dizer, então, que não há controle do que foi gasto ou, mesmo com as ressalvas que fiz, dos resultados alcançados? É uma falácia afirmar que não há auditoria sobre o dinheiro entregue.

Há vários órgãos estatais encarregados da fiscalização, com várias camadas de controle. Os editais de seleção já estipulam um período mínimo de experiência ou existência da organização: entidades com menos de três anos de experiência costumam não ser aceitas. Após esse primeiro controle, no momento do edital, existem, ainda, outras instâncias que fiscalizam as organizações de maneira permanente, como a Controladoria Geral da União, o Tribunal de Contas da União e o Ministério Público. As companhias privadas não são controladas dessa maneira tão intensa.

Algumas empresas criam organizações não governamentais, como institutos e fundações, que lhes permitem manejar parte do imposto de renda devido em um processo que se chama renúncia fiscal.[4] Esse é um processo regulamentado pela Receita Federal e nada tem a ver com sonegar impostos, como querem

---

4   Instrumento pelo qual o governo abre mão de parte de um percentual cobrado pelo imposto para que a iniciativa privada possa investir e patrocinar projetos culturais — https://www.jornalcontabil.com.br/o-que-e-renuncia-fiscal/

aqueles que tentam demonizar as ONGs, afirmando, em outro mito sem fundamento, que elas existem para desviar dinheiro e burlar o fisco.

Uma fundação empresarial, por exemplo, pode reivindicar renúncia fiscal, pois aplicará o percentual que a Receita permite abater do imposto devido em, por exemplo, uma exposição da pintora Tarsila do Amaral, no Museu de Arte de São Paulo (MASP), o que configura um projeto cultural público e acessível, como determina a regulamentação. Não vou resistir a fazer uma provocação, lembrando os efeitos perversos que podem provocar os incentivos fiscais que são dados para a indústria, iniciativas do agronegócio e outros empreendimentos. Há muito incentivo fiscal direcionado para o interesse dos poderosos e tirando dinheiro dos cofres públicos. Não todos, é claro. O mecanismo da "renúncia fiscal" é legítimo, o problema é a qualidade de seu uso.

Há estados e municípios que estão quebrados, sem recursos para atender às necessidades básicas dos cidadãos, mas que têm indústrias milionárias em suas fronteiras. O poder público oferece enormes incentivos, como abrir mão de impostos por 20 anos, construir vias, fornecer água e eletricidade na esperança de criar mais empregos, *clusters* e arranjos produtivos locais para fortalecer a economia local. No entanto, nem sempre o negócio é vantajoso e a renúncia aos impostos e outras obrigações é tão gigantesca que pouco volta à população.

▌AVALIAÇÃO INDEPENDENTE

Mas há nuances quanto a essa questão dos eventuais abusos em relação à renúncia de impostos. Uma empresa que crie uma fundação tem a permissão de abater parte do seu imposto de renda para manter essa fundação. No entanto, essa fundação pode não desenvolver nenhuma ação social, apenas criar marketing para a organização-mãe, e continuará a ter direito ao incentivo fiscal.

Não concordo com isso, absolutamente. Esse é um dos motivos por que insisto na avaliação independente de resultados. Temos um longo caminho ainda para uma cultura de avaliação mais bem estabelecida. É preciso haver transparência e monitoramento. Não concordo que o Estado abra mão de recursos para algo que pode não trazer qualquer transformação social e servirá apenas ao interesse de uma organização privada em consolidar sua marca no mercado.[5]

---

5   Segundo o último dado do censo GIFE 2018, apenas 14% do montante total do investimento social privado é oriundo de incentivos fiscais. Foram R$457 milhões dentre os R$3.25 bilhões investidos em 2018.

CARREIRAS DE IMPACTO

Entre a lista de preconceitos que meus conhecidos colocaram no Facebook há um que, a princípio, parece ser apenas uma bizarrice. É o mito de que toda ONG tem como sede um lugar pequeno, escuro e malcuidado. Uma casinha caindo aos pedaços, como foi dito. Entro nesse tema, pois este é um livro sobre carreira e, por mais avançado que esteja o trabalho virtual — ainda mais após a pandemia —, a estrutura física da organização em que você optará por trabalhar é importante.

Voltando ao mito, embora seja difícil imaginar os 4 mil colaboradores da Fundação Bradesco se espremendo em uma casinha caindo aos pedaços e com goteiras, ou que a sede dos maiores institutos ou fundações esteja sediada em uma modesta edícula, existe um fundo de verdade para uma parte das organizações: não podemos nos esquecer de que entre as centenas de milhares de organizações não governamentais existentes no país, nem todas têm uma dotação de recursos que lhes permita funcionar em espaços confortáveis e oferecer uma estrutura de trabalho de primeira.

Sim, talvez existam organizações montadas em casinhas em mau estado de conservação. Mas dizer que todas as ONGs estão mal instaladas e não têm recursos é uma tola generalização. A maioria dessas organizações, numericamente falando, de fato, têm apenas uma pessoa, que é o diretor-estatutário. Se você fundar uma organização sem fins lucrativos, no início ela será modesta e provavelmente funcionará na sua própria casa, mas com o tempo ela tenderá a melhorar, caso seu propósito seja significativo e haja uma administração minimamente competente.

Acredito, no entanto, que estão sendo criadas condições favoráveis à melhoria das competências administrativas nessas organizações. Existe um trabalho muito forte sendo feito para suprir esse desconhecimento de gestão. Iniciativas como a da Escola Aberta do Terceiro Setor,[6] que oferece cursos gratuitos para capacitar profissionais do campo de impacto social, é uma delas.

No entanto, de novo, seria uma generalização afirmar que todas as ONGs são mal administradas. Se você olhar para uma organização internacional que está sediada em Brasília ou em Washington e afirmar que ela é incompetente para administrar seus recursos, obviamente isso é um mito. Mas isso não quer dizer que uma ONG que esteja no Jardim Ângela, na extremidade sul da capital de São Paulo, que dá aulas de inglês aos sábados para alunos da região, seja financeiramente organizada ou bem estruturada. Provavelmente não há ali capacidades gerenciais instaladas. Mas, se observarmos com cuidado, e isso não é um

---

6   Para mais informações, acesse https://ead.escolaaberta3setor.org.br/

MITOS E PRECONCEITOS NO CAMPO DE IMPACTO SOCIAL **63**

demérito, quantos empresários ou microempresários sabem cuidar bem das suas contas? Quantos empresários usam dinheiro da empresa para suas contas pessoais e vice-versa? E não ouço por aí as pessoas dizendo que todos os empresários são administradores incompetentes.

Por todas essas razões, vejo grandes oportunidades para que nós, brasileiros, possamos nos aproximar mais do trabalho das ONGs, tendo uma abertura maior ao trabalho desenvolvido, à cultura da doação e ao voluntariado. As ONGs são relevantes para o país. Sem elas, estaríamos em uma situação bem pior do a que vivemos hoje. As ONGs precisam de respeito e de recursos. Não há, lamentavelmente, no Brasil uma cultura de doações para essas organizações. Quer dizer, há, mas esse movimento está apenas no início, comparado com o que pode vir a ser. Temos esse cacoete de, a princípio, desconfiarmos das intenções dos demais. Sempre suspeitamos que o nosso dinheiro será embolsado por alguém. Enquanto os brasileiros doaram cerca de R$13.7 bilhões em 2015, segundo a Pesquisa Doação Brasil, realizada pelo IDIS,[7] os norte-americanos doaram aproximadamente US$427 bilhões em 2018, segundo o *National Philantropic Trust*. Ou seja, também existe um *gap* gigantesco no nível de doações das pessoas físicas, mesmo desprezando a diferença cambial e cultural.

> *Enquanto os brasileiros doaram cerca de R$13.7 bilhões em 2015, segundo a Pesquisa Doação Brasil, realizada pelo IDIS, os norte--americanos doaram aproximadamente 427 bilhões de dólares em 2018.*

Precisamos nos engajar mais, ser voluntários, atuar como colaboradores e doar recursos para as ONGs. As pessoas têm vergonha de admitir que doaram para uma organização não governamental. Contudo, é importante fazer isso. É uma questão de altruísmo, de generosidade. Isso com certeza voltará para a sociedade, e voltará para você. Um dia, você sentirá um grande prazer ao perceber que é capaz de dar algo de modo descomprometido, pensando apenas no bem-estar dos outros. É libertador.

Participar desse universo pode ser, portanto, uma experiência riquíssima, capaz de recompensá-lo pessoalmente e profissionalmente. O caminho para se chegar até lá tem as suas particularidades. Há formações acadêmicas que abrirão a porta para melhores oportunidades, possibilidades de trabalho que podem atender aos seus anseios e capacidades. Tratarei, no próximo capítulo, exatamente deste assunto: as portas de entrada para as carreiras no campo de impacto social.

---

7   https://idis.org.br/pesquisadoacaobrasil/wp-content/uploads/2016/10/PBD_IDIS_Sumario_2016.pdf

AS PORTAS DE ENTRADA ESTÃO ABERTAS

Até o final deste capítulo, você conhecerá as principais portas de entrada para as oportunidades de carreira no campo do impacto social. Na verdade, você saberá não apenas a localização dessas portas, mas também quais corredores levam a elas.

O caminho a ser percorrido para se chegar em uma carreira com propósito e sentido é acidentado, pois sabemos que não é fácil para ninguém se encontrar. Entendo também que neste momento você pode estar se sentindo confuso ou até mesmo ansioso para saber como capturar a oportunidade certa para você. Tudo isso gera uma ansiedade natural, pois, diante de tantas oportunidades, fazer escolhas nos gera certo medo. O que posso fazer para ajudar nesse ponto é compartilhar de coração aberto como foi o meu caminho, mas, claro, cada um faz o seu. No meu caso, percorri boa parte desse caminho motivado pela tal "angústia de fundo", sobre a qual falei no primeiro capítulo deste livro. Foi exatamente essa angústia, essa insatisfação com as injustiças e o estado geral das coisas, aliadas a uma grande percepção de oportunidade, que me motivaram a andar por essa estrada.

Certamente você tem características únicas, interesses particulares e uma forma pessoal de reagir aos desafios. Por conta disso, você vivencia experiências de uma maneira singular, que sempre será diferente dos demais e, portanto, única. Mesmo assim, você pode se beneficiar muito do meu relato pessoal, pois eu já passei por muitas situações bastante desafiadoras que você não necessariamente precisa passar: há caminhos mais rápidos e estou disposto a ajudá-lo nesse sentido. Acredito que, relatando nestas páginas como se deu a minha trajetória desde um empreendedor em organizações voltadas para o lucro até o posto que hoje ocupo em uma fundação internacional no campo de impacto social, estarei descrevendo situações que estarão muito próximas do que você experienciará se realmente trilhar esse caminho das carreiras de impacto.

A FAGULHA INICIAL

Às vezes é difícil saber exatamente quando começa o interesse por temas de impacto social. Nas entrevistas que realizei com profissionais do ramo, muitos me falaram que "sempre souberam" que queriam trabalhar com isso, mas, ao aprofundar mais a pergunta, se deram conta de que essa fagulha inicial pode ter acontecido na faculdade ou mesmo no ensino médio, por influência de um professor ou professora marcante. Eu também não sei exatamente quando começou meu interesse, mas sei que a primeira vez que consegui me organizar e fazer um esforço planejado nesse sentido — por algo que começava a chamar de "desenvolvimento sustentável" — aconteceu quando estava na faculdade, estudando Relações Internacionais e ganhei uma bolsa de estudos para produzir um trabalho de iniciação científica que focava a economia comparada do Brasil e da China.

Minha preocupação era o que chamamos na economia de "desenvolvimentista": eu queria entender por que a China já era avançada em diversas áreas — e isso foi entre 2001 e 2002 — e por que o Brasil não conseguia avançar tanto. Além disso, meu objetivo foi traçar uma ponte entre os dois países, capaz de fortalecer avanços econômicos e sociais de ambos. Só que, na época, eu acreditava que apenas o crescimento econômico daria conta do recado, até porque a China crescia mais de dois dígitos ao ano, tirando também milhões de pessoas da pobreza.

Desde aquela época, eu já me interessava muito por temas ligados à superação da pobreza e produção de energia renovável, mas não era fácil montar um projeto, desenvolver um plano de negócios e sair por aí tentando vender, pois as oportunidades eram bastante escassas nesse sentido.

No ano seguinte à minha formatura na PUC em São Paulo, em 2005, me mudei para a China, pois havia passado no programa de pós-graduação em estudos de língua e cultura chinesa da Peking University, que é uma das principais universidades da China e uma das melhores universidades do mundo. Esse foi um passo decisivo, mas também repleto de desafios e dificuldades, pois, além de me mudar sozinho com a cara e a coragem e sem muito recurso para um país totalmente diferente, com 11 horas de fuso horário em relação ao Brasil, todo o contato com os professores e com a universidade era feito em mandarim. Na rua, e na universidade, ninguém falava inglês, e hoje não é muito diferente.

Mas era também uma época muito especial, em que a China estava se mostrando para o mundo, o número de estrangeiros que se aventuravam pelas antigas ruas de Pequim começava a aumentar bastante e as coisas eram extremamente baratas, o que era maravilhoso para um estudante de pós-graduação no início da carreira. A cada mês, a China chamava mais atenção do mundo e muitas empresas brasileiras começaram a considerar seriamente a importação de produtos ou mesmo a aquisição de fábricas no país. Todos brilhavam os olhos também ao pensar em vender para a China, abrindo um mercado de mais de 1 bilhão de pessoas.

Diante de todo esse cenário, eu me dediquei fortemente a aprender o mandarim e a cultura chinesa, que cada vez mais me pareciam essenciais para uma boa compreensão da dinâmica local e para poder estabelecer relacionamentos de confiança no país. Chegava a estudar 12 horas por dia, via TV apenas em

CARREIRAS DE IMPACTO

chinês e escutava rádios chinesas também. Entendia bem pouco no início, mas me firmava cada vez mais no propósito da imersão cultural. Era uma época em que não havia *streaming*, WhatsApp, nem os *smartphones* de hoje. O Facebook não era conhecido (fui entrar apenas dois anos depois) e ninguém sabia que o Skype também fazia ligações para telefones normais. Na época, o Skype também funcionava de forma cristalina, até pelo baixo número de usuários.

O aprendizado foi longe do "automático". Encontrei muitos desafios, inclusive emocionais, pois parecia que os estudos não vingavam e comecei a duvidar da minha capacidade de aprender especificamente o chinês, mesmo já falando outros idiomas. Esse sentimento de derrota ou de incapacidade é horrível, pois é como se você investisse num saco sem fundo, jogando seus esforços fora.

Após entender isso, respirei fundo e redobrei os esforços. Percebi que minha dificuldade maior era na conversação e não tanto na parte escrita. Contratei, então, uma professora particular para focar a conversação, para além das aulas da universidade. Fechei aquele semestre de estudos com muito conhecimento de vocabulário e gramática, mas pouca experiência no mundo real. Tive uma escolha determinante: minha oportunidade lá — tanto de orçamento quanto para termos de visto e passagem aérea — era de um ano. Eu tinha apenas mais seis meses para fazer o investimento vingar e fincar um negócio no país. Eu tinha um notebook (luxo na época) e fazia contato com empresas brasileiras e chinesas sempre que conseguia para estudar o mercado e entender em que nichos poderia atuar entre os dois países, mas o estudo do chinês consumia horas demais. Ao mesmo tempo que participei de algumas reuniões de negócios em Pequim nesse semestre, achava meu nível ainda intermediário e repleto de falhas.

Foi então que tomei a decisão determinante de me lançar ao trabalho e ver no que dava. Surgiu uma oportunidade em Shanghai a partir de um contato no Brasil. Eu não tinha nenhuma informação. Não sabia se seria um emprego ou se dividiria um escritório para iniciar as atividades de exportação para o Brasil. Não sabia se receberia algum valor ou se pagaria parte do aluguel do escritório. Ou se nenhuma das duas coisas. Lotei um táxi inteiro com minhas malas, até hoje não sei como consegui levar tanta coisa. Fui até a estação de trem de Pequim e enfiei tudo o que tinha no vagão, segundos antes de fechar a porta. Na época não havia trem expresso, era um trem com camas que saía de Pequim à noite e chegava em Shanghai nas primeiras horas da manhã.

Cheguei em Shanghai debaixo de uma neve rala e constante e fui para um hotel, o mais barato que encontrei. No dia seguinte fui conhecer o escritório e conversar com a pessoa responsável, uma mulher chinesa de meia-idade que me propôs um salário inicial de 2.000 iuanes, que na época era equivalente a US$240, e era como uma ajuda de custo. Assim iniciei meu primeiro trabalho na China, contatando indústrias diversas para fornecer materiais para empresários brasileiros. Eu morava num condomínio bastante humilde, em que viviam apenas chineses aposentados, daqueles de poucos andares e sem elevador. Eu era o único estrangeiro em todo o condomínio, que tinha dezenas de prédios, e todos os dias tentava ler o jornal local, tomava café da manhã na rua e ia feliz para o trabalho.

À época, tinha uma parceria com um empresário brasileiro visionário, que conseguiu enxergar, já em 2004, o enorme impacto que a China teria no mundo e no Brasil, e apoiou meu sonho de conquistar a China. Esse apoio foi muito importante, pois pude trocar experiências com um líder experiente desde muito jovem, o que permitiu que eu refletisse sobre a estratégia do negócio e em que pontos focar minha atenção e energias. Portanto, tive muita sorte em receber conselhos e até um processo de coaching de primeiro nível, que foi essencial nessa fase.

Recomendo a todas as pessoas que estão considerando uma transição de carreira que busquem alguém para conversar e, se possível, façam um processo de *coaching*, pois isso pode ser determinante na sua vida. É uma pena não poder contar todos os detalhes dessa rica experiência na China neste livro, pois tomaria todo o espaço, mas o importante é que há momentos em que você tem de fazer uma escolha e não dá mais para adiar — seja por conta da angústia de fundo, de oportunidades que surgem ou mesmo do limite de tempo —, no meu caso foi uma benção ter apenas seis meses para vingar na China. Cerca de três meses depois eu recebi uma oferta (essa de emprego) melhor, em um escritório mais estruturado no centro comercial de Shanghai, em que pude seguir meu caminho e aprender mais para então montar minha primeira empresa, no ano seguinte.

Nada nessa fase foi "fácil". O idioma, a cultura, o psicológico de viver em um país estrangeiro com recursos limitados, tudo isso colocou uma grande pressão em mim. Trabalhava seis dias por semana, pegava dois a três voos a cada semana para uma província diferente na China e fazia viagens constantes ao Brasil. Talvez fosse mais fácil ter começado a carreira em uma multinacional em vez de ter montado uma empresa na China, nunca vou saber. O fato é que ter tomado a decisão correta, no momento certo, foi determinante e me possibilitou atingir meus objetivos naquele momento.

Então, mesmo tendo sentido a fagulha inicial na faculdade, e sonhado em gerar algum impacto positivo, eu precisava ter mais experiência de vida e profissional para que minha contribuição se tornasse relevante.

Nessa época, estava engajado em contribuir com o desenvolvimento do Brasil apoiando pequenas e médias empresas com capacidade de exportação para a China. Desde a formação em Relações Internacionais, aprendi que gerar oportunidades comerciais para pequenas e médias empresas no mercado internacional era uma forma válida de contribuir com o desenvolvimento do Brasil. No meu retorno a Shanghai, após o primeiro ano em que morei na China, estabeleci contato com vários órgãos chineses de regulação para a importação, bem como distribuidores locais.

O trabalho foi uma tentativa de desenvolver algo com sentido e propósito, e teve um bom início, porém os investimentos em desenvolvimento de mercado eram demasiadamente altos para pequenas empresas brasileiras e meu tempo foi tomado por demandas de outras empresas brasileiras que tinham o objetivo oposto: comprar produtos da China com segurança e qualidade. Às vezes temos uma boa ideia e boas intenções, mas os incentivos não favorecem ou somos muito inovadores e o mercado ainda não está pronto.

Nessa época, me envolvi em diferentes trabalhos no setor privado. Apoiava empresas brasileiras com a parte de logística, compras, importação e exportação de diferentes tipos de materiais para a indústria e para revenda; posteriormente me especializando em material automotivo. Depois disso, fiz várias visitas a empresas fabricantes de soluções para geração de energia renovável, incluindo fabricantes de placas solares e baterias para armazenar essa energia, e fabricantes de pequenas turbinas eólicas. Uma visita especial foi a uma fábrica de microcentrais hidrelétricas (MCHs) fundada com o apoio da ONU na década de 1960. Esse é um modo de geração de energia renovável com impacto social e ambiental muito menor do que o modelo de grandes hidrelétricas, que demandam a inundação de florestas e transferência de milhares de pessoas, além de reduzir dramaticamente as perdas na distribuição.

Lembro-me de que cheguei também a visitar fabricantes de máquinas de reciclagem de vários produtos, em especial a reciclagem de pneus, que podem ser picados e utilizados para a produção de asfalto, para pavimentar ruas e rodovias.

Parecia que tudo ia fluir nesse sentido, porém também não foi dessa vez que consegui aliar o impacto social positivo a uma estratégia empresarial de sucesso.

Nessa época eu percebi que a demanda por fazer algo "com impacto social positivo" era um desafio adicional a algo que já era extremamente difícil: um jovem de 23 anos fazer a empresa vingar, administrar os 5 funcionários que eu tinha na época em localidades distintas da China e tocar dezenas de processos de importação que corriam ao mesmo tempo, com alto nível de responsabilidade.

Preciso ser honesto aqui: era muito para minha cabeça. Nessa época, guardei os catálogos impressos das placas solares para alguma oportunidade, mas parei de buscar ativamente negócios de impacto. Eu viajava para províncias chinesas três vezes na semana e não sabia mais o que eram os tais "sábados" e "domingos". Devo ter visitado umas duas centenas de fornecedores nesses anos, além de ter ido e voltado para o Brasil mais de dez vezes. O plano de fazer impacto social em grande escala teve de esperar um pouco e eu foquei totalmente o negócio.

A experiência de relacionamento com empresários chineses e brasileiros foi bastante rica. Eventualmente percebi que o trabalho tinha grande valor para os empresários brasileiros, que viam a sobrevivência de suas empresas severamente ameaçada pela China. Muitas delas eram empresas familiares, com muitos anos de atuação, ameaçadas de fechar as portas por conta da concorrência chinesa. Com o meu trabalho consegui ajudá-las a ofertar produtos mais competitivos e seguir crescendo.

Todas essas formas são modos de gerar algum impacto positivo, mas, para mim, a conta ainda não fechava. O lado ambiental estava ficando de lado, e, ainda por cima, eu considerava muitos dos produtos como supérfluos, materiais que, se tinham aplicações na indústria e no comércio, não contribuíam em nada para as causas com as quais eu me identificava, que eram a superação da pobreza, menos desigualdade e construir relações harmônicas com o meio ambiente. Não foi possível apoiar pequenas empresas na exportação e não foi possível trabalhar com energias renováveis, mas eu seguia firme e forte, fazendo a empresa crescer e de olhos abertos para oportunidades verdes, com saldo positivo também para o meio ambiente.

CRISE É IGUAL À OPORTUNIDADE

Após mais de três anos na China, resolvi que era hora de voltar ao Brasil. Eu sentia que ainda era muito jovem e tinha muita coisa para aprender. Tinha como objetivo buscar uma escola, algum segmento que fosse líder em logística e compras internacionais. Comprei uma série de livros sobre gestão estratégica de

CARREIRAS DE IMPACTO

compras e como as empresas podem economizar com isso. Com a experiência acumulada, iniciei os trabalhos de compras globais em uma grande multinacional do setor automotivo. Essa experiência me abriu os olhos, pois ampliei meu trabalho para importações de vários outros países e não apenas da Ásia.

Apesar dos conhecimentos que adquiri e das pessoas que conheci, para mim a conta ainda não fechava: trabalhar para uma indústria que colocava mais e mais carros nas ruas, ainda mais vivendo em uma cidade como São Paulo. Meu contato com a China seguiu forte e, com o apoio do *networking* que havia criado durante a estada naquele país, saí da montadora e abri uma empresa em sociedade aqui no Brasil para importar produtos automotivos.

Mas, quando se trabalha sem um propósito claro, algo que realmente faça sentido, as coisas não demoram muito para começar a degringolar. Eu estava trabalhando de uma maneira descompassada, chegava na empresa às 7h da manhã e só voltava para casa às 9h da noite. Mas o pior não era isso. Eu poderia estar trabalhando 15 horas por dia em algo fascinante e repleto de sentido, por algum tempo. Contudo, quando se trabalha sem ter prazer, pensando apenas nos resultados financeiros, as coisas não se sustentam por muito tempo e o vazio interno acaba aparecendo: não importa o quanto você leve de recursos para casa no fim do mês!

Para piorar, toda a legislação tributária do setor em que eu atuava mudou do dia para a noite e o pessoal de vendas em outros estados foi severamente prejudicado. Quando parei para ver, estava responsável não apenas pelo desenvolvimento de fornecedores na Ásia, e pela logística e trâmites de importação, mas também tinha de cuidar da logística interna, das vendas, do financeiro e supervisionar a análise de crédito, atribuições que não eram minha responsabilidade na sociedade.

Todos esses revezes foram se acumulando. É importante parar para perceber se os esforços depositados em algo ou alguém estão frutificando ou não. Se não estiverem, talvez não seja o caso de investir mais, mas sim de mudar o foco ou mesmo o modo de fazer o investimento. Pode ser a vida lhe dando sinais para mudar de rumo.

Passei a perceber que aquele trabalho, além de não estar gerando os frutos que eu esperava, não estava fazendo sentido algum para mim. Então comecei a sentir um grande vazio. Em 2012, toda essa situação chegou a um ápice de estresse, descontentamento e angústia — essa não era nada de fundo! Cheguei a vivenciar uma situação limite, bastante pesada, em que quase quebrei e vivi por meses a ameaça de perder absolutamente tudo o que havia conquistado de recursos financeiros e materiais. Eu surtei com essa possibilidade, pois para mim significava que todos as horas e dias de trabalho, todos os dias em que acordei às 4h da manhã para pegar um voo, as centenas de voos, os esforços de visita a clientes e de virar noites fazendo planilhas de importação, tudo isso iria por água abaixo e eu teria que começar "do zero".

Sofri uma crise de depressão que perdurou por meses a fio. Não conseguia ver luz no fim do túnel. Começava ali uma época muito difícil.

▍A VIRADA

Foi quando aconteceu algo que me pareceu uma daquelas chamadas coincidências do destino. Eu estava no auge da minha angústia, com todos os sintomas de depressão, quando decidi procurar um centro budista. Fui ali apenas um dia, mas conheci uma pessoa que se tornaria minha amiga e também esteve naquele centro apenas aquela única vez, vejam que sincronia. Ela me falou de duas coisas. A primeira era uma atividade, que ela apresentou como "um treinamento de liderança", mas que na verdade era uma profunda e marcante experiência de autoconhecimento, um termo que eu não fazia a menor ideia do que significava naquela época.

Hoje existem muitas vivências de autoconhecimento disponíveis e eu participei de várias delas. Uma vivência dessas exige grande coragem e nível de abertura do participante, na medida em que lhe coloca em situações difíceis para estimular a autoaceitação e a superação de crenças e limitações interiores. O olhar para dentro sempre demanda sacrifícios, mas todo o esforço é recompensado com o ganho de maturidade. Meu contato inicial nesse universo se iniciou com uma vivência de autoconhecimento que busca conectar você com o seu real propósito e lhe dar o conhecimento necessário para se livrar, ou pelo menos entender, quais são os impedimentos que o separam de seus objetivos mais verdadeiros.

São exercícios que ampliam a consciência sobre diversos aspectos da vida pessoal e profissional, ajudam a definir o que queremos e o que não queremos para nós e ajudam a ressignificar situações difíceis e causadoras de angústia e infelicidade. Existem várias organizações que realizam esse tipo de vivência, muitas delas enfocadas em aumentar a performance em marketing e vendas, que não foi, felizmente, o meu caso. Minha vivência foi extremamente forte e empoderadora, tendo aberto uma porta fundamental na minha vida.

Foi nessa ocasião que me dei conta de que nada acontece por acaso. Estar sem emprego e aparentemente sem uma rota definida — ainda mais eu, que sempre tive tudo planejado — foi determinante nos meus passos seguintes. Tive uma grande sacada. Se eu estivesse numa empresa com as cargas de trabalho de antes e não tivesse tido a crise de depressão, talvez nunca tivesse nem escutado a angústia de fundo nem trilhado todos esses caminhos de autoconhecimento. Isso não era aquele tipo de constatação só para se sentir melhor. De fato, o tempo livre e os caminhos abertos representavam uma grande oportunidade de repensar meus objetivos de longo prazo: o que realmente queria para minha vida? O que poderia fazer com esse valioso tempo de trabalho aqui neste planeta? Ter ido aquele dia ao centro budista e encontrado essa amiga transformou a minha trajetória.

▋ CONSTRUIR CASAS

A segunda coisa que essa amiga me proporcionou foi me apresentar para a ONG TETO.[1] Isso se deu em dezembro de 2013 e o meu primeiro envolvimento com essa organização foi doar, junto com mais sete amigos, um valor para a construção de uma moradia de emergência. Não só fizemos a doação, como fomos pessoalmente construir a moradia, durante um final de semana, no Jardim Ipanema 2, uma ocupação em uma região de pobreza extrema na Zona Leste de São Paulo.

Criado em 1997, no Chile, o TETO dedica-se, dentre outras ações, a construir casas de emergência em parceria com famílias que vivem em condições precárias de moradia. Explicarei logo adiante do que se trata essa "casa de emergência". O TETO atua em vários países na América Latina, dentre eles o Brasil. Embora o produto final desse trabalho seja uma casa, o trabalho da ONG vai muito além disso. Há o relacionamento com a família e levantamentos de várias informações que ficam com a comunidade, como munição para planejar ações e cobrar melhorias das autoridades. Eu busquei uma posição como voluntário fixo nessa instituição e passei a ir regularmente aos locais em que o TETO atuava.

---

1   https://www.techo.org/brasil/teto/

AS PORTAS DE ENTRADA ESTÃO ABERTAS

Em um desses lugares, a Vila Nova Esperança, na Zona Oeste de São Paulo, eu ia todos os domingos às 8h da manhã na companhia de outros colegas. Conversávamos com as famílias, almoçávamos por lá e retornávamos no fim da tarde. O sentimento ao retornar para casa era algo novo, grande e maravilhoso. O sentimento de estar vivendo uma realidade, embora difícil, claro, era transformador, ao ajudar várias pessoas que corriam o risco real de serem despejadas.

A essa altura, eu já não trabalhava mais na empresa importadora e não tinha mais nenhuma fonte de renda há algum tempo. A minha situação financeira começava a se deteriorar. Eu havia adquirido imóveis com o dinheiro que ganhei na época em que trabalhava na China.

Desempregado, fui obrigado a me desfazer de parte deles, pois eram financiados e não havia condições para que eu continuasse pagando esses financiamentos. Em função da situação financeira delicada que passei a viver, sem trabalho, fui obrigado a alugar o meu próprio apartamento e a voltar para a casa dos meus pais. Eu estava com 29 anos de idade e sentia um gosto amargo de derrota. Simplesmente me sentia muito mal. Havia saído de uma ótima condição financeira, dono do meu próprio negócio, para uma circunstância na qual eu não tinha nem mesmo dinheiro para bancar as minhas despesas do mês. Relato isso por ter sido uma situação muito marcante, muito real.

É como navegar num enorme navio no oceano, em meio a uma grande tempestade. Você não pode se desesperar e começar a agir impulsivamente, com base no medo. Não dá para simplesmente sair girando o timão de um lado para o outro. É preciso olhar fixa e profundamente para frente e confiar, ter fé.

Um sentimento de impotência gigante e um desespero de não saber mais o que fazer após ter tomado todas as ações sensatas. Outra razão para contar isso é preparar outras pessoas, que também poderão enfrentar altos e baixos semelhantes, para entenderem que, mesmo quando nos desesperamos sem conseguir enxergar qualquer saída, sempre é possível superar essas dificuldades.

É como navegar num enorme navio no oceano, em meio a uma grande tempestade. Você não pode se desesperar e começar a agir impulsivamente, com base no medo. Não dá para simplesmente sair girando o timão de um lado para o outro. É preciso olhar fixa e profundamente para frente e confiar, ter fé. Assim como o navio navegando no oceano, há uma tendência de inércia que leva as coisas a continuarem andando, independentemente das nossas ações. Só que isso demora um pouco, existe um tempo de reação às nossas iniciativas assim

CARREIRAS DE IMPACTO

como há um tempo natural de amadurecimento entre o plantar e o colher. Essa metáfora é especialmente válida para uma transição de carreira, em que, embora você possa ter um excelente currículo e ser bastante competente, existe um tempo para juntar todo o conjunto de condições necessárias para agarrar uma nova oportunidade.

É olhar para a frente e continuar lutando, respirando fundo e estando atento aos sinais. Assim continuei minha jornada.

▌ BRINCANDO COM ESCORPIÕES

No meu caso, precisei me reinventar totalmente para conseguir sair da fossa e seguir caminho. O que me fez sair dessa situação desfavorável foi conectar-me com o meu propósito. E isso não aconteceu de uma hora para outra, em um estalar de dedos. Não foi nada mágico, mas uma superação gradativa.

Minha passagem pelo TETO contribuiu de uma maneira inegável nesse processo. Sou profundamente grato a essa experiência porque ela me permitiu dar um novo sentido à minha vida. Em geral, quando trabalhamos em ambientes de grande pobreza e falta de recursos, imaginamos que o que irá nos chocar ou até mesmo emocionar são a dor e o sofrimento das pessoas que vivem praticamente sem nada.

Claro que isso é algo que nos toca, mas o que realmente me emocionou foram a garra e a capacidade daquelas pessoas de lidar com as adversidades. Eu ouvi uma mãe contando que era comum entrarem escorpiões na sua casa, por morarem em uma área invadida próxima da Mata Atlântica. Conheci um senhor com a perna toda necrosada, mancando, por conta desse tipo de picada, que pode até mesmo matar uma criança; isso fora as aranhas e cobras.

Essa mãe me contou, ainda, que o filho pequeno, ao ver o escorpião, perguntou a ela qual era essa barata diferente, no mesmo momento em que passava por cima do animal com as rodas do seu carrinho, o matando. Conheci um catador de papel que morava em uma casa de papelão e ajudava as outras pessoas a construírem suas casas de madeira do TETO. Conheci um casal de catadores de material reciclado que abriu mão do Bolsa Família porque acreditava que seu vizinho, que tinha 12 filhos, precisava mais do que ela, que ganhava R$400 por mês. Esse vizinho vivia em uma casa minúscula de tábuas, em um quarto no qual estavam os 12 colchões empilhados. O esgoto corria por dentro da casa, uma tragédia. Mas havia muito amor naquela família, todas as crianças da família iam à escola e tinham suas carteiras de vacinação em dia. Foi um caso especial, pois não caberiam todas as crianças na casa-padrão do TETO, e tive a felicidade de ajudar na construção de duas casas para essa família. Lembro-me até hoje da emoção de bater as telhas de zinco do telhado no fim da tarde de uma segunda-feira. Nesse momento, já não era mais trabalho de fim de semana, era o que eu realmente queria fazer.

Depois do encanto inicial com a construção das moradias, meu principal trabalho no TETO era coletar dados das famílias por meio de uma entrevista de cerca de uma hora de duração, feita na casa de cada um. Eram informações socioeconômicas, sobre a qualidade da moradia e a estrutura de saneamento que seriam usadas para a construção das casas de emergência, mas também seriam úteis para identificar os pontos de pressão e servir como argumento junto ao poder público e à iniciativa privada para envolvê-los em possíveis investimentos nessas áreas. Também levantávamos informações concretas que serviriam para a construção da residência, como as dimensões do terreno disponível, ou mesmo se valia a pena para a pessoa ter uma casa produzida pelo TETO, quando sua própria residência podia ser melhor do que a fornecida por essa ONG.

A construção da confiança me emocionava mais do que a construção da própria casa. A partir do momento que alguém é considerado elegível a receber uma moradia, a família é convocada para uma série de reuniões. É preciso que elas estejam presentes nas reuniões. A casa não sai de graça, é necessário que o proprietário pague alguma taxa, geralmente simbólica, para que haja comprometimento dos dois lados. Na época, as famílias pagavam mais ou menos R$50 e o custo da moradia para a ONG somava cerca de R$4 mil. Era um processo cuidadoso e intenso, pois o dono, ou dona, da futura casa deveria ter um nível de confiança muito alto em nosso trabalho, afinal era preciso que concordasse com a demolição da antiga casa antes da construção da atual!

No dia em que os voluntários chegassem para construir a nova casa, o terreno deveria estar totalmente vazio. Imagine isso: você deveria concordar em abrir a porta da sua casa para uma pessoa que você nunca havia visto e concordar que demolissem a sua residência? É uma demonstração de confiança altíssima. Tudo isso, claro, não acontecia da noite para o dia. Em geral era um trabalho de aproximação e relacionamento que durava algo em torno de seis meses, do primeiro encontro à entrega da casa pelo TETO.

O dono da moradia concorda com a demolição, se ajeita com os vizinhos para guardar as suas coisas e espera, de coração aberto, a chegada de seis a dez

CARREIRAS DE IMPACTO

voluntários para construir uma casa. Em geral a obra é erguida do zero em um final de semana e pintada no fim de semana seguinte, quando é feita uma espécie de comemoração, em que levamos comida e almoçamos com a família na casa nova. As famílias, aliás, participam da construção. Seus integrantes têm de ajudar. O conceito não é o de uma obra assistencialista, mas uma coconstrução. Nas construções de que participei, eram feitas de 10 a 15 casas em cada final de semana, mudando profundamente a cara da comunidade. Imaginem uma favela em que muita gente ainda vive em casas de papelão ou material emparelhado. Esses lugares são cinzentos. Depois da construção, a comunidade ficou toda colorida. Existe toda uma estratégia por detrás da ideia da casa, ela não foi feita simplesmente para atender à necessidade básica de habitação decente.

As "casas de emergência" do TETO têm uma vida útil, em média, de cinco anos, caso sejam bem preservadas. São de madeira, suspensas por pilotis para manterem-se secas e têm uma área de 12 metros quadrados. Esse período corresponde a uma janela de oportunidade para uma família sair da condição de pobreza. A concepção que existe por detrás desse "prazo de validade" é a de facilitar a movimentação. Não é, portanto, uma estratégia que incentive a acomodação daqueles que vivem nessa condição econômica precária. Os moradores, certamente, são avisados de que a casa que eles recebem está prevista para ter esse período de vida e o objetivo final é criar as condições de base para o desenvolvimento comunitário.

O trabalho é feito com as famílias mais pobres das favelas, como uma estratégia de saída da enorme carência que enfrentam. Há vários impactos positivos em você ter uma casa, um lugar seco para dormir. Você se sente mais cidadão e pode se energizar para mudar sua vida para um estágio menos precário. Por parte dos voluntários, a conquista é engajar-se com mais seriedade e constância em causas semelhantes e, também, sentir a satisfação de poder transformar a realidade com o seu trabalho.

Oportunidades assim são transformadoras para a nossa mente. Quando vemos as dificuldades que são enfrentadas em comunidades como essas, entendemos que os problemas que enfrentamos não passam de firulas diante daqueles desafios. Ah, eu não tenho um apartamento para morar? Mas posso morar com os meus pais. Eu estou sem dinheiro? Mas tenho certeza de que nunca vai faltar comida no meu prato. E, na verdade, para mim, nunca faltou totalmente algum trabalho para fazer, mesmo quando surgiam apenas pequenos *jobs* modestamente pagos. Essa foi uma ideia poderosa. Foi essa confiança na vida e no futuro que me ajudou a entender que eu estava diante de uma grande oportunidade de me reinventar.

Muitos anos antes do TETO, quando estava na faculdade, eu também resolvi passar por uma experiência que me conectasse à humildade, trabalhando como faxineiro em um programa de intercâmbio nos Estados Unidos. Trabalhei em uma estação de esqui, na qual eu experimentei a sensação do que é limpar privadas e arrumar chalés frequentados por pessoas de classe média alta. Todas as minhas colegas eram mulheres negras que faziam o trabalho muito melhor do que eu e não hesitaram em nenhum momento a me ensinar como fazer. Foi uma baita lição de respeito e humildade, mas nada comparado com o trabalho nas comunidades.

Fiquei vinculado por dois anos ao TETO, extremamente leve e feliz. Eu sentia que a iniciativa era, de fato, potente o suficiente para fazer a diferença, e parece que entrar em comunidades de pobreza extrema e poder fazer alguma coisa dava uma energia muito boa, um senso de realização que não tem muito como explicar, por isso recomendo fortemente a experiência.

O único problema é que o trabalho era voluntário. Eu pagava para trabalhar, e justamente esse período coincidiu com aquele outro que relatei, que estava morando na casa dos meus pais. Mas, além do aperto de dinheiro, eu enfrentava um desafio ainda maior, pois ficava cada vez mais evidente que, apesar de toda a minha experiência profissional, o mercado de trabalho não estava aberto para mim.

▌ FRUSTRAÇÕES COM O MERCADO

Enquanto trabalhava no TETO, eu continuava me movimentando, de entrevista em entrevista, à procura de um emprego. Passei por experiências surreais. A minha esperança foi reforçada e frustrada várias vezes. Eu cansei de ouvir *headhunters* tecerem milhões de elogios ao currículo, dizendo que era excelente: cinco idiomas, havia fundado uma empresa na China aos 23 anos, outra aqui no Brasil e também tinha trabalhado em uma multinacional. Mesmo assim, o mercado não se decidia a me dar uma oportunidade. "Seu currículo é picado", me diziam. "Suas experiências nas posições profissionais são de apenas dois, três anos." Eu era o tipo quase ideal, mas aquelas experiências de curto prazo... eles diziam. E, reclamavam também que não era uma trajetória tradicional, em progressão, como analista júnior, analista pleno, coordenador, gerente... que é

CARREIRAS DE IMPACTO

como os profissionais de Recursos Humanos gostam de ver. Eu não possuía um crescimento linear típico em uma grande organização. Como ter um crescimento linear quando se vai para a China abrir um negócio logo no início da carreira?

Além disso, como as empresas de recrutamento e seleção e os *headhunters* independentes costumam ganhar suas taxas obedecendo a uma cláusula de retenção, havia sempre o medo de eu não ficar no emprego. Se uma empresa me contrata e eu fico apenas um ano no posto, o *headhunter* não ganhará o que merece pelo trabalho. Por isso, eles me questionavam: "O que impediria você de aprender um negócio e sair para montar uma empresa daqui a seis meses?"

Algumas vezes cheguei bem perto de ser contratado, mas na última hora nada se concretizava. Recebi sugestões de vários profissionais de mercado e, desesperado, humildemente acatei as sugestões. Sugeriram que eu omitisse no meu currículo que fui dono da minha empresa e escrevesse que era coordenador. Fiz várias mudanças no currículo, diminuindo a importância dos cargos que ocupei. Diminuí, também, drasticamente, minhas pretensões salariais, e, mesmo assim, nada acontecia. Cheguei até a omitir, por sugestão de um *headhunter*, o domínio do chinês, para "não assustar o diretor da área".

Alguns *headhunters* foram honestos comigo: "Eu não posso contratar você como gerente porque, pela sua expertise, você é muito mais competente do que o diretor da indústria, que já está lá há mais de 15 anos; isso vai desestabilizar a empresa." "Você está chegando aqui na posição de gerente, você pode até ficar satisfeito com o salário que seria oferecido a você, mas será devorado pelo seu diretor de área porque nem inglês ele fala direito", afirmou outro.

Chegou o momento em que eu estava há um ano e meio só ouvindo "não", "não", "não". Já não havia mais para onde correr. No LinkedIn não surgia nada, no vagas.com também não. Decidi, então, que eu trabalharia mesmo que fosse por um valor muito mais baixo do que jamais havia pensado. Ridiculamente baixo, não importava mais, mas que ao menos fosse em algo que me falasse ao coração. "Eu quero ganhar R$1 mil por mês, mas vou trabalhar em algo que faça sentido pra mim", eu disse. "Vou voltar para a estaca zero da minha carreira para ser feliz."

Tentei posições em empresas sociais e em startups que tinham pautas sociais. Fiz alguns trabalhos rápidos e cheguei até a concorrer a uma vaga remunerada no TETO, na qual havia sido voluntário. Meio período, R$1 mil, porém a vaga era concorridíssima entre estudantes universitários e outra pessoa acabou sendo escolhida. Nessa altura dos acontecimentos, eu já guardava, lá no fundo da minha cabeça, a certeza de que nunca mais voltaria a trabalhar em empresas convencionais. Na verdade, foi um momento muito difícil, em que eu temia nunca mais me recolocar e ficar na casa dos meus pais por longos anos.

Eu havia cavado várias oportunidades de conversas com contatos em empresas, para além das vagas anunciadas. Todos eles se impressionavam com minha trajetória empreendedora na China e com o fato de eu falar bem mandarim, mas nunca havia uma posição em aberto ou alguém disposto a me dar uma chance. O clima econômico e as incertezas da época não ajudavam em nada, pois estávamos naquela fase em que o Brasil patinava após a grande crise de 2008.

Eu entendi toda a dificuldade que estava tendo para conseguir um emprego como um sinal. Não seria algo difícil conseguir uma vaga de coordenador de comércio exterior ou logística. Mas algo de mim gritava bem forte um "não!" para todas aquelas entrevistas, e talvez eu estivesse passando esse sinal sem perceber.

DE VOLTA PARA CASA

A minha situação profissional era delicada e o momento econômico do país não ajudava em nada. As entrevistas estavam ficando escassas e, quando rolava uma, geralmente era aquele "chove-não-molha". Por outro lado, eu estava profundamente realizado com o trabalho no TETO, no qual ia algumas vezes por semana. Pensei que tinha de fazer alguma coisa diferente para sair dessa situação. Eu tinha pouco dinheiro e isso me engessava. Fazia bastante tempo que eu buscava alguma pós-graduação, pois sempre gostei de estudar, mas não encontrava uma área, não sabia o que fazer.

Eu achava a pós-graduação em Relações Internacionais pouquíssimo prática para o que eu queria fazer. Foi aí que resolvi voltar à minha "casa", à PUC de São Paulo, e retornar ao que mais me interessava na graduação, que era a área de economia do desenvolvimento.

Comecei a buscar oportunidades de mestrado e fui cursar, em agosto de 2013, Economia Política na PUC-SP. Com os poucos recursos que eu possuía, consegui pagar as primeiras mensalidades, mas contava com a minha convicção de que em pouco tempo eu poderia receber uma bolsa produzindo um bom projeto.

Cursei também outra disciplina, que mesmo se chamando Planejamento Econômico, na verdade, tratava da nova economia, do desenvolvimento sustentável. O professor dessa disciplina, Ladislau Dowbor, é uma importante

CARREIRAS DE IMPACTO

referência em indicadores sociais socioeconômicos e da democracia participativa. Ele foi consultor da ONU, e ajudou a montar departamentos de planejamento estratégico para governos de países africanos e da América Central. A aula dele, eu brinco, era uma aula de atualidades, ele ia à frente da sala e falava sobre todos os assuntos importantes ocorridos naquela semana, indicava os livros que deveríamos ler para entender mais sobre o acontecido, sugeria filmes que deveríamos ver. Ensinava sobre desenvolvimento sustentável e os indicadores para medi-los, e explicava como poderíamos qualificar a gestão pública. E aproveitei, ainda, da sorte de ter o professor Ladislau como meu mentor.

Passei a coletar toda literatura a respeito do desenvolvimento sustentável. Importava livros. Lia 300, 400 páginas em inglês, português, espanhol... todas as semanas. Descobri que existiam várias organizações importantes, empresários que investiam em sustentabilidade. Morava com meus pais, levava duas horas para chegar à PUC de ônibus, quase não tinha dinheiro, mas estava feliz da vida.

Muitas outras transformações viriam depois dessa minha passagem pela PUC e definiriam o profissional, e mesmo a pessoa, que sou hoje. Em uma retrospectiva, eu afirmaria que todos esses movimentos que executei: as vivências de autoconhecimento, o voluntariado nas favelas e o mestrado na PUC foram fundamentais para que eu me reposicionasse profissionalmente e encontrasse um caminho que, finalmente, fazia sentido para mim e me deixava muito mais feliz. Nessa época, também entrei em contato com agroecologia, permacultura e bioconstrução, atividades e conhecimentos que também mudaram minha vida.

Também passei por vários processos de vivências: técnicas de respiração, de renascimento, meditações e até mesmo fui estudar PNL — Programação Neurolinguística — para entender melhor como mente, corpo e linguagem se interconectam... Mas, se alguém me perguntasse qual dessas vivências teria sido o ponto de inflexão na minha trajetória no campo de impacto, eu apontaria a experiência de autoconhecimento como a fundamental. Ter a coragem de parar e olhar para dentro de si e entender que a vida é difícil mesmo, mas a partir daí lançar-se a novos aprendizados e ir conquistando conhecimento, tanto formal quanto interior, é algo de uma importância insubstituível.

PRIMEIROS PASSOS

Para você, que deseja iniciar a sua trajetória no campo de impacto social, listei a seguir algumas estratégias que podem tornar mais fácil sua passagem pelas portas de entrada para esse campo: essas estratégias foram baseadas em entrevistas de profundidade realizadas especialmente para este livro, com dezenas de profissionais que já atuam no campo de impacto social:

Escolha da graduação — É certo que não há restrições a qualquer escolha acadêmica que alguém tenha feito pensando em atuar no campo de impacto social. Não existe uma "faculdade" de impacto social, todas as profissões são necessárias. No entanto, acredito que algumas disciplinas apresentam conteúdos que direcionam mais a reflexão sobre os desafios econômicos e sociais que enfrentamos. No meu caso, que sou formado em Relações Internacionais (RI), as aulas de economia, sociologia, política e outras disciplinas que cursei na graduação despertaram minha atenção para a área social. Eu me interessei por economia do desenvolvimento e economia comparada, treinando desde cedo a pensar em quais condições podem fazer os países terem maior prosperidade. Gostava de estudar planos de desenvolvimento econômico de longo prazo, estratégias e ações empreendidas por governos para melhorar os indicadores de bem-estar e qualidade de vida de seus cidadãos, e entender como tudo isso mantinha uma relação com a política. Esses assuntos são um prato cheio para quem se interessa por impacto social. Tais estudos são capazes, como dizíamos à época, de levar as pessoas a pensar; de gerar um desconforto de fundo; e de nos induzir a buscar saídas para as dificuldades que a sociedade enfrenta.

Outras áreas muito propícias para atuar com impacto social são todos os cursos de graduação ligados às ciências sociais aplicadas, tais como economia e sociologia. Boa parte dos estudos e levantamentos sociais tão importantes é realizada por esses profissionais. Não podemos nos esquecer também das chamadas ciências da vida, como a área da saúde, que emprega tantas pessoas em organizações sociais no Brasil, e da geologia, biologia e tantas outras profissões importantes para o estudo do clima e dos impactos do homem na natureza. Esses foram os cursos de graduação que mais apareceram nas entrevistas que realizei com profissionais que atuam com impacto social.

As carreiras de administração pública e administração de empresas também abrem portas importantes — pois a primeira abre acessos de contribuição para a área pública, e a segunda pode ajudar na profissionalização de organizações do Terceiro Setor e levar estratégias mais sustentáveis para o setor privado.

Outra carreira tradicional que pode levar a atuações relevantes no campo de impacto é a do Direito, que permite trabalhar em órgãos de direitos, como o Ministério Público, e apoiar no processo de tramitação de legislação favorável ao desenvolvimento sustentável.

A graduação oferece um ferramental importante para qualquer profissão e, se você já sabe que deseja atuar com impacto social, quanto mais cedo começar a se preparar, melhor. Uma dica para escolher um curso de graduação adequado é pensar nas necessidades do mundo em desenvolvimento. Os países-membros das Nações Unidas elaboraram, em 2015, uma lista de 17 Objetivos de Desenvolvimento Sustentável (ODS) que o mundo deve somar esforços para atingir até 2030 (veja box neste capítulo).

Escolha da instituição — Questões como as colocadas no item anterior ainda são pouco debatidas em várias universidades. Não é que o aspecto social não seja mencionado, mas muitas vezes ele não é enfatizado. Lembro que, quando eu dava cursos de softwares estatísticos, usados para trabalhar com grandes bases de dados, o único modo de fazer os alunos se interessarem era usando exemplo do mercado financeiro, geralmente imbricado com preços de ações. Chamar a atenção falando de indicadores sociais era muito mais difícil. Mais do que a escolha dos cursos, talvez o que deve ser observado com cuidado são os valores-chave da universidade que se quer cursar. A instituição tem preocupação com a equidade, com a justiça social? Discute-se nela a necessidade de mudanças sociais? Pesquisar qual é a tradição social da universidade que você pretende cursar também é importante. Ela é uma universidade privada, uma fundação ou uma universidade pública? Isso pode fazer grande diferença. Quantas pessoas dessa universidade trabalham e estão envolvidas com a área social?

Escolha do professor — Aconselho as pessoas que tenham interesse pela área social a já procurarem, assim que ingressarem na graduação, professores que tenham vínculos com temas potencialmente de impacto social e que sejam autoridades em seus temas. Quem entre eles fala de mudança climática, de redução da desigualdade, do uso da inovação tecnológica para a transformação social? Aproxime-se desses professores, pense em projetos de pesquisa. Conheço muitas pessoas para as quais surgiram oportunidades de carreira na graduação por meio de professores e orientadores.

Especialização em um tema — Ser especialista em um determinado assunto pode diferenciá-lo no mercado, além de ser uma causa para você aprimorar seus conhecimentos, já que a sua escolha o obrigará a realizar pesquisas profundas. Em 2001, eu percebi que a China ia bombar. O crescimento do país era exponencial e quase ninguém aqui no Brasil estava falando disso. A ideia recorrente era que a China era apenas uma produtora de artigos baratos. Não parecia haver futuro naquilo ali. Comecei a me especializar nesse tema, a fazer *clipping* de jornal, ler absolutamente sobre tudo que saía a respeito da China. Comecei a procurar literatura a respeito, busquei estudar o idioma em uma época em que era dificílimo encontrar professores de mandarim em São Paulo. Ganhei uma bolsa de iniciação científica, na qual comparei o desenvolvimento econômico do Brasil com o da China. Ser reconhecido como especialista em um tema requer árduo esforço. Iniciar pela graduação e pela pesquisa acadêmica é uma boa pedida.

Intercâmbio — Morar em outro país é algo que nos abre muito os horizontes. Ali entendemos as nossas falhas e compreendemos como somos vistos a partir de um olhar externo, à distância. Essa experiência possibilita que façamos comparações e questionamentos internos e que tenhamos uma visão mais clara do que podemos aspirar como país e sociedade. Esses intercâmbios são muito valiosos por provocarem esse desconforto com a situação em que vivemos e, ao final, gerarem perguntas e mudanças positivas em direção ao que queremos alcançar.

Voluntariado — Não é um voluntariado de um dia que mudará a sua vida. Ao atuar como voluntário, você deve se comprometer com a mesma seriedade e dedicação de um trabalho remunerado e envolver-se em um projeto de voluntariado por, no mínimo, alguns meses ou mesmo um a dois anos. Aliás, o voluntariado é uma experiência interessante para você dar seus primeiros passos no campo de impacto e entender como é sua dinâmica para posteriormente buscar trabalhos remunerados nele. A principal função do voluntariado, acredito, é fazer você ter contato com realidades que talvez não façam parte do seu quotidiano. No meu caso, assumi um trabalho voluntário que foi determinante para a minha carreira no campo de impacto social. Quando estava cursando o mestrado, houve em São Paulo uma reunião com o *Social Progress Imperative*, a organização global sem fins lucrativos responsável pelas pesquisas que dão base ao Índice de Progresso Social.[2] Pedi ao meu orientador para ir à reunião e acabei me tornando voluntário para realizar trabalhos acadêmicos para essa rede de progresso social. Ter assumido protagonismo no *Social Progress Imperative* em conjunto com a produção de estudos e pesquisas em indicadores sociais no mestrado me posicionaram como uma referência importante na academia sobre o tema. Isso foi o que me abriu portas para me tornar um consultor independente e qualificou meu currículo. Algum tempo depois, consegui um trabalho como consultor, ganhando muitas vezes o que recebia na bolsa de mestrado da Capes. Essa experiência de voluntariado, sem dúvida, foi fundamental para que eu adquirisse a qualificação técnica e a experiência necessárias para pleitear uma vaga estável e permanente na organização que estou hoje. O investimento em qualificação profissional é um dos que mais traz retornos e deve ser realizado constantemente para que possamos cada vez mais entregar mais resultados em nossos trabalhos.

Mentores — Não é absolutamente necessário que seus mentores sejam pessoas que estejam do seu lado fisicamente, disponíveis para reuniões e conversas. Se você tiver essa sorte, excelente! Melhor ainda. Mentores podem ser pessoas que nos inspiram, pessoas que nos impactam com seu trabalho, que tenham ou tiveram efeitos positivos sobre a vida de milhões de pessoas. Conheça a vida e a trajetória de pessoas inspiradoras. Leia sobre elas, entenda como elas atuam ou atuaram e adapte o que elas fazem ou fizeram para a sua realidade. É importante buscar aprender com pessoas as quais você admire, que tenham mais conhecimento e vivência do que você. Se tiver a sorte de ter um mentor com quem possa conversar, aproveite ao máximo essa oportunidade, tire suas dúvidas, aprenda com essa pessoa.

---

2   O site global da iniciativa (em inglês) é socialprogress.org. É possível conhecer mais sobre projetos nacionais nos sites www.ipsamazonia.org.br e www.ipsrio.org.br.

Networking — Faça parte de grupos que estão ligados aos temas pelos quais você sente maior identificação. A participação em voluntariados, por exemplo, costuma gerar muita sinergia, afinal você está ali em companhia de pessoas que têm interesses similares e próximos aos seus. E a experiência de trabalhar juntos, diante de realidades que muitas vezes são chocantes, gera fortes vínculos entre os participantes. Conhecer e relacionar-se com pessoas têm de ser vivido não só quando você está à procura de uma oportunidade de trabalho. Criar conexão com outras pessoas é um movimento vivo, que permite que você, mesmo trabalhando em uma organização, descubra possíveis sinergias e ideias completamente inesperadas que podem proporcionar, também, grandes transformações de carreira. Neste livro, sempre vou insistir e relembrar que há várias possibilidades de causar impacto social trabalhando em pequenas, médias e grandes empresas.

OFERTAS NA REDE

Embora não seja sua única função, a rede de *networking* é um dos caminhos mais eficientes para encontrar uma colocação no campo de impacto social. Há outras formas também, como grupos específicos que contemplem algumas funções desenvolvidas no campo. Por exemplo, no meu caso, que sou especializado em avaliação de impacto, existe a Rede Brasileira de Monitoramento e Avaliação.[3] Toda semana há ali uma proposta de consultoria, um edital — que é uma forma comum de contratação nessa área — e sugestões de outras oportunidades. Há outras redes temáticas, no LinkedIn por exemplo, que trazem oportunidades profissionais específicas para as áreas às quais elas dizem respeito.

Ofertas gerais de trabalhos no campo de impacto também podem ser encontradas em vários locais na rede. A Abong — Associação Brasileira de Organizações Não Governamentais —, por exemplo, traz algumas oportunidades de emprego e também informações sobre editais. O GIFE — Grupo de Institutos, Fundações e Empresas —, que é uma referência no Brasil no tema do investimento social privado — também anuncia algumas vagas, mas é sobretudo o portal no qual se tem acesso aos endereços eletrônicos dos principais institutos e fundações

---

3   http://redebrasileirademea.ning.com/

CARREIRAS DE IMPACTO

brasileiros que é o mais promissor para garimpar trabalhos.[4] No Capítulo 13, você encontrará uma entrevista realizada com a Pamella Canato, gerente de comunicação do GIFE, em que ela compartilha sua trajetória profissional e dá algumas dicas para quem deseja ingressar na carreira.

O Senac São Paulo tem o seu site sobre o Terceiro Setor, o Setor3,[5] que divulga oportunidades. O Indeed, uma multinacional de busca de empregos atuante no Brasil, tem também sua seção dedicada ao Terceiro Setor.[6] No Facebook há grupos públicos de empregos no Terceiro Setor, alguns com mais de 30 mil membros.

No dinamismo da internet, sites e portais dedicados ao campo de impacto social vêm e vão em uma grande rapidez. Mas essa pequena mostra indica como é possível encontrar oportunidades com relativa facilidade. As oportunidades de trabalho estão aí, e essa indústria está em alta. É preciso se interessar, querer começar, correr atrás e ter perseverança. Ninguém nasce com experiência. Se você está iniciando sua carreira ou pensa seriamente em renovar sua vida profissional e migrar de uma carreira tradicional na área privada para construir uma nova no campo de impacto, tema esse do nosso próximo capítulo, você tomou uma ótima decisão, pois existem grandes chances de obter muito sentido e satisfação trabalhando em algo que melhorará a sociedade e o meio ambiente.

Há meios para nos preparar e para atingir a expertise necessária a fim de darmos os primeiros passos nessa área. Contei neste capítulo qual foi o meu caminho. Podemos começar pequenos, como generalistas, e irmos nos especializando, escolhendo estrategicamente as melhores oportunidades. Qual é o caminho que você deseja construir para você? E, tema de grande relevância que será tratado no próximo capítulo, como realizar a transição do mercado de trabalho convencional para o campo de impacto social?

---

4   https://gife.org.br/associados/

5   http://setor3.com.br/

6   https://www.indeed.com.br/empregos-de-Do-Terceiro-Setor

METAS PARA 2030

Os 17 Objetivos de Desenvolvimento Sustentável (ODS) foram acordados pelos países-membros da Organização das Nações Unidas (ONU) em 2015. Os ODS se desdobram em 169 metas que apresentam os principais desafios da humanidade. Precisaremos de muita gente bem formada e engajada em cada um desses desafios para conseguir chegar lá. Minha sugestão, aqui, para você que está escolhendo uma graduação, é que a lista das metas seja usada como um "cardápio de temas" para orientar sua escolha profissional (a relação com essas metas pode ser encontrada em https://nacoesunidas.org/pos2015/agenda2030/). Mesmo se você já concluiu a graduação, a lista de metas dos ODS pode ser útil para pensar em áreas temáticas importantes para o mundo, nas quais você pode buscar direcionamentos para cursos de especialização e oportunidades de carreira. Minha sugestão é que você leia a lista dos 17 objetivos e passe os olhos em cada uma de suas metas. Se, por exemplo, você gostaria de fazer engenharia elétrica, o Objetivo 7 pode ter fisgado a sua atenção: *Assegurar o acesso confiável, sustentável, moderno e a preço acessível à energia para todas e todos*. Mais especificamente, as metas7.1 e 7.2 aprofundam algumas prioridades que podem lhe ajudar em suas escolhas, orientando seus estudos e escolhas profissionais para temas e organizações que trabalhem com energias renováveis e eficiência energética. Se você acredita que tem mais o perfil de biológicas, ou ciências naturais, os ODS 13 (Mudança Climática), 14 (Vida na Água) e 15 (Vida Terrestre) são um prato cheio de temas importantes que vão cada vez mais demandar especialistas e novas soluções técnicas. Veja, por exemplo, a meta 14.5: *Até 2020, conservar pelo menos 10% das zonas costeiras e marinhas, de acordo com a legislação nacional e internacional, e com base na melhor informação científica disponível.*

PLANEJANDO SUA GUINADA

E m certo período da minha jornada, quando decidi deixar de trabalhar em empresas "tradicionais", tive intenso contato com as áreas de recursos humanos de diferentes organizações. Você já deve imaginar o que estou chamando de empresas tradicionais, mas vale esclarecer antes de prosseguir: aquelas empresas que estão totalmente focadas no lucro e têm pouco ou nenhuma aspiração de fazer uma contribuição relevante na área de meio ambiente ou social. Essas empresas costumam falar bastante de sustentabilidade e fazer justamente o contrário. Certamente, você deve conhecer várias, de modo que não preciso citar muitos exemplos.

CARREIRAS DE IMPACTO

Cheguei a descrever essa procura com detalhes no capítulo anterior. Resumo da ópera: é impressionante como a maior parte das habilidades que consideramos sólidas e relevantes no mercado em geral, dificilmente são valorizadas pelas organizações sem fins lucrativos. É por essa razão que quem deseja fazer a transição da área privada para organizações de impacto social precisa se planejar e tornar seu currículo mais atrativo para o que essas organizações buscam.

Um dos primeiros passos que dei nessa transição foi procurar um processo de *coaching*. Felizmente, conhecia uma pessoa de confiança de longa data, que é um expert em gestão de pessoas, ou "capital humano", como se fala por aí. Em poucas sessões, percebi que a primeira tarefa que tinha de fazer era parar um pouco e "abrir minhas malas" para saber quais bagagens (conhecimentos específicos, práticas e habilidades) eu tinha adquirido.

No primeiro momento, foi bastante difícil entender como conhecimentos em comércio internacional e gestão estratégica de compras poderiam ser úteis a uma ONG. Os conhecimentos de inglês e francês até poderiam ajudar, mas como tirar proveito de anos de estudo do idioma mandarim em uma organização sem fins lucrativos? Como conciliar o conhecimento do mercado chinês com o impacto social? A falta de respostas e perspectivas começou a me gerar grande frustração no início, mas, após algumas sessões, comecei a entender que, ao me lançar na China e abrir uma empresa, convivi com várias situações desafiadoras que agregaram muito mais coisa à minha bagagem que também poderiam me ajudar naquela nova fase: lembrei que adquiri uma capacidade de estruturar planos de negócios, montar empresas, gerir pessoas, administrar crises e situações de alta pressão profissional, além da capacidade de relacionamento intercultural, que tem um papel fundamental nas relações internacionais.

Nos anos em que vivi na China, presenciei muitas e muitas situações em que a leitura do contexto cultural me salvou de várias "frias". Essa habilidade de ler a história real por detrás das palavras e das situações me marcou muito na China. Entender a importância do relacionamento e da construção de vínculos de confiança com os chineses foi fundamental nessa época da minha vida. Posteriormente, ampliei esse leque de experiências de negócios e trabalho para outros países, como Taiwan, Vietnam, Índia, França, Turquia, México e Irã.

Mesmo em empresas, esses tipos de competências não eram passaporte de entrada para áreas de sustentabilidade, ou mesmo alguma posição que fizesse mais sentido para mim, justamente pela total falta de experiência nessa área.

Eu me lembro especificamente de uma reunião com o conselho de uma empresa multinacional especializada na gestão de resíduos. Depois de esgotar as possibilidades de vagas ofertadas, iniciei a prospecção de oportunidades por meio da minha rede de contatos, e uma executiva que era conselheira nessa organização me indicou para uma entrevista por conta do meu perfil, que ela considerava "empreendedor". Pensei comigo mesmo: "Opa, esta é uma área em que eu posso muito contribuir, pois é uma empresa que tem tecnologia, que precisa importar máquinas e equipamentos, e a China está com tudo..."

O pessoal do RH disse que o meu currículo era genial e ficaram embasbacados com o fato de eu falar chinês, mas o que eles estavam mesmo procurando era um engenheiro especializado em empilhamento de lixo em aterros sanitários. Eu sabia como empilhar lixo? Não, eu não sabia fazer isso. Não havia, portanto, vaga para mim. Até foi cogitado que eu poderia importar uma máquina de empilhar lixo ou vender uma delas para eles. Mas eu não queria uma oportunidade de negócios pontual, e sim uma carreira, uma oportunidade de mostrar meu melhor e ser valorizado por uma organização.

Passei por muitas e muitas situações como essa. Eu tinha as competências, mas o mercado de impacto parecia não precisar delas. Esgotei todas as possibilidades que o meu conhecimento funcional de logística e de compras poderia me proporcionar nesse mercado de trabalho, sem conseguir uma vaga. E, quase que ironicamente, ouvindo um mar de elogios ao meu currículo e à minha experiência na China, mas sem conseguir uma oportunidade e sem nem poder pagar um aluguel. Eu só desenvolveria os conhecimentos que finalmente me fariam conseguir emprego no campo de impacto social algum tempo mais tarde.

A transição do setor privado para o campo de impacto social não precisa, nem deve, ser feita com o sentimento de urgência com que eu, desempregado e obrigado a voltar para a casa dos meus pais, me movimentei. Ao contrário, o que hoje aconselho para aqueles que desejam trabalhar em empresas com pautas sociais é, primeiro, respirar fundo, clarear os pensamentos, atuar de forma planejada e focada, evitando a pressa e o agir no impulso.

▍ GIRANDO O TIMÃO

Essa fase da minha vida foi muito difícil, pois as entrevistas escassearam, as possibilidades de cavar oportunidades via rede de contatos foram se esgotando. Eu recebia muitos elogios quanto à minha coragem de ir para a China e montar uma empresa e tudo o mais, mas tinha de engolir seco, pois já conhecia aquela história e sabia onde ia dar. O que eram elogios se converteram rapidamente em objeção, em que eu mecanicamente aguardava o entrevistador dar aquela pausa, pensar e colocar os seus "mas" e "poréns". O que doía mais era nutrir a esperança que um dia daria certo, mas desse modo, sem mudar a estratégia, não deu certo mesmo.

Como compartilhei no capítulo anterior: se você é o capitão de um navio, está no meio de uma gigantesca tempestade e tudo está caindo, você provavelmente começará a girar o timão desesperadamente de um lado para o outro, complicando a situação; e acabará afundando o navio. Em um momento assim, o que se deve fazer é olhar para o horizonte e ir corrigindo a direção, com movimentos pontuais do timão. Isso porque o navio responde lentamente aos comandos. Da mesma maneira, a carreira demora a se ajustar a uma alteração de rota, e uma mudança de rumo na carreira exige precisão, paciência e persistência para ser conduzida com sucesso.

Assim como um capitão em meio a uma tormenta teria de saber a direção a seguir para chegar a águas mais calmas, é preciso que aquele que pretende deixar a iniciativa privada tradicional para o campo de impacto social também planeje seus movimentos com antecedência e, principalmente, tenha claro aonde quer chegar. Quando realizei meu processo de *coaching*, fizemos uma pesquisa, da qual saiu uma lista de organizações nas quais eu poderia gostar de trabalhar. Havia ali empresas as quais eu nem sabia que existiam. Nós colocávamos palavras-chaves na internet e surgiam as organizações.

Esse trabalho de prospecção é extremamente importante, não há dúvidas quanto a isso, mas no momento em que iniciamos a travessia por esses mares ainda pouco conhecidos, o que precisamos fazer, antes de achar oportunidades, são as perguntas corretas. A primeira delas, seria: qual é o seu valor específico? O que apenas você sabe fazer ou faz muito bem? Quais são as suas competências? Que habilidades você adquiriu em sua trajetória?

Em um box mais adiante neste capítulo, sugiro um exercício de autoanálise que pode ajudar a identificar as suas características pessoais que potencialmente têm valor para a sua vida profissional.

FAZENDO AS MALAS

Recentemente, sonhei com malas. Estava com mais malas do que eu conseguiria carregar. E o pior é que estava em um trem que ia para a direção errada. Quando o trem parou na plataforma, havia outro na direção correta, ambos com portas abertas, prestes a fechar, mas eu não conseguia pegar o trem correto, pois tinha muito mais malas do que poderia carregar. O que se diz é que sonhar com malas nos remete à bagagem simbólica que carregamos, ou de conhecimento ou de tarefas e obrigações pesadas e incômodas. Para mim teve os dois sentidos: a fim de seguir na carreira que tanto desejava, eu precisava separar apenas o que realmente servia para mim naquele momento e deixar o resto, para que eu pudesse seguir na direção para a qual queria ir. Talvez eu não fosse usar nem o comércio internacional nem a expertise em comprar da China nem muito menos o mandarim, e isso não era motivo para desânimo: prefiro a versão de que aquele sonho surgiu por eu estar pensando no conhecimento que desejo ainda adquirir, mas admito que a ideia de deixar algumas malas naquele trem que estava indo na direção errada me deixou bastante aliviado.

Isso se encaixa entre as perguntas corretas a serem feitas. Devemos saber o que teremos na nossa bagagem quando formos procurar um trabalho no campo de impacto social. Você que é analista, gerente, coordenador de área, que trabalha em marketing, na comunicação, no mercado financeiro ou é engenheiro, além do conhecimento técnico, como é a sua bagagem comportamental? Como você se relaciona com os parceiros e as equipes? O que você carrega como conhecimento que é útil para esse novo mercado no qual pretende entrar?

Com isso, quero dizer que é possível descobrir que muita coisa que está na sua mala pode não ter grande serventia para as organizações preocupadas com o impacto social, exatamente como aconteceu comigo. O que fazer então?

Procurar por oportunidades dessa maneira, sem entender, de fato, o que as organizações de impacto social realmente buscam, pode não levar a nada, fazendo você perder muito tempo e energia, fora todo o desgaste de ter que "mendigar" por uma vaga. Mas você não precisa fazer isso!

Em qualquer situação, exercitar o autoconhecimento produz uma espiral de crescimento. Você vai aprendendo o que tem de valor e vai se ajustando. Antes de pensar em conhecimentos específicos, lhe convido a fazer os exercícios na próxima seção.

▌PROCURANDO NA BAGAGEM

Espero que o exercício a seguir lhe ajude a lembrar e relacionar algumas de suas competências e habilidades mais importantes. Talvez você não escreva todas de

CARREIRAS DE IMPACTO

imediato. Você pode voltar a qualquer momento ao exercício e adicionar mais coisas quando se lembrar.

É importante que você pare alguns instantes e faça desse exercício um momento especial, de autoconexão. Recomendo que busque um local calmo, no qual você saiba que não será interrompido. Agora pense por alguns minutos, ainda sem escrever, em situações que você passou e venceu na sua vida pessoal ou na sua carreira. Como você se sentiu?

> *Após pensar em algumas situações, com um lápis ou caneta à mão, comece a escrever todas as qualidades pessoais que você usou nesses momentos. Qualidades pessoais podem ser características, como a coragem e a compaixão ou a habilidade de pensar fora da caixa, ou visão de longo prazo, dentre outras.*

> *Agora, largue o lápis ou a caneta e respire por alguns instantes. Tente limpar a mente, pensando em que competências você aprendeu com essas experiências e leva consigo em sua bagagem. Quando se sentir pronto, escreva as competências que leva consigo. Não julgue, deixe o lápis correr solto no papel. Tente pensar assim: se você saísse do seu emprego atual e começasse uma carreira totalmente nova, o que traria de valor à organização?*

> *Por fim, escreva seus conhecimentos técnicos e funcionais. Não se esqueça de mencionar conhecimentos de idioma e ferramentas de tecnologia que você domina, como Word e Excel, por exemplo.*

Recomendo que você use essa lista como um ponto de partida. Busque conhecer de maneira mais profunda sobre o que há dentro dessas organizações para as quais você pretende se candidatar. Qual é o perfil de quem está trabalhando naquela instituição? O que essas pessoas fizeram para estar lá? Que indicadores estão disponíveis para mostrar a performance daquelas organizações? Quais são os resultados produzidos pelo trabalho delas? Você poderá retornar a essa lista e ir trabalhando nela ao longo da leitura deste livro e até mesmo depois de terminá-lo.

▎IDENTIFICAR O PROPÓSITO

Desde o momento em que decidi escrever este livro, muitas pessoas começaram a me procurar e pedir indicações de oportunidades de trabalho com impacto social, principalmente da área privada tradicional para organizações de impacto social. Uma das primeiras conversas que tive foi com uma gerente de marketing de uma indústria nacional que estava se sentindo muito angustiada, preocupada com a sua carreira. Ela me contou que trabalhava em uma indústria nacional de grande porte, queria migrar para o campo de impacto social e já havia mantido algumas conversas, mas nada estava sendo feito de maneira muito organizada e ela sentia que não estava caminhando como poderia. Parecia que nada aconteceria. Direcionei, então, a conversa para refletirmos sobre como poderíamos planejar essa mudança profissional que ela desejava fazer.

O primeiro ponto, eu disse, seria ela perguntar a si mesma se era capaz de identificar seu propósito, ou seja, seu objetivo, o sentido de vida que ela acreditava que não seria alcançado se continuasse trabalhando na iniciativa privada tradicional, mas provavelmente estaria no campo de impacto social. Em geral, esses propósitos que não encontramos nas empresas comuns estão voltados para contribuir para o bem-estar e a felicidade dos outros, indo além da simples satisfação das nossas necessidades individuais.

Quando temos claro qual é o propósito que nos move a ponto de termos energia e coragem para abandonar o conforto de uma carreira estabelecida, é muito mais fácil fazermos escolhas e direcionarmos nossos esforços para construirmos uma nova trajetória profissional.

Esse momento de transição é também a hora em que devemos fazer um balanço das nossas potencialidades, reconhecer o talento que temos, o que somos capazes de executar com maior facilidade e o que nos dará prazer em fazer. Isso é algo de grande relevância, pois, quando estamos inseridos em organogramas funcionais, em caixinhas dentro das empresas, contribuindo com apenas uma parte de um processo, não somos capazes de saber ao certo qual é a contribuição do nosso trabalho para os resultados alcançados pela organização.

Quando temos claro qual é o propósito que nos move a ponto de termos energia e coragem para abandonar o conforto de uma carreira estabelecida, é muito mais fácil fazermos escolhas e direcionarmos nossos esforços para construirmos uma nova trajetória profissional.

Insisto, há um valor significativo em sabermos o quanto as nossas experiências e competências atuais podem ser úteis no campo de impacto social. E, também importante, devemos conhecer as vantagens que as organizações de impacto social podem oferecer aos seus colaboradores e os desafios que elas enfrentam. Tratei desses dois temas em capítulos anteriores.

Depois de escutar essa gerente de marketing por algum tempo, contei-lhe um pouco de como foi minha experiência pessoal e conversamos sobre propósito e um pouco sobre o campo de impacto e as oportunidades existentes. A conversa foi muito boa, principalmente para mostrar que a área é muito maior e mais diversificada do que se pensa, e para desmistificar um pouco a visão sobre o mundo *nonprofit*, ou seja, sem fins lucrativos.

BONS SALÁRIOS

Essa colega tinha algumas daquelas crenças limitantes das quais tratamos no Capítulo 4, quando falamos dos mitos que rondam o campo de impacto social. Eram velhas crenças, dentre as quais estavam a convicção de que nessas organizações os salários são necessariamente baixos e que nelas há uma grande instabilidade de trabalho e outras visões incorretas. Ela morria de medo de trabalhar em qualquer tipo de organização sem fins lucrativos, temendo ganhar mal.

Eu lembrei a ela que existiam algumas ONGs grandes, e então algumas fichas acabaram caindo. Não que ela desconhecesse organizações como a WWF ou o Greenpeace, mas certamente nunca havia nem passado por sua cabeça que organizações como essas contratam pessoas qualificadas como ela. Nessa carreira, se você realmente se destacar, logo perceberá que algumas das organizações são capazes de oferecer salários e até mesmo outros benefícios compatíveis com os do setor privado tradicional.

Com toda essa conversa (foi um encontro de mais de duas horas), ela pôde refletir sobre desafios e temáticas que faziam brilhar seus olhos, e quais temas sociais ela se sentiria mais à vontade para investir sua energia e conhecimentos. Para ela, não era tão atraente a questão do meio ambiente, por exemplo. Claro, ela reconhecia, esse era um assunto de enorme relevância, mas não a apaixonava. O que gostaria de fazer era ajudar mulheres, principalmente aquelas vítimas de violência doméstica.

Conforme contei no capítulo anterior, eu escolhi uma causa, mesmo que à época eu não estivesse envolvido no campo de impacto social, que era a China. Estudei em profundidade toda a literatura e informação que pude achar a respeito, o que me possibilitou ganhar uma bolsa de iniciação científica para me aprofundar no desenvolvimento econômico comparado do Brasil e da China e, posteriormente, fazer negócios envolvendo esse país.

Depois, me aperfeiçoei na análise de indicadores de desenvolvimento humano e em monitoramento e avaliação de programas, o que, até o momento, tem sido a especialidade central da minha carreira no universo do impacto social. Algumas pessoas chamam isso de criar uma expertise, o que acaba sendo um diferencial, pois, ao dominar profundamente um tema, você se torna cada vez mais capaz de gerar valor para as organizações em que trabalha ou para seus futuros clientes.

A especialista em marketing, com quem eu conversava sobre transição profissional, já tinha uma expertise — entendia profundamente de marketing de bens de consumo na venda direta ao consumidor, o que é conhecido como *trade marketing.* O desafio dela era entender em que medida essa bagagem lhe seria útil daqui para a frente. Naturalmente, essa pergunta leva a muitas outras, como que tipo de organização ela poderia se interessar em trabalhar e aportar valor com sua bagagem.

Essa prospecção inicial de temas é um exercício superimportante, pois ela abre bastante a cabeça. Nessa conversa, me parece que ela já havia definido de maneira inicial o segmento no qual gostaria de atuar. Mas nem sempre teremos clareza imediata sobre qual é a causa que mais nos atrai. Ou porque são muitos os assuntos que despertam nossa vontade de neles atuar ou porque, apesar de sabermos que desejamos uma vida com mais propósito, não conseguimos ainda nos decidir sobre uma temática específica.

TESTE NA INTERNET

Como dar os primeiros passos então? A maioria das pessoas já tem algumas dicas internas, alguns desejos, mas que podem estar ainda bem distantes das oportunidades reais. Há algumas ferramentas disponíveis na internet que podem auxiliar alguém a encontrar a causa com a qual mais se identificaria. Uma delas é a página Descubra a sua causa,[1] mantida pelo IDIS — Instituto para o Desenvolvimento do Investimento Social —, uma organização da sociedade civil de interesse público que presta apoio técnico ao investidor social no Brasil. Eles produziram esse teste pensando em fomentar a cultura de doação no país, para que você possa escolher com segurança uma causa para apoiar, porém o teste é tão fácil e divertido que pode ser usado para várias coisas. São feitas perguntas bem variadas no formato de múltipla escolha com recursos como personagens de quadrinhos e manchetes da mídia, perguntando aquelas que lhe provocam alegria ou indignação.

De acordo com as respostas, o questionário "indica" cinco grandes áreas de interesse — animais e meio ambiente; cultura, educação, inclusão e diversidade; empreendedorismo, inovação, trabalho e geração de renda; ciências e saúde; e cidades sustentáveis e esporte. Além disso, são sugeridos os Objetivos

---

1   https://descubrasuacausa.net.br/home

de Desenvolvimento Sustentável (ODS)[2] que estão relacionados ao interesse detectado pelo teste; entidades para as quais podem ser feitas doações ou desenvolver um trabalho voluntário e sites nos quais é possível obter mais informações sobre o segmento com o qual o respondente mais se identifica.

Certamente, o resultado de um teste feito pela internet não deve ser entendido como um argumento definitivo para alguém decidir abandonar um emprego e aventurar-se no campo de impacto social. De novo, é preciso planejar com cuidado uma transição de carreira. Antes de sair de um emprego, sugiro que a pessoa primeiro participe de processos seletivos nas organizações em que deseja trabalhar e só deixe seu trabalho atual quando for aprovada em um deles. A ansiedade nos faz tomar decisões ineficazes e incorretas. Um conselho que também costumo dar às pessoas é o de conversar com amigos e, importante, com colegas da empresa na qual elas trabalham.

Deve-se, inclusive, tratar dessas inquietações com os chefes, desde que esses demonstrem ter alguma sensibilidade para questões relacionadas à sustentabilidade da atividade empresarial. Por que falar com os chefes? Porque eles podem apontar ou facilitar o seu trânsito para novas oportunidades dentro da própria empresa nas quais é possível direcionar a carreira ao impacto social, seja por meio de novos projetos sem sair de sua área ou mesmo a partir de uma transição interna.

Há empresas de grande porte, com 10 mil, 20 mil empregados, que podem ter, por exemplo, um gerente de sustentabilidade, mas a maioria dos funcionários desconhece seu nome ou nem mesmo sabe que tal profissional existe. É que nessas organizações as pessoas trabalham dentro de organogramas funcionais, nos seus quadradinhos. Vale a pena pesquisar. Talvez ali na sala ao lado da sua haja uma boa oportunidade à sua espera. Se a empresa na qual você trabalha tem uma fundação, ou um instituto, é possível que ali esteja uma causa que mereça ser abraçada ou metas alinhadas com o que você deseja alcançar.

CHEFE COM SENSIBILIDADE

Devemos ter confiança de que uma movimentação interna na própria empresa para a qual hoje trabalhamos pode ser viável. Uma conversa com o nosso chefe dizendo a ele que estamos à procura de uma carreira com mais sentido, um trabalho com mais propósito, seria uma iniciativa interessante. Você não precisa

---

2   Os Objetivos de Desenvolvimento Sustentável são as 17 metas globais estabelecidas pela Assembleia Geral das Nações Unidas — https://watch.globalgoals.org/pt/

CARREIRAS DE IMPACTO

usar exatamente essas palavras que acabei de escrever, mas sim perguntar: o que eu posso fazer para que a organização seja mais sustentável, mais consciente das suas ações? É bem possível que seu chefe também tenha sensibilidade para esses temas e lhe indique o caminho para chegar até as ações significativas com as quais você tanto deseja se envolver.

Talvez nesse ponto surja uma dúvida: você pode ficar receoso de que a sua atitude em procurar outras pessoas dentro da empresa para tentar uma mudança de área cause estranheza, pareça insubordinação e deixe colegas e chefes ansiosos. É preciso, portanto, saber ao certo se a cultura da empresa permite espaço para que esse tipo de consulta seja feito.

Tudo será mais fácil se você sinceramente acreditar que está procurando algo que tenha mais propósito e explique, para quem isso deve ser explicado, que a preocupação com o impacto social é, hoje, um movimento global do qual as empresas não podem se dar ao luxo de desconhecer e não assumir seu papel. Caso ignorem essa tendência, elas correm o risco de não sobreviver num mercado em transformação que está colocando cada vez mais a sustentabilidade do meio ambiente e o bem-estar da sociedade no centro das prioridades.

Sempre será muito mais fácil influenciar os rumos da organização que você trabalha, caso tenha um cargo elevado dentro da hierarquia profissional. Se a sua posição, no entanto, é mais modesta, como a de um analista, por exemplo, a possibilidade de você influir de maneira decisiva nos rumos da empresa é bem menor. Mas isso não o impede de procurar conhecer a visão dos donos da organização, da diretoria ou do CEO para saber se há espaço para inovar e desenvolver ações voltadas para o impacto social. Insisto que se esforce em atuar no seu ambiente de trabalho, porque pode ser muito mais fácil inovar a partir de uma posição dentro das empresas do que tentar influenciá-las "de fora" atuando em uma ONG, por exemplo.

Ter um espaço de atuação na própria empresa é, portanto, o melhor dos mundos para quem quer agregar significado ao seu trabalho. Essa é uma das primeiras perguntas que faço quando me pedem apoio para transição de carreira: você acha que conseguiria ser mais feliz em sua organização atual, seja em outra área ou encabeçando projetos realmente transformadores na sua própria área? Foi o que fez, antes de conversar comigo, aquela pessoa à qual me referi. Ela procurou uma das suas chefes, que facilitou alguns encontros com profissionais envolvidos no campo de impacto social, dentre eles, eu mesmo.

Outro aprendizado importante é buscar entender se o espaço de inovação social dentro da empresa na qual trabalho é realmente amplo o suficiente para alterar o *core business* do negócio. Explico-me: as mudanças estruturais das quais precisamos estão atreladas ao próprio modo como as empresas tomam decisões sobre como e o que produzir. Muitas vezes haverá espaço para ações sociais pontuais, porém não há espaço genuíno para produzir mudanças estruturais. Nesses casos, é preciso avaliar se vale a pena para você seguir nessa cruzada de intraempreendedorismo, levando a mensagem da linha de base tripla para o nível vez mais alto da organização, ou se realmente você será mais feliz trabalhando em outra empresa.

Todos esses interlocutores internos com os quais indico conversar ajudam muito em nosso redirecionamento de carreira, mas não farão por nós as mudanças que desejamos. Isso é algo que não pode ser terceirizado e cabe exclusivamente a cada um de nós assumir o pleno comprometimento com as mudanças profissionais que almejamos.

▌ UM CAFEZINHO POR SEMANA

Esses encontros também devem ser feitos de uma maneira regular e planejada. Sugiro que você se organize e tome a iniciativa de marcar uma conversa por semana com alguém do campo de impacto social. Peça contatos, dicas, aprendizados, indicações, qualquer coisa, mas circule por aí, faça contatos e tente descobrir quais expertises estão em ascensão, especialmente dentro de sua área de conhecimentos. Aqui proponho outro exercício para você começar seu *networking*: liste pelo menos cinco pessoas que você conheça ou possa ser apresentado para começar a marcar essas conversas de orientação. Eu o desafio a marcar sua primeira conversa ainda nessa semana. Leve papel e caneta e anote tudo o que lhe parecer relevante. Após a conversa, coloque as sugestões em prática, faça novos contatos com as pessoas que eles indicarão e procure ler a respeito dos temas e organizações sobre as quais vocês conversaram.

Decisões importantes podem ser tomadas com mais facilidade a partir desses encontros com gente que já conhece a área. Também é possível que deles surja a possibilidade de executar trabalhos voluntários em um campo de seu interesse ou um estágio de algumas horas semanais em uma empresa que tenha pautas sociais. Tais diálogos também serão úteis para afunilar a sua visão, ou seja, mostrar o que poderá ser mais atrativo para você em um determinado segmento de impacto social.

CARREIRAS DE IMPACTO

Esse processo de aproximação e reflexão também costuma nos indicar o que precisamos melhorar em nossa empregabilidade. Lembram-se do que contei no início deste capítulo, quando ofereci minha expertise de empresário internacional para uma empresa e o que ela precisava era de alguém que soubesse empilhar lixo? É claro que nossa formação e habilidades anteriores têm valor para o campo de impacto social, mas provavelmente há outros conhecimentos e habilidades que precisaremos agregar à nossa formação para atender às demandas do novo trabalho que queremos iniciar.

Recentemente, aceitei fazer uma série de conversas com uma profissional brasileira que trabalha na área administrativa de uma universidade na Europa e quer voltar ao Brasil para trabalhar com impacto social. À primeira vista, um enorme desafio, sem muita perspectiva de onde indicar posições. Nas várias conversas, descobri que o trabalho dela era apoiar universidades africanas no processo de elaboração de propostas de financiamento da organização em que ela trabalhava.

Muitas organizações brasileiras precisam de alguém que possa dar condições e suporte para elaboração de propostas de financiamento e editais para acessar recursos. Como se isso não bastasse, os padrões e exigências dos financiamentos dessa organização seguem quase os mesmos (e complexos) padrões da União Europeia, um dos principais atores supranacionais que investem no desenvolvimento de países na África, Ásia e América Latina, ou seja, estava conversando com uma profissional de captação de recursos que pode trazer muito valor para organizações diversas aqui no Brasil, só que ela ainda não tinha percebido essa ótica. Em parte por um tema de autoconhecimento e abrir as malas para ver o que tem dentro; em outra, por não ter a visão das necessidades principais do campo de impacto social. Volto a esse caso no Capítulo 8, quando falaremos das oportunidades de carreira na área de captação de recursos.

Por isso nunca vou conseguir exprimir totalmente em palavras a importância de investir no autoconhecimento durante essa transição profissional. No meu caso, meu processo de *coaching* me ajudou muito a perceber quais eram minhas reais prioridades. Um bom *coaching* ajuda você a se conhecer melhor primeiro, organizar sua casa e então pensar no que realmente faz sentido para que você possa ser plenamente realizado em sua carreira. Não tem nada a ver com esses *coachings* motivacionais, que o levam a colocar mil metas sem nenhum sentido. Acredito que devemos ter certeza de nossas convicções internas, antes mesmo de procurarmos novas experiências profissionais.

Conhecer a si mesmo com profundidade permitirá que você conclua, por exemplo, que, embora seja ótimo ter um bônus no fim do ano e um carro zero quilômetro, talvez não seja isso que lhe fará feliz. Ou não será apenas isso. Surgirão perguntas como estas: eu posso receber R$50 mil por mês, mas o que eu "ganho" mesmo com isso? Compro umas férias maravilhosas para me esquecer de todas as coisas que faço no meu trabalho e me deixam completamente insatisfeito? Pago uma terapia para enfrentar essa angústia?

UM PASSO ATRÁS E DOIS PARA A FRENTE

Aliás, já que estamos tratando de dinheiro, algo muito relevante nesse momento de transição é você estar disposto a um *downgrade* financeiro, pelo menos nos primeiros momentos desse redirecionamento profissional. Embora a tradução de *downgrade* para o português seja "rebaixar" ou "minimizar", não devemos entender isso como um retrocesso. Retrocesso é ficar parado, sem reagir, em um trabalho no qual você está infeliz. É dar um passo atrás para poder dar dois à frente. Por trás do medo de ter uma eventual perda de posição está o nosso ego, que não quer abrir mão de ganhos materiais e da sensação de poder e orgulho que eles costumam proporcionar.

Ao mudar de carreira, você começará a subir por outra escada. A sua escada atual chega só até aqui. Vale a pena descer os degraus até o chão e começar a subir em uma outra escada, que vai até lá, mais alto do que você poderia chegar no seu antigo trabalho.

Temos uma expectativa de viver 70, 80, 90 anos e o que faremos com isso? O que, de fato, ficará para nós daqui a algum tempo, ou para os nossos filhos? Não há como repor o tempo que passa. Tempo é um recurso muito precioso. Vamos continuar entregando nosso suor, sangue, energia e tempo para algo sem sentido? Vamos tornar mais ricos os acionistas de empresas que não se comprometem com o bem-estar da sociedade e do meio ambiente? Será que é isso o que deve ser feito? O quanto o nosso trabalho e os produtos, serviços e soluções vendidos no mercado pelas empresas que nos empregam contribuem realmente para a felicidade, a nossa e a dos outros?

Se pensarmos bem, veremos que, não, não é isso que trará felicidade. Então como poderíamos pensar que seria um retrocesso alguém reavaliar o que faz em trabalhos convencionais e procurar outras alternativas que terão mais significado? "Ah, mas eu vou ganhar muito menos dinheiro." Pode ser que sim. Isso é uma possibilidade, principalmente nos primeiros anos no campo de impacto social, porém a má remuneração não é uma característica desse campo.

Qualquer especialista em carreira e desenvolvimento profissional irá lhe dizer que, quando você está conectado com a sua causa, a tendência é produzir muito mais valor. Isso é uma verdade que comprovei pessoalmente. Ao mudar de carreira, você começará a subir por outra escada. A sua escada atual chega só até aqui. Vale a pena descer os degraus até o chão e começar a subir em uma outra escada, que vai até lá, mais alto do que você poderia chegar no seu antigo trabalho. É um pouco como o trilho do trem, uma hora ele acaba. Você tem de descer na plataforma e pegar outro, mesmo que tenha a percepção de retrocesso.

▍ FELIZ SEM DINHEIRO

Houve um momento em que eu entrei na fase da felicidade sem dinheiro. Eu me sentia feliz, muito realizado por estar estudando. Sentia-me informado sobre o que estava acontecendo de mais inovador e esperançoso no mundo, mas também sobre todos os desafios. Os conteúdos que aprendia me davam injeções semanais de esperança. Eu lia muito. Duzentas, trezentas páginas por semana, na maioria das vezes em inglês. Foi uma fase muito feliz da minha vida. É claro, não posso deixar de dizer isso, eu não tinha filhos, nem obrigações familiares, ao contrário, morava com os meus pais e recebia todo o apoio necessário. Talvez não me sentisse tão relaxado assim se não pudesse garantir o sustento de uma família.

Chegou um momento, no entanto, que eu decidi que trabalharia com remuneração. Em uma decisão mental, eu disse para mim mesmo: "Não importa se você ganhava R$10 mil, R$15 mil em uma indústria automobilística ou que tenha sido o dono de uma empresa na China, na qual recebia ainda mais dinheiro. Agora, vou baixar totalmente a sua expectativa, 'ego', e vou buscar empregos a partir de R$1 mil por mês, porém com alto impacto social e em que eu possa arregaçar as mangas — esses eram os dois únicos requisitos."

Diferentemente de outras partes deste livro, esta não é uma recomendação. Estou contando algo que se passou comigo e foi bastante drástico. Na verdade, nem acho que é necessário ter essa disposição tão grande em termos de remuneração.

Valeu a pena mudar de patamar. Eu não me arrependo. As pessoas com quem converso e fizeram o mesmo movimento também não se arrependem e dizem que não existia mais a opção de ficar naquela limitada escada anterior. Era totalmente imperativo mudar, elas enfatizam.

Quando você não encontra sentido real no que faz oito, dez horas por dia, você não vê a hora de chegar a sexta-feira para poder descansar e ser um pouco feliz. Porque de segunda a sexta você estará colocando seu corpo, sua mente, suas habilidades, sua energia e seu tempo a serviço de uma causa na qual você não acredita. Isso é extremamente danoso para todos os aspectos da sua existência.

Por já ter acompanhado a trajetória de outras pessoas que enfrentaram esse processo de transição para o campo de impacto social, observei que essa passagem pode se estender por até dois anos, até o profissional se estabilizar em sua nova carreira. Esse é mais um dado que indica a necessidade de haver um planejamento ao fazer essa migração. Não dá para jogar tudo para o alto — emprego, salário, benefícios — na esperança de que o mercado voltado para questões sociais sairá correndo atrás das suas habilidades. Mesmo porque, como já vimos, essas organizações exigem talentos e expertises próprios.

Agindo assim, de maneira intempestiva, como você acha que se sentirá quando passar do dia 31 para o dia 1º do mês seguinte sem salário e ainda com 40 ou 50 horas disponíveis na semana, sem ter nenhuma atividade produtiva para se ocupar? Isso aponta para uma questão óbvia: antes de se aventurar nesse novo campo de trabalho, é necessário ter algum dinheiro guardado, ter feito um pé de meia que lhe dê fôlego para atravessar esse período de transição no qual a possibilidade de não ter qualquer remuneração é real.

Esse caminho será mais suave quanto mais convicção você tiver em relação ao que quer da sua vida. Não adianta você trocar de marido, de esposa, mudar de emprego ou de chefe, sem que você se engaje na procura daquilo que lhe envolve e cativa. Sem isso, você estará apenas substituindo um problema por outro. E essa procura deve ser feita enquanto você está na empresa, sendo remunerado, ou enquanto ainda está estudando, fazendo estágios.

Nessa fase, em que a transição ainda estará restrita às brechas da sua agenda de trabalho, você também poderá planejar os cursos e estudos nos quais deverá se envolver para adquirir as habilidades técnicas e as competências comportamentais mais relevantes para sua futura carreira no campo de impacto social. É sobre elas que discorreremos no próximo capítulo.

COMPETÊNCIAS E HABILIDADES ESSENCIAIS

Para escrever este capítulo, fui contemplado com o grande privilégio de contar com duas pessoas muito especiais que cederam seus conhecimentos e larga experiência de coração aberto.

CARREIRAS DE IMPACTO

A primeira dessas duas pessoas, Márcia Pregnolatto, começou sua carreira na área de serviço social (na qual se graduou) e foi se encaminhando para a área de desenvolvimento humano, na qual atuou em diversas organizações sociais. Mesmo que afirme que "não é propriamente uma profissional de recursos humanos", Márcia foi a responsável por construir a política de gestão de pessoas da Fundación Avina em toda a América Latina e, atualmente, apoia processos estratégicos de seleção e recrutamento de profissionais em organizações de interesse social.

Márcia fez parte de um momento muito especial da minha vida, quando eu morava no Rio de Janeiro e terminava minha consultoria em gestão de indicadores sociais para a Prefeitura do Rio. Era meu primeiro grande projeto na área social e estava bastante receoso do que fazer na sequência. A conversa com Márcia foi a terceira rodada de um concorrido processo de seleção para a vaga de gerente regional do Índice de Progresso Social.[1] Nunca vou me esquecer da alegria imensa de sair dessa reunião com uma carta de intenção, firmando minha contratação pela Fundación Avina.

A segunda pessoa, Michel Freller, é um dos maiores entendedores de um tema crítico para o desenvolvimento das organizações sociais, que á a estratégia de captação de recursos. Michel é vice-presidente do conselho deliberativo da Associação Brasileira de Captadores de Recursos (ABCR),[2] uma instituição sem fins lucrativos que tem como missão promover e desenvolver a atividade de captação de recursos.

Michel cedeu seu valioso tempo para nos dar uma entrevista focada nas competências e habilidades mais em voga nas organizações, com um olhar especial para a área da captação de recursos. Foi importante dar esse foco, pois uma das condições para que as organizações de impacto possam crescer e prosperar é ter uma sustentabilidade financeira bem desenvolvida. Esse é um loop virtuoso que envolve dispor de recursos iniciais para a contratação de bons profissionais, que ao executarem, por sua vez, uma boa estratégia na captação, asseguram mais oportunidades profissionais para que novos talentos possam entrar nesse campo de trabalho.

---

1   Um programa de avaliação e monitoramento de políticas públicas, construído com base em indicadores sociais e ambientais reconhecidos mundialmente.

2   Para mais informações, acesse https://captadores.org.br/

Tudo começou com uma longa conversa com a Márcia. Logo que terminei de contar sobre os objetivos deste livro, ela me lançou uma provocação: "Como você chegou até aqui? De Uber?", perguntou. Pois é, ela continuou: "Há quem diga que os aplicativos de transporte são empresas de impacto social, pois operam com a lógica de compartilhar os carros, assim mantendo muito menos carros nas ruas. Isso possibilita a cada vez mais pessoas uma comodidade e agilidade em transporte que antes não era possível, pois os táxis custavam uma fortuna e o serviço não era lá aquelas coisas."

Márcia continuou seu argumento dizendo que, olhando para a questão pelo lado do motorista, ele teria serviço garantido o dia todo, se assim desejasse. Para alguém que está desempregado e precisa pagar as contas, é quase como um milagre, não é verdade? Mas não é bem assim. Recentemente um entregador de uma dessas plataformas de entregas por aplicativo (um modelo parecido com a Uber) sofreu um ataque cardíaco e morreu na rua, não foi acudido por ninguém. Ninguém se responsabilizou. Assim como esse entregador, os motoristas de aplicativos também não têm vínculo com o empregador, não têm férias, nem seguro-doença, menos ainda a perspectiva de subir na carreira; pelo contrário, o mais provável é que desçam, na medida em que as gigantes que controlam esse mercado sempre aumentem as suas comissões.

A maioria desses motoristas dirige por longas horas, se alimenta mal e fica a maior parte do tempo longe da família. Há estudos que mostram que muitos deles acabam pagando para trabalhar, quando consideram todas as manutenções e desgaste do carro. "Isso é um emprego em uma startup, certo?", diz Márcia. "Vamos guardar essa experiência na memória e compará-la com a seguinte experiência pela qual passei. Um dia desses, fui ao shopping Botafogo comprar um tênis. Entrei na loja de uma rede conhecida, uma empresa distribuidora de tênis e material esportivo com milhares de funcionários. Nada de "empresa de impacto social", certo? Pelo menos não na definição estrita que estamos propondo aqui, de uma ênfase em resolução de problemas e melhoria na qualidade de vida.

█ OLHOS BRILHANDO

"Mas, chegando lá, fiquei absolutamente tocada pelo Jefferson, o vendedor que me atendeu. A paixão dele pelo trabalho me impressionou. Ele falava da empresa para a qual trabalhava de forma tão entusiasmada que seus olhos brilhavam ao me dizer coisas como o seguinte: 'Temos um protocolo de atendimento; a senhora deve ter percebido que tenho uma maneira especial de falar e que eu já me aproximei trazendo dois pares de meia para eventualmente ampliar a minha venda.'

"E ele continuava: 'Trabalho assim e estou feliz porque esta é uma empresa muito boa e que nos respeita...', e ficou ali falando entusiasmado, quase ingênuo, sobre o seu trabalho. Essa experiência simples, que certamente acontece centenas de vezes todos os dias, mexeu muito comigo. Me fez pensar que a satisfação das pessoas com o trabalho pode ser encontrada em diferentes lugares e situações."

A meu pedido, Márcia trouxe reflexões importantíssimas sobre o tema deste capítulo: quais são, afinal, as competências essenciais para ter uma carreira bem-sucedida em organizações do campo de impacto social? As competências são conhecimentos, habilidades e atitudes, explica Márcia. É esse tripé que define como esse saber é apresentado, a maneira que é aplicado e quais atitudes devem ser assumidas na interação com os vários sujeitos envolvidos nessas relações.

▎ O BEM E O MAL

Falamos, então, de aplicativos de transporte, do vendedor da loja de tênis e, quando percebemos, estávamos iniciando uma desconstrução importante de algo que me preocupei muitíssimo, mesmo antes de começar a escrever este livro: não podemos, sob hipótese alguma, passar a você, leitor ou leitora, uma visão simplista e dualista que sugira que exista no mercado de trabalho uma divisão "entre o bem e o mal".

Nesse entendimento equivocado, o "bem" seria representado por aquelas organizações e instituições que trabalham no campo de impacto social. Nelas, os profissionais estariam sempre felizes, as relações entre colegas seriam constantemente harmoniosas e o trabalho invariavelmente traria bons resultados. Do outro lado, o "mal" está representado pelas empresas voltadas para o lucro, destruidoras do meio ambiente, nas quais a insatisfação dos empregados é uma constante, a falta de propósito frustraria a todos e o estresse com o trabalho seria algo inevitável.

"Para mim", diz Márcia, "as coisas funcionam da seguinte maneira: temos de tomar cuidado para não achar que só é feliz quem está trabalhando com impacto social e quem trabalha no setor privado não encontrará a sua felicidade. Eu posso estar empregada em um banco ou na área de tecnologia e encontrar sentido nisso e me sentir realizada". Além do sentido, Márcia aponta o clima organizacional como um fator crucial para que as pessoas se sintam bem no trabalho.

"A gente sabe que organizações sociais algumas vezes também têm ambientes de trabalho péssimos", explica ela. "Então, posso estar trabalhando numa causa maravilhosa, mas, se eu não tenho relações positivas de trabalho, não me sentirei feliz; por outro lado, algumas empresas tradicionais conseguem criar um bom ambiente de trabalho, como aquele em que vivia o vendedor de tênis sobre o qual eu falei."

Além da motivação e do ambiente empresarial, as condições de trabalho são o terceiro fator capaz de fazer as pessoas se sentirem bem em ambientes profissionais. Algo que está ligado a benefícios como ter a liberdade de poder trabalhar em casa um ou mais dias na semana, dispor de um horário de trabalho flexível e se sentir respeitado na organização.

Eu não poderia concordar mais. É, inclusive, um assunto do qual trato com profundidade no Capítulo 9, no qual faço uma advertência aos leitores de que, assim como acontece com as pessoas e as empresas tradicionais, existem organizações no campo de impacto social que não são sérias e nem suficientemente confiáveis. Por sua vez, há empresas que, mesmo entre tantos desafios, são capazes de gerar impactos sociais significativos, como os casos que vimos nos capítulos anteriores.

▌VALOR AGREGADO

Márcia traz, por fim, uma consideração que se relaciona ainda mais diretamente com o tema deste capítulo. "Eu não tenho a menor dúvida de que o campo de impacto social produz um grande valor agregado para as pessoas que nele trabalham", afirma ela. "Você trabalhar para o bem comum versus trabalhar para

CARREIRAS DE IMPACTO

enriquecer um indivíduo ou um grupo de indivíduos por si só já faz uma grande diferença, pois uma coisa são os resultados que você traz para a sociedade de forma coletiva; outra é o seu trabalho beneficiar apenas alguns indivíduos."

FATORES PARA REALIZAÇÃO PROFISSIONAL

FATOR	O QUE É?	SINAIS
ENCONTRAR SENTIDO	Encontrar sentido é ter motivos de longo prazo para estar em seu trabalho atual. Estar identificado com a causa, o propósito final de seu trabalho. Estar conectado com sua ação no mundo. O pensar, o agir e o sentir estão em sintonia.	• Brilho nos olhos ao falar do trabalho; sentimento de entusiasmo. • Confluência de interesses pessoais e profissionais. • Confiança no futuro e sentimento de realização.
CLIMA ORGANIZACIONAL	Relações harmônicas com colegas de trabalho, em que há confiança para pedir apoio sempre que necessário. Confiança na liderança da organização. Grau de autonomia adequado ao perfil e posição na organização.	• Equilíbrio entre liberdades e responsabilidades. • Receber elogios, reconhecimento, feedbacks ou críticas construtivas.
CONDIÇÕES DE TRABALHO	A organização se preocupa em oferecer pacotes de benefícios atrativos para além do nível salarial. Isso pode incluir a liberdade de fazer seu próprio horário, a possibilidade de trabalho remoto, a autonomia para tomada de decisões, entre outros benefícios.	Sentimento de liberdade e independência. Possibilidade de desenvolver outras atividades pessoais e profissionais; mobilidade geográfica.

Fonte: elaborada pelo autor.

Proponho, a seguir, um exercício simples de reflexão sobre a maneira como você se sente em relação ao seu trabalhado atual, caso esteja trabalhando no momento. Classifique sua percepção sobre cada um dos três fatores que estão listados a seguir, classificando o seu sentimento como "alto", médio" ou "baixo". Depois de marcar a caixinha que melhor representa sua percepção sobre cada fator, qualifique sua resposta, procurando identificar os motivos existentes por detrás, as razões da sua nota.

Uma dica: perceba que esses fatores são características que não costumam mudar rapidamente em qualquer organização, ou seja, tente classificar seu sentimento em relação aos últimos seis meses de trabalho, deixando de fora desse exercício frustrações recentes ou descontentamentos pontuais. Dessa maneira, você construirá uma visão mais realista de seu trabalho. Identifique, no campo "Notas", quais seriam as razões concretas e de longa maturação que o levam à percepção em relação aos fatores. Você pode seguir escrevendo suas notas em um caderno ou folha de papel avulsa.

FATOR	BAIXO	MÉDIO	ALTO	NOTAS
SENTIDO	○	○	○	
CLIMA	○	○	○	
CONDIÇÕES DE TRABALHO	○	○	○	

FÁBRICA DE SALSICHAS

Tudo bem, agora que já sabemos o que é encontrar sentido na carreira, já exploramos a importância do clima organizacional e das condições de trabalho e desenvolvemos um entendimento sobre competências como esse importante tripé de conhecimentos, habilidades e atitudes, seguimos a nossa conversa com a Márcia para entender mais profundamente porque as organizações de impacto (OIS), em geral, apresentam maiores chances de reunir esses fatores de um modo estimulante. Dizemos "em geral", pois não faz o menor sentido colocar todas as empresas na mesma caixinha, já que há diferenças significativas entre elas, dependendo do setor de atividade, país de origem e estilo da gestão.

Há uma diferença fundamental entre o destino da energia investida no trabalho entre OIS e organizações tradicionais. Essa diferença está vinculada ao que

CARREIRAS DE IMPACTO

se chama de distribuição do valor social da produção, que nas OIS é projetada e voltada para a sociedade enquanto em outros setores da economia esse valor social é muito mais centrado no retorno para os acionistas ou sócios.

Essa característica tem influência significativa nos três fatores responsáveis por encontrar prazer e satisfação no ambiente corporativo — a busca por sentido, o clima e as condições de trabalho. "Como essas organizações estão vinculadas à venda do impacto social, elas costumam ter uma dinâmica interna próxima ao que propõem incentivar, como, por exemplo, a inclusão e direitos das pessoas, ou seja, elas são influenciadas pelos valores que defendem", diz Márcia.

"Isso faz com que a possibilidade de encontrarmos um ambiente interno mais acolhedor em uma organização do campo de impacto social seja maior do que aquela existente, por exemplo, em uma fábrica de salsichas." Por mais que haja uma boa gestão na fábrica de salsichas, a vinculação do impacto social costuma preencher o vazio de sentido e contribui para um clima organizacional mais saudável. Cultivar valores em comum, especialmente se forem altruístas, também ajuda muito nas condições de trabalho, na medida em que pode haver maior flexibilidade e liberdade de atuação do profissional.

É também próprio das OIS aceitar a tomada de riscos de modo diferente do que as empresas tradicionais, pois ter uma maior abertura para experimentar novas tecnologias sociais e modos de trabalho é quase uma condição necessária para se atingir o impacto, uma vez que é impossível solucionar problemas tão complexos sem inovar. Enquanto no setor privado riscos devem ser analisados de modo redobrado, pois há uma visão mais imediatista, orientada a resultados financeiros trimestrais.

Embora as OIS também tenham que apresentar resultados, elas se relacionam com essa necessidade de uma maneira mais complexa do que as empresas tradicionais cujo único parâmetro é o resultado financeiro. Justamente pelo grau de complexidade de conciliar indicadores sociais, ambientais e financeiros, alguns investidores têm percebido a importância de serem mais flexíveis com as ferramentas de monitoramento e avaliação de programas desse campo.

Não que empresas tradicionais não considerem outras metas e indicadores ambientais, mas sabemos que no fim do dia é o dinheiro que manda. Nas organizações orientadas ao impacto social, a forma como alcançar os resultados almejados é tão ou mais valorizada do que os resultados propriamente ditos. Resultados obtidos sem uma construção sólida raramente se sustentam e acabam representando um desperdício de recursos e energia, por isso a forma de trabalho importa.

Já deu para perceber que há algumas competências que são essenciais e próprias do campo de impacto social. Por exemplo, ter facilidade para lidar com a diversidade no ambiente de trabalho é uma habilidade necessária, bem como o apetite para correr riscos e a flexibilidade para incorporar estilos de trabalho que talvez não sejam considerados prioritários no repertório das empresas tradicionais.

IDENTIFICAÇÃO COM A CAUSA

Uma característica que praticamente não é encontrada nas empresas tradicionais, mas está fortemente presente naquelas da esfera do campo de impacto social, é o vínculo emocional com a causa defendida. A identificação com a causa não é apenas uma forte aliada da produtividade, mas também tem uma consequência marcante para o clima da organização e para as condições de trabalho. Essa identificação é movida pela sinergia entre a visão de mundo do colaborador e da organização em que trabalha, gerando uma visão compartilhada dos desafios e lutas apoiadas pela organização. Este é um exemplo forte de identificação: conheci um diretor de uma organização de defesa dos direitos dos animais que chegou a tatuar o nome da organização em seu braço.

A identificação está tão ligada com a busca por sentido do que fazemos e com a produtividade e até a fidelidade à organização, que muitas empresas de ponta criaram estratégias de "evangelização" de clientes e funcionários, criando legiões de fãs e adoradores da marca, como a Apple, por exemplo.

Essa identificação, esse sentimento de pertencimento e vínculo é, muitas vezes, o principal elemento de coesão interna dessas organizações. Eis uma vantagem em potencial das OIS: suas missões e valores são genuinamente voltados para o bem comum e alinhados com ideais de solidariedade e altruísmo. Se bem aproveitado, esse potencial pode ser convertido em equipes focadas, motivadas e produtivas.

Infelizmente, essa vantagem em potencial ainda não é aproveitada pela maioria das organizações, uma vez que acabam pecando por pouco foco na gestão, dispersão de energias em pontos não estratégicos e outros problemas

CARREIRAS DE IMPACTO

de administração geral que geram rotinas sobrecarregadas e impactam muito negativamente no clima organizacional.

Essa identificação, no entanto, pode ser prejudicial, caso não seja bem canalizada. Isso acontece quando a empolgação é tanta que provoca discussões emotivas e ideológicas, consumindo energia para fins não estratégicos. Volto aqui àquela analogia que fiz no capítulo anterior, do capitão de um navio em meio a uma tempestade. No lugar de girar o timão em pânico de um lado para o outro, é preciso manter sua direção de uma maneira serena e constante. O mesmo comportamento deve ser aplicado na condução de OIS. Não há dúvida de que o engajamento emocional seja bastante importante, mas é preciso manter a clareza mental e a autonomia para ser capaz de pensar de maneira estratégica sobre os rumos que serão dados ao programa ou negócio social.

E aqui surge mais uma competência necessária para você que busca seu espaço nesse campo: a capacidade de planejamento, definição de objetivos, como, por exemplo, trabalhar com uma visão de futuro (clareza de onde se quer chegar).

Nesse sentido, a "objetividade" é algo fundamental para equilibrar um pouco o amor pela causa com o foco necessário para produzir os resultados desejados. Trata-se de uma competência relacionada à inteligência emocional, ou seja, a habilidade de administrar o impacto das suas emoções naquilo que você está fazendo para agir de uma maneira mais racional e coordenada. Deve-se ressaltar, é claro, que isso não significa se tornar apático ou indiferente aos desafios sociais.

Márcia Pregnolatto, que entre suas funções costuma recrutar pessoas para organizações de impacto social, chamou bastante a atenção para a importância dessas *soft skills*:[3] "A diversidade dessas organizações exige, consequentemente, competências próprias, mas algumas delas convergem e são comuns em todo esse campo." E continua: "Quando levantamos o perfil de profissionais, encontramos comportamentos como o de alguém que é um superespecialista em matemática, mas que não consegue conversar com as pessoas. Temos sempre de nos lembrar que precisaremos de conhecimentos específicos e técnicos em

---

3   *Soft skills* (algo como "competências suaves", em tradução livre) são aptidões mentais, emocionais e sociais desenvolvidas pela cultura, educação ou criação familiar e que dizem respeito principalmente à forma como nos relacionamos com as pessoas. Elas se contrapõem às *hard skills* ("competências sólidas", em tradução livre) que são competências adquiridas por meio de um aprendizado organizado, como dominar um idioma e obter conhecimento técnico em alguma área específica — https://www.edools.com/soft-skills/

COMPETÊNCIAS E HABILIDADES ESSENCIAIS **119**

determinado assunto, porém é indispensável que o profissional esteja vinculado aos valores que a organização defende. Se eu estou assessorando uma organização de luta contra o racismo, por exemplo, é impossível imaginar que alguém possa ser contratado sem que também tenha uma pauta vinculada à inclusão étnico-racial."

Há outras razões para que aqueles que estão no campo de impacto social tenham suas habilidades interpessoais bem desenvolvidas. Essas organizações já perceberam, talvez antes mesmo do que as empresas tradicionais, que sozinhas não conseguirão alcançar as transformações que buscam realizar. Por conta disso, trabalham cada vez mais em conjunto com outras organizações. A colaboração entre elas é, portanto, vital. E colaborar significa saber conversar, algo que vai além de apenas expor as próprias ideias; mas, principalmente, diz respeito a exercer a escuta atenta, entender a perspectiva do outro e não tentar impor suas próprias posições.

> *Colaborar significa saber conversar, algo que vai além de apenas expor as próprias ideias; mas, principalmente, diz respeito a exercer a escuta atenta, entender a perspectiva do outro e não tentar impor suas próprias posições.*

Talvez, pelo que já foi dito até agora, possa parecer que na transição das empresas tradicionais para o campo de impacto social aproveitaremos pouco das habilidades e competências que adquirimos e desenvolvemos em nossos antigos empregos. Mas não é o que acontece. Digo isso por experiência própria: quando iniciei meus trabalhos em OIS, logo percebi que minha experiência em gerenciar projetos e em planejamento estratégico, que eu trouxe da iniciativa privada, foram diferenciais importantes.

▌ OURO NAS MÃOS

Sempre digo que, quando alguém decide transferir-se da iniciativa privada tradicional para o campo de impacto social, deve procurar, antes de tudo, verificar se há a possibilidade de criar impacto dentro da própria empresa em que trabalha, seja no próprio departamento, mudando de área na sua organização ou criando novas áreas, por que não? Se, após conversar internamente, isso não for possível, você deve, então, iniciar essa transição com toda a segurança e a convicção de que tem ouro em suas mãos. Isso significa entender que as habilidades de gestão, de planejamento, de captar recursos, de estruturar parcerias e saber lidar com clientes e fornecedores são preciosas. Elas sempre serão muito bem-vindas nas empresas e instituições de impacto social.

Ao chegar na Avina, também me dei conta de que atingir resultados melhores e mais perenes era muito mais fácil quando trabalhávamos em conjunto com outras equipes. É uma habilidade de dividir experiências e decisões que vai além de simplesmente fazer reuniões ou participar de grandes grupos de trabalho.

No campo de impacto social, não há como evitar atuar de maneira bastante próxima de outras organizações. As empresas e instituições desse campo estão muito interligadas e por isso há infinitas possibilidades de cooperação com uma grande diversidade de organizações no dia a dia. Por essa razão, o profissional dessa área tem de lidar com empresas internacionais e com as diferenças nas culturas organizacionais. Assim como precisa saber interagir com secretarias de gestão pública, com o governo federal, entidades estaduais e municipais, autarquias ligadas ao governo, organismos brasileiros e estrangeiros, startups sociais, prestadores de serviços, enfim, diferentes tipos de organizações, com tempos de trabalho e *modus operandi* bem díspares.

Quando trabalhamos com algum projeto que envolve atores diversos, temos de falar, todos, a mesma língua para estarmos em sintonia. Isso exige a habilidade de desenvolver um trabalho muito bem coordenado. Também é necessário criar uma visão unificadora e um propósito comum, do contrário você não conseguirá gerar uma coerência para esse grupo com o qual está lidando.

POOL DE ATORES

Em seu livro, *ColaborAção*,[4] o presidente do conselho de administração da Avina, Sean McKaughan, fala sobre as características necessárias para um processo colaborativo bem-sucedido, que promova, de fato, mudanças sistêmicas, ou estruturais, como me refiro neste livro. De acordo com McKaughan, não há como chegar a uma mudança social profunda sem que haja um *pool* de atores, ou seja, nenhuma organização social alcançará resultados consistentes se agir isoladamente. Há vários pré-requisitos para viabilizar essa ação conjunta coordenada, como a criação de uma visão unificadora, quando as pessoas que estão

---

4   *ColaborAção*, de Sean McKaughan, pode ser baixado gratuitamente no site https://colaboraction.com/home-pr/

no mesmo ecossistema e têm o mesmo entendimento do que deve ser feito constroem uma convicção comum sobre como um problema complexo deve ser enfrentado.

A partir de uma visão unificadora seria possível desenvolver agendas comuns de ação. Um exemplo seria a construção de uma agenda em torno da possibilidade de aumentar a produção de alimentos no Brasil sem aumentar as taxas de desmatamento. Uma proposta como essa enfrentaria desafios para se consolidar, como convencer todos os atores e organizações envolvidos a enxergar essa questão como uma necessidade social e, a partir daí, encontrar linhas de financiamento, tecnologias e demais recursos necessários, bem como desenvolver processos capazes de fazer essa iniciativa prosperar. Recomendo fortemente a leitura do livro *ColaborAção*, pois ele é um manual prático baseado em uma experiência de 25 anos de processos colaborativos na América Latina. Você pode ler as primeiras 50 páginas gratuitamente no site indicado na nota de rodapé.[5]

PACIÊNCIA

Projetos ambiciosos e de médio prazo como o desse exemplo exigem um grande nível de maturidade e resiliência dos profissionais envolvidos. Para falarmos de competências, existem duas que, como menciono frequentemente, fazem uma enorme diferença para que você consiga alcançar suas metas, por mais ambiciosas que elas sejam. Eu as chamo dos "dois Ps": paciência e persistência.

Paciência porque as mudanças no status quo levam tempo para acontecer e exigem grande esforço. Se você não tiver paciência para entender que as regras do jogo são mais complexas do que se imagina a princípio e que quase sempre teremos um espaço limitado nesse ecossistema para interferir, dificilmente se manterá no campo de impacto social. Paciência não tem nada a ver com esperar por uma resposta de terceiros, mas sim com uma prática (quase) espiritual manifestada quando estamos em sincronia com nossos propósitos.

Tem a ver com a coragem de buscar sempre estar no presente, captando as orientações e energias sutis que o mundo nos envia, como quem nos mostra o caminho. O maior inimigo da paciência não é a pressa, mas sim a falta de confiança de que as coisas vão dar certo. Permanecer no presente significa seguir

---

5   https://colaboraction.com/home-pr/

em frente e acreditar, fazendo eventuais ajustes no caminho a partir das oportunidades especiais que a vida naturalmente fornece.

Projetos de impacto, de modo geral, levam mais tempo para gerar resultados do que projetos empresariais. Isso ocorre porque as decisões capazes de transformar aspectos sociais são estratégicas, mais complexas e podem exigir o envolvimento de toda a sociedade. É preciso um esforço conjunto para superar as resistências, burocracias e costumes arraigados que criam barreiras no caminho.

Por sua vez, as relações na iniciativa privada tendem a ser imediatistas. Não é, portanto, realista acreditar que OIS sejam capazes de trabalhar no mesmo ritmo que as grandes empresas tradicionais, que são pressionadas a produzir resultados financeiros positivos e divulgá-los no curto prazo de um trimestre. Uma empresa comum, que não apresente resultado financeiro positivo no fim do balanço, não cumpriu o seu fim básico, que é o de gerar lucro, remunerando o capital dos acionistas. O setor privado tradicional tem agilidade para, por exemplo, incorporar bens de capital ou recursos financeiros, mas não consegue atuar com essa mesma facilidade ao desenvolver soluções sociais.

PERSISTÊNCIA

O segundo "P", de persistência, é um desdobramento da prática da paciência. Se os resultados demoram a surgir, você precisa ser persistente e estar disposto a perseguir os objetivos que foram estipulados pelas organizações sociais também em momentos desafiadores. Mesmo se for necessário recuar nas ações e na velocidade com que se pretendia alcançar os resultados, a persistência nos fará sustentar nossas posições de um modo firme e articulado. Persistência não é sinônimo de insistência, mas sim empregar diferentes táticas de modo coerente e contínuo para chegar aos objetivos esperados.

Paciência e persistência não são apenas virtudes inatas, mas sim comportamentos a serem cuidadosamente cultivados, lapidados e nutridos com base em muito esforço e humildade, até se incorporarem às características pessoais, que comporão a matriz de liderança profissional. Virtudes que apoiam o desenvolvimento desses dois "Ps" de ouro são a capacidade de acreditar no futuro e o entendimento de que você é o dono de seu futuro e tem poder para mudar boa parte das coisas.

COMPETÊNCIAS E HABILIDADES ESSENCIAIS

Algumas pessoas chamam isso de "fé", outra virtude poderosíssima que fortalece o ciclo dos 2 Ps de ouro. No entanto, a fé é a crença inabalável em coisas que não podemos provar ou conhecer por completo — como a inteligência divina, por exemplo. Já a capacidade de acreditar no futuro é algo mais direto, mais relacionado com um alinhamento de esforços que levam a um objetivo, desde que você nutra a paciência e a persistência no seu dia a dia de modo inteligente, administrando suas energias e sabendo ajustar sua estratégia de tempos em tempos. A fé é um combustível imensamente potente para gerar a capacidade de visualização de um futuro desejado e, com isso, começar a abrir espaço para que ele aconteça. Só devemos nos lembrar sempre de estar atentos aos sinais e manter a calma e a flexibilidade diante das adversidades.

CAPTAÇÃO DE RECURSOS

Outra diferença significativa entre as empresas tradicionais e as organizações de impacto social diz respeito ao financiamento de suas atividades. Empresas privadas têm como fonte financeira os recursos que dispõem em seu próprio caixa — que vêm da venda de produtos e da prestação de serviços — e captam recursos no mercado financeiro por meio de linhas de crédito e financiamentos, emitindo títulos de dívidas ou ações. A maioria das OIS — e certamente as sem fins lucrativos — tem de passar por rotas diferentes, que envolvem outras estratégias para financiar suas atividades.

Exatamente por conta disso, as funções ligadas à excelência da conversão do recurso financeiro em valor social têm especial importância nas OIS. Funções que se apoiam na maximização do nível de financiamento, como a de captador de recursos; e na maior eficiência do uso desse recurso, como as funções de monitoramento e avaliação, definitivamente são chaves para a profissionalização e o crescimento do campo de impacto social.

Enquanto o captador de recursos garante que as organizações possam ter capacidade de investimento social por meio de estratégias adequadas de financiamento, o especialista em monitoramento e avaliação[6] assegura que o recurso

---

6   Para aqueles que eventualmente procurem oportunidades no exterior, o especialista que se dedica a essas atividades de monitoramento e avaliação é conhecido internacionalmente como MERL, sigla em inglês para *Monitoring Evaluation Research and Learning* (Monitoramento, Avaliação, Pesquisa e Aprendizado), podendo ser conhecido também apenas como MEL (*Monitoring, Evaluation and Learning*) ou ainda como PMEL (*Project Management, Evaluation and Learning*).

captado conta com uma estrutura de avaliação capaz de assegurar a maior eficiência possível do recurso de acordo com a estratégia da organização. Muitas vezes o especialista em avaliação também facilita a gestão do projeto (*project management*), na medida em que apoia o estabelecimento de metas e objetivos claros, com prazos bem definidos tanto para atividades como para resultados intermediários e finais.

Ademais, o especialista em monitoramento e avaliação fiscaliza os impactos com o objetivo de sacar lições aprendidas em cada fase, adaptando continuamente o desenho do programa, de modo a chegar mais facilmente nas metas estabelecidas. Por fim, a área de comunicações se apoia na tradução desses resultados aos distintos públicos — financiadores, organizações apoiadas, beneficiários diretos e indiretos e público geral — que necessitam receber essas informações de um modo coerente, fácil de entender e que faça realmente sentido. Por fim, tendo como base uma boa capacidade de executar, monitorar e reportar, inicia-se outro ciclo de captação e financiamento para dar início a outro ciclo. Isso pode ser melhor visualizado na figura a seguir:

Fonte: elaborado pelo autor.

COMPETÊNCIAS E HABILIDADES ESSENCIAIS **125**

Teremos a oportunidade de abordar em maiores detalhes como saber se a organização está, de fato, gerando resultados consistentes e com maior impacto positivo possível mais à frente neste livro, quando veremos as principais ferramentas usadas para monitorar programas e medir seu impacto.

Nesta seção, aprenderemos com a experiência do Michel Freller sobre a demanda do campo social pelo perfil de captadores de recursos, um tipo de profissional fundamental para a consolidação e expansão do campo de impacto social internacionalmente.

"Precisamos de um captador de recursos, mas não apenas alguém que saia batendo nas portas das entidades financiadoras, e sim que saiba escrever projetos", explica Michel Freller, vice-presidente do conselho deliberativo da Associação Brasileira de Captadores de Recursos,[7] uma instituição sem fins lucrativos que tem como missão promover e desenvolver a atividade de captação de recursos.

Assim como Márcia, Michel se dispôs generosamente a dividir conosco suas reflexões sobre as competências e habilidades necessárias para uma boa atuação no campo de impacto social. Michel deu seus primeiros passos na área social fazendo voluntariado com 14 anos de idade, e 15 anos atrás juntou seus conhecimentos dessa prática com as habilidades de gestão e planejamento adquiridas na graduação (em Administração Pública) e na iniciativa privada para montar uma consultoria focada em melhorar a gestão no Terceiro Setor.

Saber como captar recursos para os projetos de impacto é uma dessas competências, conforme ele diz. "Em geral, o que o Terceiro Setor procura é um profissional que saiba atrair os recursos de pessoas físicas; falar com grandes doadores; e, em terceiro lugar, que seja um bom escritor de projetos", explica Michel.

"Para mim, essas são três características e habilidades completamente diferentes entre si, e o mercado norte-americano já percebeu isso. Lá nunca se verá um post dizendo: 'Procura-se captador de recursos.' Mas sim: 'Procura-se profissional para elaborar projetos escritos.' Ou: 'Procura-se profissional para relacionamento com doadores.'"

A compreensão de que um bom captador de recursos é alguém capaz de produzir projetos bem-feitos e convincentes não é uma invenção de Michel, mas

---

7   Para mais informações, acesse https://captadores.org.br/

uma demanda que vem se firmando de maneira acelerada nesse mercado. Uma evidência da veracidade dessa informação é o fato de que esse profissional teve sua denominação modificada. Agora, ele é conhecido como "profissional elaborador de projetos", segundo explica Freller. "As competências desse agente estão relacionadas a escrever bem, se comunicar de forma clara e ser criativo."

Essas exigências de domínio da linguagem escrita e falada relacionada ao convencimento são diferentes quando se referem aos três tipos existentes de "profissionais elaboradores de projetos". Há profissionais de relacionamento com aqueles grandes doadores que são pessoas físicas; os que abordam pessoas jurídicas; e aqueles que trabalham com doadores de pequenos valores. "O profissional que abordar os doadores de pequenos valores se envolverá muito com comunicação, com marketing e com mídias sociais", explica. "Já os que trabalharão captando junto a grandes doadores — sejam eles pessoas físicas ou jurídicas — terão de saber se comunicar de forma clara, com transparência e ter a habilidade da boa argumentação e do convencimento."

Esses três profissionais captadores devem possuir, independentemente de a quem solicitam recursos, qualidades comuns. Entre elas a capacidade de saber quais são as tendências de ações sociais que mais sensibilizam seus potenciais doadores e serem criativos ao apresentar os projetos para os quais estão tentando angariar apoio. "Muitas organizações procuram no mercado por um profissional que tenha competências que o permitam se movimentar nesses três ramos, mas pessoalmente acredito que não exista uma pessoa com todas essas habilidades. Eles devem atuar cada qual no nicho em que se sentirem habilitados", afirma Michel.

PROCURA EM ALTA

A Associação Brasileira de Captadores de Recursos organiza um festival anual para quem deseja se desenvolver nessa área. "A procura por esses profissionais está em alta e os salários estão em crescimento. A demanda por cursos e conhecimento aqui na ABCR é constante", garante Michel. "E esse profissional elaborador de projetos é difícil de encontrar, os que são bons estão todos empregados. Quando anunciamos a existência de uma vaga em alguma organização, recebemos uma média de 100 currículos, mas, desses, uns 70% não atendem às necessidades dos clientes que, em geral, querem pessoas qualificadas. Fazemos exercícios online para filtrar e chegamos a 10 ou 8 pessoas para, dali, extrair um número ainda menor de profissionais que estão realmente preparados." As pessoas que se inscrevem nesses processos seletivos e são contratadas geralmente têm graduação em Administração, Relações Internacionais, Assistência Social, Psicologia e Direito.

Michel defende que um bom captador deve ter um engajamento com a causa que é perseguida pela organização que requer os seus serviços. "Sou contra a ideia de um profissional captar para diferentes causas ao mesmo tempo", afirma. "E esse profissional deve ser funcionário da organização, a qual tem o dever de conhecer profundamente. Não é recomendável que ele ganhe comissão pelo seu trabalho. E ele deve ser contratado pela organização com um bom salário, o segundo salário na hierarquia da empresa, já que seu papel é crucial."

A escassez de bons profissionais nesse campo não se refere apenas aos captadores de recursos, mas é também uma realidade para quase todas as organizações que atuam nesse universo. Essa falta de pessoas exige que aqueles que estão nessas organizações tenham também uma outra competência, que é a de saber delegar funções, e não as acumular. É preciso, portanto, otimizar os recursos humanos disponíveis distribuindo tarefas.

Devemos nos lembrar de que delegar não é apenas encarregar alguém de executar uma atividade operacional ou dar a um funcionário mais jovem a mera responsabilidade de preencher uma planilha. Delegar também significa confiar e conceder protagonismo para os demais. Como ceder responsabilidades para alguém envolve o nosso ego, temos dificuldade em fazer isso, o que poderá ser um problema, pois sempre será possível que o nosso colega tenha um desempenho melhor do que o nosso em determinada atividade.

É, portanto, um desafio delegarmos poderes. Mas se não o fizermos acabaremos nos sobrecarregando e, o que já vi acontecer várias vezes, passaremos a atender às reuniões e encontros apenas para sermos percebidos, mesmo se não tivermos nenhuma contribuição a dar ao que está sendo tratado. A evolução do trabalho nas organizações de impacto social está indo na direção oposta. Cada vez mais entende-se que é preciso trabalhar em grupo e saber delegar bem.

Os quadros enxutos das organizações de impacto exigem uma outra habilidade, principalmente por parte dos líderes dessas organizações, que é a gestão da produtividade, no que diz respeito à administração do tempo dos que estão nelas trabalhando. Isso se dá tanto no nível do próprio indivíduo quanto em uma instância, digamos, corporativa.

Ao colaborador cabe, a meu ver, principalmente ter a coragem de dizer "não". "Não vou participar dessa reunião, ela não irá agregar muita coisa à organização", ele poderia dizer. Apenas desse modo conseguiremos focar as atividades em que agregamos mais valor.

▌ NÃO SOBRECARREGAR

No que diz respeito ao papel da organização na administração do tempo de seus colaboradores, esta deve ter mecanismos que a refreiem de sobrecarregar seus funcionários. É típico aumentar exageradamente a carga de trabalho dos seus integrantes, ainda mais quando se atua com quadros enxutos. Isso é um erro. Toda organização de impacto necessita ter alguma capacidade ociosa que lhe permita aproveitar novas oportunidades que surjam. Como uma organização pode valer-se de uma nova possibilidade, por melhor que ela seja, se os seus empregados estiverem trabalhando em 110 ou 115% do seu tempo disponível, como costuma acontecer?

Se a carência de pessoal habilitado para as funções exigidas pelo campo de impacto social produz efeitos colaterais, como esse excesso de trabalho sobre o qual acabamos de falar, tudo indica que estamos em um momento em que esse campo passa por mudanças importantes as quais, é provável, trarão transformações positivas para os que nele estão envolvidos.

Do seu privilegiado ponto de vista como formador de pessoas para organizações de impacto, Michel Freller enxerga boas oportunidades de trabalho e de remuneração nos próximos anos. "É um mercado em crescimento", diz. "Quando iniciei minha consultoria, há 15 anos, não havia quase nenhuma outra empresa como a minha. Hoje há várias e a cada ano surgem outras tantas. Mas não as vejo como concorrentes, estamos falando de 800 mil organizações sem fins lucrativos no Brasil, entre elas umas 60 mil são sérias e robustas o suficiente para contratar milhares de pessoas. É muita organização, e não há pessoas suficientes para atendê-las."

Esse quadro está em transformação. Não é fácil prever com que velocidade o campo de impacto social se tornará mais amplo. Mas as perspectivas são boas.

Há cada vez mais informações e organizações especializadas que podem ajudar você, que pretende trabalhar no campo de impacto social, a se preparar para escolher com maiores chances de sucesso o segmento em que planeja trabalhar. E os processos que estão envolvidos nessa escolha de onde buscar uma posição profissional são o tema do nosso próximo capítulo.

ESCOLHENDO UM CAMINHO

Conversei com muitos profissionais que atuam no campo de impacto social para escrever este livro, e uma coisa me chamou a atenção: no momento em que perguntava quando e como cada um havia decidido entrar nesse campo, esperava ouvir histórias sobre como essa decisão foi bem pensada e maturada por muito tempo ou mesmo por conta de uma oportunidade concreta de trabalho. Em algum momento, entre a quinta e a décima conversa, me dei conta que a maioria das pessoas parece ter recebido um "chamado", um convite muito forte para seguir uma carreira focada em ajudar o próximo de modo organizado e com muito propósito, como se não houvesse realmente outra opção.

CARREIRAS DE IMPACTO

Por conta dessa experiência, aprendi que, quando alguém decide procurar por oportunidades em organizações voltadas para o impacto social, essa escolha quase sempre é mais emocional do que racional, como algo que transcende o planejamento e as razões materiais, mais objetivas, que norteiam a escolha de uma carreira ou emprego.

Parece que estamos numa fase tão aguda dos problemas sociais (os grandes desafios que exploramos no Capítulo 2), que essa "angústia de fundo" está acometendo cada vez mais pessoas. Ao andar por aí ou ao abrir algum portal de notícias, vemos cada vez mais gente pedindo dinheiro nas ruas e percebemos os efeitos dos desastres ambientais, como as grandes chuvas e as novas doenças que surgem. Podemos ouvir também nossos amigos se queixando da vida, das longas horas gastas no trabalho e do pouco reconhecimento ou mesmo do sentimento de importância das atividades que fazem. Todos esses desafios provocam muito desconforto nas nossas mentes.

Acredito que, a essa altura, você já deve ter percebido que não basta simplesmente querer ajudar, é preciso aprender a contribuir, aprender como canalizar nossos desejos de contribuir para melhorar a vida das pessoas de modo a converter essa vontade em ações efetivas e consistentes. Se queremos ajudar, mas não temos uma estratégia, não saberemos como canalizar os desejos e como convertê-los em ações efetivas, o que nos levará à frustração.

Estamos falando aqui de dois movimentos para canalizar a transformação. No primeiro, vem um chamado para o propósito, que pode ter origem em um sentimento de indignação ou mesmo de raiva diante das desigualdades, e pode também levar à compaixão. Nesse movimento, nossos sentimentos e sensações situam-se no campo emotivo. No segundo, para chegar ao impacto social verdadeiro e significativo, é preciso complementar esse elemento emocional com muita organização, planejamento e continuidade, afinal é necessário incorporar o racional para poder chegar lá. O mundo do trabalho é real e exige decisões concretas.

▍EXIGE-SE DESEMPENHO

Uma dessas atitudes racionais é entender que nesse campo há exigências de desempenho e de conhecimentos técnicos. As organizações desse campo capazes de produzir resultados são profissionais e só conseguem alcançar seus objetivos

ESCOLHENDO UM CAMINHO **133**

se contarem com pessoas capacitadas e, muitas vezes, até mais experientes do que as que estão no setor privado, trabalhando em empresas.

Muita gente desconhece essa realidade, achando que não é preciso ter conhecimentos específicos para trabalhar com impacto, o que não podia ser mais falso, especialmente se o que você almeja é uma carreira próspera. Mesmo entre amigos que trabalham com impacto, muitos não têm essa visão, justamente pelo desconhecimento do que é o mercado de trabalho dessa área. Ao conhecer um pouco melhor o mercado, fica mais fácil identificar que tipos de experiências são as mais valorizadas e como comunicar isso de um modo eficaz, além, claro, de buscar por oportunidades nos lugares certos.

Ajudei várias pessoas a encontrar oportunidades de trabalho desse modo. Uma delas, que cheguei a mencionar rapidamente no Capítulo 6, foi uma pessoa que trabalhava na Alemanha em um programa de cooperação internacional e queria retornar ao Brasil, mas não sabia por onde começar a busca por trabalho. Ela trabalhava em uma organização de fomento à educação, financiada pelo governo alemão. Seu trabalho era auxiliar universidades em países da África no processo de obtenção de financiamento europeu. Esses processos de cooperação internacional na área de educação movimentam milhões de dólares anualmente, porém o processo de elaboração de propostas é tortuoso e envolve uma série de habilidades específicas. Essa pessoa desejava retornar ao Brasil, porém lamentava muito que se voltasse para cá teria de retornar ao setor privado, para as empresas tradicionais, quadradonas.

A sua visão, um tanto derrotista naquele momento, era a de que o campo de impacto social no Brasil não seria capaz de lhe proporcionar um salário razoável e, apesar do engajamento emocional que ela nutria pela sua causa, temia ter de voltar a trabalhar em uma empresa voltada exclusivamente para o lucro. Na conversa que tivemos, constatei que ela possuía uma competência importante: a de atuar na área de captação de recursos. Essa é uma função estratégica, conforme explicou no capítulo anterior, Michel Freller, da Associação Brasileira de Captadores de Recursos.

Essa expertise, embora ela ainda não soubesse, a qualificava para conseguir uma boa colocação no campo de impacto social, ainda mais pelo fato de que as normas que a organização alemã segue são semelhantes às da União Europeia, que é uma das maiores provedoras globais de financiamento social, conhecido como "cooperação internacional", ou seja, ela é uma especialista em montar editais e assessorar organizações com pouca expertise na obtenção de financiamentos a concorrer de modo pleno a esses editais, algo que tem um grande valor no Terceiro Setor.

É preciso, no entanto, admitir que o temor dessa especialista em não conseguir uma colocação no campo de impacto social brasileiro tem uma boa razão, que é a relativa limitação do mercado de trabalho brasileiro em relação ao global e as limitadas relações de financiamento entre o Brasil e as universidades africanas. Diante desse cenário, talvez não seja muito fácil encontrar uma organização voltada exatamente ao financiamento de ensino e pesquisa na África, mas será que quem trabalha com captação de recursos para financiar universidades africanas também não se sentiria à vontade em conseguir financiadores para qualquer organização de impacto, seja uma ONG, um instituto ou fundação empresarial que precisasse de financiamento da União Europeia, mesmo que fosse de uma área totalmente diferente? A resposta é "não, necessariamente". Embora ela, sim, possa atuar em diversas áreas, como já dissemos, o trabalho no campo de impacto social tem um componente emocional importante, no qual o perfil comportamental e as inclinações culturais pesam nas escolhas e na satisfação com o trabalho desenvolvido.

O mercado de trabalho apresenta alguns determinantes: o técnico, o comportamental e o interesse genuíno pela área de atuação. Nesse campo, o determinante, além da qualificação técnica e experiência relevante, é que a pessoa se identifique com a causa para a qual a organização trabalha. Essa é uma exigência básica, portanto, é indispensável que os interessados em atuar nas organizações de impacto social conheçam bem a si mesmos,

Tenham consciência das suas preferências, forças e fraquezas.

tenham consciência das suas preferências, forças e fraquezas. E que também examinem, com o mesmo cuidado, a instituição para a qual pretendem trabalhar para não caírem em uma "roubada".

Vale aproveitar o tema para contar rapidamente quais seriam as principais "roubadas", as oportunidades que você deve se manter fora. Eu ouço muita gente se queixando de que a organização em que trabalha não tem como objetivo fazer mudanças, de fato, estruturais na sociedade, ou seja, não pretende realmente resolver problemas complexos, propondo-se a mudar as regras do jogo. Muitas organizações atuam de modo superficial diante dos desafios sistêmicos que afetam milhões de pessoas.

Também escuto constantemente amigos se queixando do volume de trabalho, geralmente ligado a um excesso de demanda e pouca gente para entregar.

Recentemente, uma amiga mudou de área, saindo de uma ONG e indo para a área de responsabilidade social corporativa por conta do volume de trabalho na ONG, que era extenuante, o que apenas agravava a relação difícil com o chefe. No fim das contas, a equação não batia e ela retornou à iniciativa privada, onde desenvolve ações sociais que estão na agenda da empresa.

Outra coisa muito grave que acontece, e para mim é um sinal de alerta vermelho, é quando esses dissabores levam o profissional que dá o sangue pela causa a paulatinamente desgastar sua motivação até desacreditar da sua causa, aquele tema que escolheu para fazer a diferença. Presenciei isso algumas vezes em minha jornada, ouvindo relatos frequentes de colegas e, para mim, isso é um alerta vermelho para toda a organização, não apenas para o profissional, e principalmente para a área de gestão de pessoas, que muitas vezes está desconectada da estratégia organizacional.

No caso referido, o problema foi na própria visão estratégica do principal executivo, que não via o excesso de trabalho como um fator de risco para a organização. Não se preocupe, no próximo capítulo você aprenderá a separar "o joio do trigo" das organizações de impacto social, e a melhor preparação para não cair nessas ciladas é estar ciente delas o mais cedo possível!

▌ PERÍODO DE DEGUSTAÇÃO

Você quer um modo seguro para aprender muito sobre a área em que deseja trabalhar, sem se comprometer ou mesmo sem ter que deixar seu emprego atual? Seja voluntário em uma causa com a qual você se identifique e que tenha potencial real de contratação no mercado. Essa prática vem se tornando cada vez mais presente no mercado de trabalho — a de incentivar as pessoas que estão começando em organizações de impacto a se envolverem de uma maneira gradual com esse mundo. Se você é apaixonado por educação e sonha em trabalhar para a defesa da educação no país, comece um estágio nessa área antes de mergulhar em um emprego nesse setor. Se você tem interesse em preservação ambiental e luta contra o desmatamento, não hesite em oferecer seu apoio em organizações enfocadas nessa causa, especialmente se isso envolver trabalho de campo, que é uma das mais ricas fontes de experiência profissional. Lá não tem ensaio, é realizar na hora, com o que você tem; e, portanto, é uma ótima escola.

Não é difícil buscar organizações para fazer voluntariado. Existe muita informação sobre isso na internet. Também não é nada do outro mundo procurar

CARREIRAS DE IMPACTO

organizações que você tenha interesse em trabalhar e perguntar se elas têm vagas de voluntariado ou, em caso negativo, se conhecem organizações similares que as ofereçam. Atuar como voluntário pode contribuir para que as pessoas tenham vivências de curto prazo em áreas específicas, o que pode ajudá-las a ter certeza sobre suas preferências no trabalho de impacto e evitar as roubadas às quais me referi. Melhor ainda, como voluntário você pode permanecer em seu antigo emprego até ter a certeza de que o momento certo de fazer esse movimento profissional chegou.

Assim, não é preciso se arriscar em uma transição radical. Aquela velha história de "largar tudo" está fora de moda, hoje não é mais necessário (nem aconselhável) fazer isso. Quanto mais experimentar e aprender, melhor. Pois existe a oportunidade de conhecer melhor as suas próprias reações diante de questões e desafios que até então seriam inéditos para você, afinal o campo de impacto social não é um mar de rosas. Ali também há problemas com chefes, colegas, carga de trabalho, pressões de prazos e outros desafios típicos da maioria dos ambientes de trabalho. Sendo assim, por que não testar antes?

Esse "período de degustação" não é apenas para quem já sabe o que quer fazer, mas pode ajudar a descobrir vocações e interesses, alinhando-os com oportunidades reais no mercado de trabalho.

Outra situação que ouço com frequência é esta: pessoas que vivem com muita vontade de trabalhar para diminuir as dores existentes na sociedade, mas encontram muita dificuldade em ajustar o foco em alguma oportunidade específica, seja pela falta de habilidades técnicas, de conhecimento das oportunidades ou de saber como se posicionar como profissional e até mesmo como criar suas próprias oportunidades.

O contrário também ocorre: há situações em que o profissional tem as habilidades técnicas, tem o desejo profundo de trabalhar naquele tema no qual existem oportunidades concretas de trabalho, mas essas não estão presentes de maneira significativa no Brasil. Por exemplo, muitas pessoas me disseram que gostariam de trabalhar aliviando os sofrimentos dos refugiados. Mas não é fácil encontrar um emprego formal e bem remunerado em uma organização que esteja envolvida com essa pauta, mesmo quando esse tipo de trabalho existe, está a todo momento na mídia e envolve iniciativas mundiais de relevância.

De qualquer maneira, alguém só se sentirá plenamente realizado e satisfeito com o seu trabalho no campo de impacto social se estiver bem alinhado com os seus próprios valores e os da organização em que atuar. Caso não exista tal identificação, dificilmente alguém suportará por muito tempo permanecer em uma determinada função, por mais atraente que ela possa algum dia lhe ter parecido.

▍ENCANTAMENTO NA GRADUAÇÃO

Como contei anteriormente, meu primeiro contato com o campo de impacto social teve início na faculdade. Cursei Relações Internacionais, na PUC, em São Paulo, e na época fiquei fascinado ao aprender algumas estratégias usadas por países e regiões para trazer mais oportunidades e uma maior prosperidade para seus cidadãos. Na medida em que essas estratégias podem servir de exemplo para outros países, fiquei fascinado com o mundo de possibilidades disponíveis para resolver os problemas mundiais.

Essa área do conhecimento, chamada de Economia do Desenvolvimento (ou *Development Economics*, em inglês) não explica apenas como o crescimento econômico de países pode ser ativado, gerando mais empregos e mais oportunidades para as pessoas, mas também como isso pode ser feito de modo a incluir mais pessoas nesse processo. Gostei muito do tema, pois, ao menos na época, em teoria, aprendi que é possível, sim, que governos federais acertem em políticas econômicas sociais e que existem casos de sucesso no mundo, em várias áreas.

O problema, descobri anos depois, é que a coisa parece mais bonita no papel do que na prática. Parece tema para ministros e secretários de Estado, uma realidade muito distante do mercado de trabalho para um profissional em início de carreira.

Durante os dez anos seguintes à graduação, me dediquei a temas mais práticos e contive esse desejo de contribuir para políticas públicas e ações organizadas que ajudassem mais intensivamente os mais necessitados. Esse desejo seguiu latente, escondido, mas sempre atento a oportunidades. Quando elaborei o plano de negócios da empresa que eu montei na China, em 2005, escolhi como uma das minhas linhas prioritárias de atuação apoiar e orientar pequenas e médias empresas brasileiras sobre como exportarem para a China.

Foquei essa parte porque as pequenas e médias empresas têm muita dificuldade para exportar e são elas que geram a maior parte dos empregos no país. Por conta disso, seguindo o que aprendi nas aulas de economia do desenvolvimento na faculdade, o aumento das exportações geraria mais recursos e oportunidades para o país.

CARREIRAS DE IMPACTO

Antes de entrar para a área de impacto social, investi quase dez anos da minha vida em conquistar oportunidades de negócios internacionais. Apoiei empresários brasileiros de vários ramos a encontrar rotas seguras de fornecimento de materiais da China, evitando que muitos deles fechassem as portas devido à crescente concorrência. Tive a oportunidade de atender a uma gama enorme de setores e tamanhos, pois atendi desde empresários individuais até gigantes multinacionais.

Dessa fase da minha vida trago muitas lições e aprendizados que agora compartilho com você. Pude entender as diferenças no pensar e no agir e ver empresas triunfando e outras quebrando. Aprendi bastante sobre marketing, vendas, análise de concorrência e, principalmente, sobre técnicas de trabalho eficazes para poder gerir cadeias logísticas internacionais, o que não é brincadeira. Ter vários estoques simultaneamente, desde material em produção na China, material em trânsito, guardado em portos, nos chamados "armazéns alfandegados", e estoques dentro de fábricas requer grande organização e cuidado com a gestão da informação.

Na área automotiva, na qual trabalhei por mais de três anos, essa logística é ainda mais complexa, pois envolve riscos financeiros tremendos, caso uma peça não chegue na hora certa da montagem do veículo. Estimava-se na época que o custo de apenas um minuto parado da linha de montagem por falta de peças pudesse chegar a mais de US$5 mil, o que gerava uma grande responsabilidade para o aprovisionamento de peças.

Eu gostava muito desses desafios, dessa parte de cálculo de produção, e buscava formas mais econômicas de gerir essa logística, mas havia um sentimento contraditório nisso: ao passo que levava todos esses conhecimentos para casa ao final de cada novo mês, parecia que estava adiando cada dia mais o sonho de mudar o mundo, de fazer algo para os que mais precisam, e não como caridade, mas fazer disso minha principal fonte de sustento, para que eu pudesse dedicar a maior parte do meu tempo a esse objetivo.

Em 2013, tive minha primeira experiência séria nesse campo, ainda como voluntário. Peguei um ônibus fretado na sexta-feira à noite e junto com cinco amigos fomos dormir no chão de uma escola pública na periferia de São Paulo. Éramos muitos amontados no chão, cada um em seu colchonete, ansiosos para o trabalho dos dois dias seguintes, que seria a visita a famílias que vivem em pobreza extrema para a construção de uma moradia de emergência.

Esse foi meu divisor de águas. Tive a grande sorte de participar de um mutirão de voluntários em uma organização internacional séria e atuante em vários países: o TETO, como já comentei em detalhes no Capítulo 5.

Naquela noite, ainda confuso e sem saber ao certo o que me esperava no dia seguinte, iniciei meio sem saber uma carreira profissional inteiramente dedicada ao impacto social.

Até essa época eu pensava que ganhar muito dinheiro e construir uma carreira como empreendedor era mais importante do que trabalhar com impacto social. Não fui o único jovem que sonhava em ter R$1 milhão até os 30 anos de idade, porém a pobreza e os problemas sociais sempre me deixaram indignado. E essa indignação toda veio à tona com o trabalho no TETO, quando tive o meu primeiro contato com a pobreza extrema.

Passei vários finais de semana com famílias muito pobres, conheci pessoas que vivem com nada ou quase nada. Mas nelas eu vi mais do que a pobreza. Vi mulheres e homens guerreiros, que enfrentam batalhas diariamente para colocar alguma comida na mesa. Fui apresentado à resiliência das pessoas e, com isso, parei de vê-las como vítimas. Essa foi a grande virada. Entendi que aquela situação era estrutural e que era possível fazer algo para mudá-la.

Tratar essas pessoas como vítimas é transformá-las em meros objetos, ou seja, para esse olhar vitimizador, a pessoa que enfrenta dificuldades perde a sua humanidade e se torna um ser inanimado que satisfaz o nosso desejo de fazer algo que será aplaudido pelos demais. Não raro, vemos colegas e amigos colocando suas fotos "fazendo o bem" nas redes sociais, divulgando sua própria imagem, geralmente com crianças pobres e sorridentes.

Eu fiz coisas parecidas, não fui isento disso. Mas é nesse momento que podemos dar um passo além e olhar para nós mesmos, reconhecendo-nos como, de fato, somos. Pode ser uma frase batida, mas o trabalho voluntário ajuda tanto quem recebe o benefício como quem faz o voluntariado, e algumas vezes ajuda mais quem doa seu tempo, ao perceber o que realmente tem valor na vida. Quando eu voltava das favelas, parecia que estava regressando de outro país. Pensava em como nos angustiamos com coisas bestas, triviais. Lá na favela, a gente vê o que realmente é essencial para se viver.

Quando você trata uma pessoa como vítima, ela perde a sua história. Torna-se alguém sem rosto, sem nome. Mas, se você olha para ela e sabe seu nome, você entende que ela tem um pai, uma mãe, que nasceu nessa cidade ou veio de longe. Ela tem um filho que, como toda criança, faz birra e é carinhoso. Ela tem

CARREIRAS DE IMPACTO

sonhos, como você. A questão é simplesmente escutar a história, não é necessário sair "empoderando" ninguém, as pessoas se autoempoderam quando têm acesso a oportunidades.

Eu conheci uma família que tinha uma filha de 16 anos que sonhava em ir para a faculdade, sonhava em aprender espanhol, e estudava todos os dias sozinha com apostilas de cursinho doadas. Ela não tinha uma mesa para estudar, comia apenas arroz mais de três vezes na semana, e corria esgoto dentro da casa dela. Ela morava em uma casa de papelão e tive o grande privilégio de trabalhar na construção da moradia de madeira dela nesse projeto do TETO.

Essa pessoa não é, afinal, tão diferente de você como poderia parecer. Se hoje os que vivem naquela comunidade sofrem com grandes carências, não foi por escolha deles, por serem preguiçosos, malandros — como infelizmente muita gente insiste em acreditar —, mas por causa de uma estrutura social, educacional e econômica incapaz de gerar oportunidades semelhantes para todas as pessoas.

Mudar isso é algo árduo, trabalhoso. Será uma mudança que virá muito mais devagar do que gostaríamos. Mas é uma transformação capaz de ser feita. E se é possível fazer, então tem de ser feito. É imperativo. Não há outra opção. Foi essa, portanto, a minha trajetória. Uma mistura de estudo, de motivação e de oportunidade. A graduação foi de grande importância. A PUC me possibilitou desenvolver uma visão social crítica, no sentido de entender estruturas sociais a fundo.

TENDÊNCIAS NO CAMPO

Como comentei anteriormente, a minha trajetória profissional me levou para a análise de indicadores sociais, uma atividade que me permite navegar entre diferentes áreas do campo de impacto social, pois todos os investimentos e programas precisam de bons indicadores e de medição de resultados eficaz. Essa especialização me possibilita identificar tendências em curso nesse campo e, dentre elas, as que têm maior potencial na geração de oportunidades de trabalho.

O tema do meu mestrado foi a medição da pobreza multidimensional, ou seja, a avaliação de todas as variáveis, indo além da análise exclusiva da renda. Esse mestrado foi de grande importância para que eu adquirisse os conhecimentos necessários para o tipo de trabalho que realizo hoje, centrado na medição dos resultados alcançados, ou não, pelas organizações sociais.

ESCOLHENDO UM CAMINHO

Uma das áreas mais em evidência é aquela voltada para a mudança climática, que prefiro chamar, junto de vários colegas, de emergência climática, tal o estado crítico que essa transformação vem gerando para o planeta. A necessidade de ações nessa área dispensa explicações. As ameaças que vêm com o aquecimento global afetarão totalmente o modo como produzimos, vivemos e consumimos. Cada vez mais pessoas vêm trabalhando nessa área temática, tanto na mitigação dos problemas como em projetos de adaptação das cidades para fazer frente a essas transformações.

Por ser uma tendência forte no campo de impacto social, essa área vem crescendo e conta com recursos disponíveis para financiar projetos. Para se ter uma ideia, o Green Climate Fund[1] possui US$50 bilhões para investir em projetos de mitigação e adaptação climática e já está desembolsando esse dinheiro. A questão climática é um tema que só tende a crescer, principalmente porque os prejuízos financeiros provocados pelas mudanças climáticas já estão começando a surgir e, infelizmente, devem crescer ainda mais. Em virtude disso, o interesse por startups e outras ações voltadas para a atuação nessa área aumentará, criando oportunidades de trabalho. Claro que é muito triste que o dinheiro continue importando mais do que a ameaça à vida, mas provavelmente é o que fará os grandes tomadores de decisão implantarem medidas concretas nos próximos anos.

Outra grande área é a de Educação, que concentra cerca de 80% de todo o investimento social privado no país. Por essa razão, esse segmento tem um peso preponderante na oferta de oportunidades de trabalho no campo de impacto social entre nós.

Além de todas as vagas para docentes em todo o sistema público de ensino, instituições federais e ONGs que atuam como parceiros do sistema público, oferecendo contraturnos, cursos e formações, o segmento da educação é receptivo a inovações disruptivas que buscam garantir o interesse do jovem pela escola. Há, portanto, a possibilidade de desenvolver para esse segmento métodos inovadores, tecnologias virtuais e outras ferramentas capazes de incrementar o processo de aprendizagem.

A educação é um dos pilares da democracia. Uma população com baixo nível de educação dificilmente consegue eleger bons governantes e exercer funções básicas da cidadania. Nessa área, todo esforço é necessário. O Brasil conseguiu incluir muita gente no ensino fundamental, mas os níveis de analfabetismo

---

1   O Green Climate Fund (GCF) é o maior fundo do mundo dedicado a ajudar países em desenvolvimento a reduzirem suas emissões de gases do efeito estufa. Foi criado em 2010, sob os auspícios da ONU — https://www.greenclimate.fund/about

funcional são críticos. Para a maioria da população, exercer raciocínio crítico sobre um ou outro fato político ou econômico é, ainda, um sonho muito distante. É fundamental atrair mais talentos que possam vir somar a esse caldo de organizações sérias que trabalham arduamente para a melhoria da educação pública no Brasil.

▌ SAÚDE HUMANA E PLANETÁRIA

Além das questões climáticas e da educação, há outras áreas nas quais é possível desenvolver trabalhos de grande impacto social. A área da saúde é uma dessas que, além de suas funções mais básicas voltadas para o bem-estar físico das pessoas, principalmente as mais vulneráveis econômica e socialmente, está ampliando o seu alcance para novos conceitos de equilíbrio vital. Um deles é o Global Health, a saúde ambiental, uma proposta de intervenção que leva em conta o fato de que a saúde humana está ligada diretamente à saúde do planeta.

A saúde pública é um dos temas mais financiados por recursos internacionais no mundo. São centenas de milhões de dólares de ajuda internacional investidos anualmente por OIS em distribuição de vacinas, remédios e medidas preventivas para doenças infecciosas, com grande ênfase para o continente africano e o sudeste asiático. Não estou considerando nesse cálculo os recursos governamentais, que são somas grandes, mas frequentemente insuficientes para suprir as demandas da população.

É um segmento para o qual vem se criando um grande número de aplicativos e de startups, a exemplo de planos de saúde populares, aplicativos que monitoram sinais vitais ou que proporcionam acesso mais rápido e efetivo aos serviços públicos de saúde. Um desses aplicativos, o Saútil,[2] permite que se localize em que unidades do SUS é possível encontrar um determinado remédio; onde a vacinação está disponível e até mesmo o tamanho das filas nos postos e unidades de atendimento.

Também são bastante promissoras as iniciativas que se ocupam das energias renováveis. A produção de energia solar e eólica vem aumentando de maneira significativa no Brasil, reduzindo o custo de produção de quilowatts/hora. Até pouco tempo atrás, a participação dessas energias renováveis na matriz energética brasileira era pouco significativa, hoje ela está em um patamar que coloca o

---

2   https://www.facebook.com/sautil/

país entre as nações que mais vêm investindo na produção de energia que não utiliza combustíveis fósseis.

De acordo com artigo publicado pelo Instituto de Pesquisa Econômica Aplicada (IPEA), entre 2016 e 2018, a participação da energia solar na matriz energética brasileira passou de 0,1% para 1,4%,[3] aumentando 10 vezes em apenas 2 anos. No mesmo artigo, afirma-se que o Brasil saltou do 15º lugar no ranking mundial de capacidade instalada de energia eólica em 2012, para a 8ª posição em 2017.

Por tudo isso, esse é um segmento que deve ser acompanhado com atenção. É uma das áreas em que as forças mercadológicas e de preservação de recursos naturais andam juntas, pois faz todo sentido você coletar energia do Sol e dos ventos, no lugar de usar uma base energética cara e agressiva ao meio ambiente, como o petróleo ou, pior ainda, o carvão.

A expectativa é que o uso dessas fontes limpas de energia reduza, em 2027, o consumo de petróleo em cerca de 318 mil barris por dia, ou seja, aproximadamente 10% do petróleo produzido no país em 2017.[4] É um segmento bastante tecnológico, que exige conhecimentos especializados e que deverá continuar crescendo por bastante tempo.

STARTUPS SOCIAIS

O campo de impacto social vem se mostrando uma área dinâmica e inovadora e a todo momento surgem iniciativas com chances de sucesso. Há inovações e espaço na área de desigualdade econômica, social e racial que têm como objetivo aumentar as oportunidades para grupos que, em geral, são alijados do sistema econômico tradicional. Cito uma dessas startups, a qual tem o apoio da Avina, chamada Trê Investimentos,[5] que propõe investimentos financeiros conscientes, seja em *equity*,[6] participação acionária em uma empresa ou por meio de empréstimos para iniciativas voltadas ao social.

Esse é um segmento que vale a pena ser mencionado, pois tudo indica que ele crescerá de maneira vigorosa no Brasil. Eu mesmo investi em iniciativas

---

3 https://www.ipea.gov.br/portal/index.php?option=com_content&view=article&id=34723

4 Idem.

5 https://treinvestimentos.com.br/

6 *Equity* é uma porcentagem do controle de uma empresa, se alguém compra *equity* de um empreendimento, passa a ser um dos sócios da empresa, com direito a participar de seus resultados — https://blog.eqseed.com/o-que-e-equity/

como essas. Não é preciso muito dinheiro, o valor mínimo para investir em startups sociais pode estar na casa dos R$500 ou até bem menos do que isso. Uma delas foi a diáspora.black,[7] uma empresa que funciona nos mesmos moldes do Airbnb, mas é voltada para o público negro. A partir da plataforma da empresa, hóspedes e anfitriões alugam residências para temporadas de férias ou para o trabalho.

A iniciativa é louvável porque existe um forte preconceito racial, tanto por parte dos anfitriões quanto pelos hóspedes. Já ouvi falar em números sobre taxas de rejeição que mostram que há 60% mais cancelamentos de reservas quando o anfitrião é negro do que quando ele é branco. O site diáspora.black se define como "uma rede de anfitriões e viajantes interessados em vivenciar e valorizar a cultura negra [voltada] para quem quer se conectar com nossa memória, fortalecer nossas identidades e fomentar engajamento".

Um dos méritos de iniciativas como essa do Trê Investimentos é que elas podem proporcionar uma maior oxigenação da economia, trazendo recursos para serem investidos em iniciativas de impacto social. Há muito dinheiro parado nas mãos de poucas pessoas. Quando esse recurso é investido em algo, quase sempre é direcionado para o mercado financeiro, deixando de lado a economia real. Isso gera uma estagnação da economia. O dinheiro que eu investi na Diáspora Black é remunerado atualmente por uma taxa de juros maior do que a Selic.[8]

▌ SUPERADO PELA TECNOLOGIA

Enquanto há várias agendas que vêm tomando corpo no campo de impacto social, outras podem estar em um processo de serem superadas pelos avanços sociais ou tornando-se obsoletas devido ao desenvolvimento tecnológico. O combate à fome, por exemplo, já não ocupava mais as páginas iniciais da agenda social antes da pandemia da COVID-19. Sem renda, milhões de brasileiros voltaram a enfrentar o problema da insegurança alimentar e da fome. Mas, mesmo antes da pandemia, não podemos dizer que esse é um problema que foi inteiramente superado.

---

7   https://diaspora.black/

8   Taxa Selic — Sistema Especial de Liquidação e de Custódia, é uma taxa básica da economia definida a cada 45 dias pelo Banco Central para controlar a inflação e que tem repercussão direta sobre a definição de juros e remuneração sobre capitais investidos. https://acsp.org.br/publicacao/s/selic-o-que-e-e-como-afeta-a-sua-empresa

No Brasil, experimentamos uma melhora expressiva no combate à fome, que foi erradicada no país. É triste saber que o problema voltou a ressurgir em anos recentes. O mesmo se aplica a algumas doenças que aparentemente haviam sido erradicadas e, por isso, relegadas ao esquecimento até que voltaram a fazer vítimas. O sarampo é uma dessas enfermidades. O Brasil chegou a ser certificado pela Organização Mundial da Saúde (OMS) por ter eliminado o sarampo, ao ter uma sequência de zero casos em 2015, 2016 e 2017, mas em 2018 a doença voltou com 10.262 casos detectados.[9] Dados que só vêm a reforçar a importância de monitorar constantemente as distintas realidades por meio de indicadores confiáveis.

Já a inclusão digital é um bom exemplo de pautas que foram desafiadas pela tecnologia. Segundo dados de 2017 do IBGE, em cada quatro domicílios brasileiros, três acessavam a internet.[10] A mesma pesquisa apontava que os celulares estavam presentes em 93,2% dos domicílios brasileiros, representando um crescimento sobre o ano anterior, quando esse percentual foi de 92,6%.

Existem segmentos que, podemos dizer, estão saturados, na medida em que há mais demanda por trabalho do que oferta de vagas. Devemos ressaltar que um grande número dos candidatos às vagas não está suficientemente qualificado. Outras vezes há organizações que necessitam de bons profissionais, que entendam de gestão profissional, mas não possuem recursos suficientes para atrair essas pessoas. Entre essas áreas saturadas, podemos nos lembrar dos projetos culturais financiados pela Lei de Incentivo à Cultura, a Lei Rouanet.[11] Há muito mais projetos aprovados do que financiadores dispostos a bancar alguma dessas iniciativas.

Além da possibilidade de uma área ou outra se mostrar mais ou menos aberta à contratação de profissionais e ter condições de oferecer uma remuneração digna, os interessados em uma oportunidade no campo de impacto social também têm diferentes cenários de acordo com o tipo de instituição que escolherem. E cada um deles traz seus próprios riscos, benefícios e dificuldades.

Dessa maneira, uma coisa é você conseguir uma transferência de sua posição atual para alguma outra área da empresa na qual você trabalha que tenha afinidade com alguma pauta do campo de impacto social. Essa é a mais confortável das transições, principalmente se a compararmos com a que está na outra

---

9   https://www.bbc.com/portuguese/geral-47410826

10   https://agenciadenoticias.ibge.gov.br/agencia-sala-de-imprensa/2013-agencia-de-noticias/releases/23445-pnad-continua-tic-2017-internet-chega-a-tres-em-cada-quatro-domicilios-do-pais

11   O mecanismo de incentivos fiscais da Lei Rouanet estimula o apoio da iniciativa privada ao setor cultural por meio de incentivos fiscais. O governo abre mão de parte dos impostos para que esses valores sejam investidos em projetos culturais. http://www.fundacaoculturaldecuritiba.com.br/apoie-a-cultura/leiRouanet/como-funciona

CARREIRAS DE IMPACTO

ponta da gradação de riscos que é você se aventurar em uma startup e lançar-se a bordo dela no mercado.

Mudando de área na sua empresa, você tem garantidas todas as benesses de estar em um empreendimento organizado, no qual você tem um contrato de trabalho, funções definidas e direitos trabalhistas assegurados. Isso não existiria em uma startup, mas essa traz, como vantagem, o fato de que ali você conta com muito mais autonomia para definir seus rumos e objetivos profissionais. Entre esses dois extremos temos os institutos e fundações, além das ONGs que também têm seus pontos fortes e seus desafios.

As vantagens, desvantagens e riscos de cada área do campo de impacto são apresentados na tabela a seguir. É claro que também depende muito da realidade da organização específica, porém é possível fazer essa leitura geral para apoiar no processo de transição de carreiras.

Segmento do campo de impacto social	Grau de risco	Vantagens	Riscos e desvantagens
Criar ou aderir a uma startup do campo de impacto social	Elevado	Liberdade de escolha da área e do perfil de atuação.	Sem financiadores, o negócio não escala e pode tornar-se irrelevante ou fechar.
Trabalhar em institutos e fundações empresariais	Moderado	Planos de carreira, metas mais bem definidas e rendimentos próximos ao do mercado.	Objetivos do instituto ou fundação podem ser apenas uma estratégia de marketing para promover o dono ou a organização mantenedora.
Trabalhar em ONGs	Baixo	Além do trabalho regular, há a possibilidade de aderir ao trabalho apenas como voluntário e manter o emprego atual.	Por depender fortemente de verbas de terceiros, há instabilidade econômica, o que reduz o alcance das propostas.
Aderir a uma empresa privada ou continuar trabalhando em uma empresa privada que seja orientada para o impacto social	Muito baixo	Manutenção do emprego anterior, plano de carreira e rendimentos assegurados por contrato de trabalho.	As metas da empresa podem não coincidir com as suas e não haver, de fato, a mudança que você deseja.

Fonte: elaborada pelo autor.

O campo de impacto social oferece muitas oportunidades para pessoas como você, que buscam uma carreira com propósito. Ao longo deste livro venho repetindo que há, no entanto, uma carência de profissionais, de talentos e uma gestão competente para que o campo se organize de maneira mais eficiente para atender às necessidades e demandas da sociedade. Outra exigência é que as instituições desenvolvam estratégias para trabalharem em conjunto, já que muitos temas complexos requerem cinco, seis e até mesmo dez organizações atuando de uma maneira que deve ser coordenada.

Para aproveitar ao máximo as oportunidades, é fundamental que você se planeje. Não importa se você é um estudante universitário ou se trabalha há muitos anos na iniciativa privada e deseja dar uma guinada na carreira. De todos os modos, já se organize para bater nas portas das oportunidades. Também é necessário ter flexibilidade. Talvez seu planejamento não o leve diretamente à função desejada ou à organização que parece atender aos seus anseios. A possibilidade de a sua entrada nesse campo se dar de uma maneira gradual também deve ser levada em conta. O importante é mirar, ter uma rota preestabelecida, estar sempre disposto a sondar oportunidades mais próximas do seu perfil e, com isso, ter maiores chances de se sentir realizado em sua carreira.

Existem organizações sérias e bem estabelecidas no campo de impacto social que realizam um trabalho, de fato, transformador. Mas também há aquelas que não são tão confiáveis assim. É preciso saber separar o joio do trigo, entender no que vale a pena investir sua energia e tempo, e identificar aquelas perspectivas que não devem ser levadas em conta. Como fazer isso é o tema do próximo capítulo.

CAPÍTULO 9

EXAMINANDO AS ORGANIZAÇÕES COM UMA LUPA

Um dia, então, você reflete e toma a seguinte decisão: não quero mais dedicar os melhores anos da minha vida a fazer algo que não tem sentido algum para mim, apenas para receber um salário no fim do mês. O mundo está passando por um dos seus mais perigosos momentos e não quero assistir a isso sentado diante de um computador fazendo tarefas que, talvez, estejam piorando ainda mais essa situação. Chega! Vou trabalhar no campo de impacto social. Quero passar para o lado de lá, fazer diferença, encontrar significados verdadeiros e profundos para a minha vida.

CARREIRAS DE IMPACTO

Você vai à luta e inicia sua pesquisa para encontrar a organização ideal para trabalhar. Isso não será difícil. São mais de 700 mil organizações sem fins lucrativos no Brasil. E elas têm vários tamanhos, estilos de trabalho, propósitos e áreas de influência. Algumas são multinacionais, outras atuam em cidades do interior. Se umas têm dinheiro, outras vivem uma delicada situação econômica. Há muitas que colocam os resultados de suas ações de maneira bem visível em seus sites, e há aquelas que parecem nunca ter feito nada. Existem organizações que trabalham apenas com voluntários, outras oferecem salários comparáveis aos do mercado convencional.

Setecentas mil organizações! Em uma galáxia como essa, como saber quais são os lugares nos quais seria possível desenvolver um trabalho que terá repercussão na sociedade e quais são os que, mesmo bem intencionados, não têm uma ação efetiva? Será que há entidades desonestas entre elas? Qual dentre essas milhares de possibilidades fará de você um profissional feliz por estar realizando um trabalho que poderá mudar para melhor a vida das pessoas, diminuir a miséria, fazer um país mais justo ou cuidar do meio ambiente?

No mercado tradicional de trabalho, quando se quer saber sobre a seriedade de uma organização, você dispõe de alguns recursos para fazer essa investigação. É possível, por exemplo, acessar o Serasa[1] e verificar a saúde financeira da empresa e a idoneidade de seus proprietários. Uma busca na internet poderá revelar reportagens ou comentários de pessoas que se relacionam com a empresa. Também é possível verificar no ReclameAqui[2] a opinião dos consumidores sobre os serviços prestados ou produtos vendidos por essas companhias.

Mas não existe um Serasa para medir o impacto das ONGs. Também é menos provável encontrar comentários de usuários ou clientes a respeito delas. As relações entre essas instituições e o público são de outra ordem. O relevante é checar se a organização na qual você está interessado executa ou não um trabalho sério. E isso se mede sobretudo pela transparência da entidade na divulgação de suas ações e resultados.

---

1   O Serasa Experian é uma empresa global, com sede na Irlanda, que fornece informações financeiras sobre empresas e pessoas físicas — https://www.serasaexperian.com.br/

2   https://www.reclameaqui.com.br/

NÃO HÁ TRANSPARÊNCIA? DESCONFIE

Esse é o ponto de maior importância, na minha opinião. Hoje em dia, qualquer instituição pode organizar um site próprio sem grande esforço. Colocar informações a seu próprio respeito na internet, portanto, não é algo complicado. Se alguma organização não divulga informações sobre a sua atuação, devemos nos perguntar o porquê de ela não se expor de maneira transparente. Devemos desconfiar.

Há cinco grandes temas que nos permitem verificar a idoneidade e a relevância de uma organização do campo de impacto social: transparência; gestão; estratégias de financiamento; estratégias de atuação e estrutura. Esse último item, no entanto, deve ser visto com certa complacência, pois há gente muito séria trabalhando com grande dedicação, mas que atua em entidades que não conseguiram, ainda, se organizar completamente. Estou pensando aqui nas pequenas ONGs que não conseguiram ainda os recursos e a capacidade para se organizar, mas têm uma proposta consistente e um esforço genuíno para alcançar seus objetivos.

Aprofundando um pouco mais na questão da transparência, uma pesquisa nas redes sociais, no Google, ou em qualquer outro serviço de busca na internet, sobre uma organização específica do campo de impacto social terá boa chance de encontrar menções a ela feitas na imprensa e em outras mídias. Dessa maneira, como já foi dito, podemos checar se há alguma controvérsia envolvendo a instituição.

Mais do que problemas, no entanto, você poderá saber se a organização pela qual você tem interesse está inscrita em algum programa de prefeitura, Estado ou União, o que é sempre uma chancela de que ela presta serviços de relevância. As instituições públicas costumam ter um protocolo exigente para selecionar seus prestadores de serviços, principalmente em relação à transparência de suas informações. Infelizmente, esse rigor ainda não acontece com a mesma frequência em relação à medição do resultado dos serviços prestados, que é outro importante critério no momento de escolher em que organização trabalhar.

Outra informação possível de colher é se a organização recebeu alguma premiação ou reconhecimento por seu trabalho, o que é uma prática comum, principalmente por parte de entidades internacionais. A Organização das Nações Unidas (ONU), por exemplo, costuma fazer esse tipo de reconhecimento público. Selos de certificação também são um atestado de bons trabalhos. Se

CARREIRAS DE IMPACTO

a organização na qual você está interessado tiver recebido uma certificação importante, não há dúvida de que ela a colocará com destaque em seu site.

QUEM PAGA?

Entidades que trazem de maneira espontânea suas informações ao público são, na teoria, confiáveis. Ao fazer isso, elas estão alinhadas com o critério de *accountability*,[3] que pressupõe que você deve divulgar os dados sobre a ação da sua organização por princípio, e não apenas quando alguém os pede. Portanto, o mínimo que se pode esperar de uma organização é que ela tenha uma plataforma pública na qual informe todas as questões pertinentes, inclusive quem financia suas atividades, algo de grande relevância.

Outro critério importante, também ligado à governança da organização, é o de *compliance*,[4] que significa que a organização tem processos bem estabelecidos por sempre estar de acordo com normas e controles internos e externos. Não significa apenas cumprir a norma, mas se certificar de que ela é cumprida vigorosamente por meio de processos claros e responsabilidades bem definidas. Defendo que esses conceitos, que se integram à noção de governança corporativa, tão difundida para grandes empresas e no mercado financeiro, sejam cada vez mais usados e respeitados por organizações de impacto, pois esse conjunto de práticas pode ajudar as organizações a aperfeiçoar seu nível de gestão e reduzir os riscos institucionais aos quais estão expostas.

Muitas entidades, inclusive com destacada atuação, principalmente política, não revelam quem são seus financiadores, o que é bastante sintomático da falta de transparência.

É mais difícil de detectar, apenas com uma pesquisa na internet, se as organizações estão sendo honestas em relação ao tamanho de suas contribuições. Um perigo crescente é que as organizações caiam no risco chamado de "*over-claiming*". O termo em inglês significa alguém exagerar a importância da sua atuação em um contexto determinado. Mesmo que isso nem sempre se dê por uma intenção desonesta ou como um produto do ego exagerado de

---

3   *Accountability* não tem uma tradução exata para o português. Uma tradução utilizada é "prestação de contas", mas o significado do termo vai além e refere-se à postura de integrantes de empresas privadas e do governo de tanto prestarem contas pelos seus atos como serem responsabilizados e se sentirem responsáveis pelas suas ações — https://www.significados.com.br/accountability/

4   *Compliance* é a forma substantivada do verbo *to comply*, em inglês, que significa agir de acordo com algo, cumprir padrões. No sentido corporativo, é estar absolutamente em linha com normas, controles internos e externos, além de todas as políticas e diretrizes estabelecidas para um determinado negócio.

EXAMINANDO AS ORGANIZAÇÕES COM UMA LUPA

dirigentes da entidade, não devemos acreditar inteiramente quando uma organização diz que foi a principal ou única responsável por reduzir, por exemplo, o analfabetismo em uma região determinada.

Certamente outras organizações ou circunstâncias foram igualmente importantes para atingir esses resultados, se é que eles foram, de fato, alcançados. Muitas vezes as organizações praticam *over-claiming* por conta de uma dinâmica perversa de mercado na qual os financiadores tendem a preferir as iniciativas que se mostram como bem-sucedidas, sem necessariamente estudar de maneira criteriosa os indicadores de resultados, que podem atestar também sobre o impacto de seus programas e ações.

De novo, considero importante praticarmos uma certa desconfiança em relação ao que vemos no campo de impacto social. Quando temos dentro de nós o impulso de transformar o mundo, ouvir alguém dizendo que está fazendo o bem, ajudando pessoas e defendendo causas nobres nos soa muito sedutor. Tudo isso é fascinante. Mas muitas vezes esse discurso é oco e nos engana, fazendo-nos acreditar que naquela organização encontraremos as condições para levar à frente o trabalho que sonhamos em desenvolver.

Certamente, pelo fato de já ser alguém experiente nesse campo ou por trabalhar verificando indicadores que mostram o que, de fato, as organizações são capazes de produzir, sempre que alguém me fala de uma nova instituição que planeja se ocupar de temas relevantes e fará um trabalho maravilhoso, ouço isso com alguma ressalva. Por esse motivo, incentivo os leitores a ter uma postura crítica diante de informações entusiasmadas.

E, quando faço isso, não estou pensando somente nos recém-chegados, mas também nos que já estão atuando no campo de impacto social. É preciso sempre olhar para essas organizações através daqueles cinco filtros mencionados: transparência, gestão, estratégias de financiamento, estratégias de atuação e estrutura.

Minha ideia é motivar as pessoas que atuam nessas organizações a ter uma visão não conformista com as suas práticas do dia a dia. Que se esforcem para criar uma cultura de transparência, de monitoramento e avaliação nas entidades em que já estiverem atuando. Isso trará um valor imediato para elas mesmas, ao valorizar seu trabalho e lhes proporcionar uma visão mais acurada do impacto do que elas próprias estão promovendo.

Os benefícios dessa postura vão além das vantagens individuais e fazem com que a organização cresça em relevância na percepção de parceiros e financiadores. Ao final, isso atrairá mais apoio e, inclusive, recursos que possibilitarão que a instituição tenha conquistas significativas em relação aos seus objetivos.

Devemos também desconfiar dos adjetivos. O que isso significa? Um truque, até banal, de marketing é exagerar nos adjetivos quando descrevem algum caso da organização, como uma ação benemérita na qual ela eventualmente foi protagonista. Se não há muito o que mostrar, faltam resultados, benefícios e beneficiados, você diz que a ação é "decisiva", "relevante", "transformadora" e outras qualificações exageradas. Prefira sempre os substantivos. Eles vão mostrar o que é concreto, o que foi, de fato, realizado. Números são substantivos. Não confundem e não enrolam ninguém.

▌ ATUAÇÃO COSMÉTICA

Tal "desconfiança" também nos ajudará a identificar aquelas organizações que estão muito mais voltadas para fazer marketing da empresa mantenedora ou da figura do fundador do que para, de fato, se envolverem de uma maneira profunda em uma questão social. A atuação delas é, por esse motivo, muito mais cosmética do que efetiva.

Por atuação cosmética, eu entendo um movimento que não está voltado para as causas-raiz de algum problema. Em vez disso, ela propõe ações de mitigação pontuais. Podem até estar ligadas a outras ações, de maior fôlego e de prazos mais estendidos, mas se ocupam de questões restritas, que contribuem pouco ou nada para mudanças efetivas no cenário que se quer transformar. Um exemplo imaginário seria uma organização se envolver em um movimento para tornar mais abrangente o atendimento hospitalar em uma região, mas se ocupar apenas em reformar a pracinha em frente ao hospital e passar a enviar um jardineiro mensalmente para manter o local sempre florido.

Ninguém vai criticar uma praça cheia de flores, mas o que é típico de organizações que têm esse pendor pelo marketing é supervalorizar, *over-claim*, no termo em inglês, o impacto da sua participação. Ao final dos trabalhos, ela tipicamente gastará um bom dinheiro em uma apresentação maravilhosa e folders com um tratamento gráfico exuberante e repletos de fotos.

Tudo será charmoso e colorido, mas dificilmente encontraremos ali números, informações sobre o quanto se gastou e no que o dinheiro foi empregado. Menos ainda será demonstrado de que maneira esse investimento impactou a saúde das pessoas da região. Aliás, apresentações com uma plataforma visual exuberante que não mostram números nem resultado das ações, ou o número de beneficiados por algum programa, é algo que também deve ser sempre visto com muita cautela. Essa bela embalagem muitas vezes vem vazia.

Outra característica que costuma apontar para uma organização — quase sempre são fundações — na qual é grande a chance de nos desapontarmos com os trabalhos desenvolvidos é o foco em uma pessoa ou família, em geral o fundador da empresa. Nelas, o destaque à personalidade, ao passado, às realizações da figura dominante é o que está no foco de atuação daquela organização. O propósito anunciado ali pode ser combater a fome, dar acesso à educação, empoderar as mulheres ou outra pauta grandiosa, mas o fundador, ainda que possa ser alguém muito bem-intencionado, não tem qualquer experiência com tais questões e, no lugar de contratar pessoas que poderiam levar à frente efetivamente as suas propostas, gasta tempo e dinheiro enaltecendo a si próprio. Provavelmente, esse não será um bom lugar para você trabalhar, porque ali não haverá uma boa gestão e as ações se mostrarão de maneira errática e descontínua.

Sempre insistirei que o melhor atestado de saúde de uma organização do campo de impacto social são os seus indicadores de resultados. Essa é uma maneira segura de diferenciar uma entidade séria de outras com uma atuação cosmética ou sem efetividade. As organizações devem ter uma cultura de avaliação e um sistema de divulgação transparente.

Mas o que é exatamente isso, "uma divulgação transparente"? Significa ela dizer como emprega o dinheiro, quantas pessoas foram atendidas por seus programas e o que mudou na vida delas. E, ainda, onde foram implementados os programas e como esse processo foi realizado. Tais resultados devem ser apresentados mesmo que eles não tenham atendido ao que se esperava inicialmente.

▌ ATUAÇÃO SUPERFICIAL

É necessário, no entanto, reconhecer que nessas organizações, digamos, problemáticas, há muitas pessoas que são sérias e têm uma motivação genuína em tornar o mundo melhor. Em geral, elas tentam de maneira persistente virar o jogo e construir um investimento social com responsabilidade. Mas acredito que o alerta é especialmente útil para aqueles que buscam migrar para o campo de impacto social: lembrem-se de colocar em seu radar a possibilidade de que a organização, na qual estão prestes a entrar, pode ter esse perfil de atuação superficial.

Imagino que esse cuidado faz ainda mais sentido quando pensamos em alguém jovem, na faixa dos 20 anos, que tenha aderido, com uma forte motivação em sua mente, a uma organização desse tipo. Temo que ele possa sofrer algo como uma lavagem cerebral. Ao ouvir toda aquela conversa de marketing de que a organização faz um trabalho maravilhoso, alimentou muitas crianças das regiões pobres do Nordeste e outras informações exageradas, as pessoas menos experientes podem aceitar de maneira menos crítica essas afirmações como verdadeiras.

Além disso, há outros posicionamentos que organizações como essas, que estão engajadas apenas superficialmente com pautas sociais, não levam em conta. Por exemplo, a empresa mantenedora dessa fundação, em que o nosso jovem acabou de entrar, zerou ou tem planos de zerar suas emissões de carbono? Se não há qualquer movimento nessa direção, não há coerência em ajudar as crianças do Nordeste que, caso não se faça nada em relação às agressões ao ambiente, não terão água para beber daqui a 20 anos. A organização não afere o impacto real que a sua ação tem sobre a região na qual atua.

Há, nos dias de hoje, exatamente um movimento contrário a isso. Cada vez mais os olhares se voltam para verificar o que as ações das organizações do campo de impacto social têm mudado, de fato, na vida das pessoas. Esta pergunta simples é capaz de avaliar se a atuação dessa entidade é relevante ou não: se essa organização não estivesse ali, onde executa seu trabalho, o problema continuaria do mesmo tamanho?

Essa área de monitoramento e avaliação das organizações vem crescendo muito no Brasil, e deve ser vista, inclusive, como uma possibilidade interessante de carreira. Com essas medições, verifica-se o impacto real que essas organizações estão causando. Isso é relevante não apenas para agir, como faria uma auditoria tradicional, verificando se o dinheiro está sendo bem empregado e se as ações estão no caminho correto, mas também para checar se há entidades que estão provocando, ao contrário do esperado, impactos negativos nas regiões em que estão presentes. Isso, acreditem, pode acontecer.

FERRAMENTAS E CAVALOS

Se alguém trabalha em uma organização em que a ênfase do trabalho está mais voltada para ações de marketing, ainda é possível, mesmo assim, que ela tente transformar seus rumos. Essa pessoa deveria empenhar-se para estabelecer uma estratégia quase empresarial para a organização. Ela tentaria implementar uma estratégia e ferramentas de gestão que possibilitassem que o impacto da organização se desse em uma escala mais abrangente.

Mudar os rumos de uma organização que segue o seu caminho com desvios de rota e variações de velocidade como essas não é tarefa para iniciantes. Um conhecido meu atuou em uma entidade com esse perfil "cosmético" e levou 10 anos para colocá-la em uma trajetória capaz de transformar realidades. Quem desejar se aventurar em uma missão parecida terá de exibir, necessariamente, um perfil flexível, um forte desejo de mudar situações dadas e gostar de desafios.

É preciso, no entanto, fazer justiça e reconhecer que muitas dessas fundações que guardam "a cara do dono" realizam trabalhos respeitáveis. Principalmente quando o fundador já possuía um histórico de trabalhos no campo de impacto social. Mesmo assim, quem se engajar em organizações assim deve estar preparado para encontrar uma agenda construída muito mais de acordo com a cabeça do fundador do que fundamentada em uma priorização técnica das áreas nas quais se deve atuar. Caberá a você protagonizar essa abordagem técnica.

Em instituições com essas características provavelmente nunca se usará uma ferramenta comum na confecção de projetos de impacto social, que é o Marco Lógico. Explicando resumidamente, o Marco Lógico é um sistema usado para deixar clara e facilmente compreensível a relação entre os recursos disponíveis para as ações que se quer implementar e os resultados que se espera alcançar.[5] É um instrumento muito usado internacionalmente na apresentação de projetos, quando se busca captar recursos.

Essa e outras ferramentas ajudam a definir o que uma organização pretende fazer e que caminhos percorrerá para atingir seus fins. Em institutos e fundações que atuam de modo "cosmético", muito mais preocupados com a fama, empresas descompromissadas socialmente ou que existem apenas por motivações egoicas do fundador dificilmente se verão instrumentos como esses ou haverá um espaço para a reflexão sobre a trajetória a seguir. Segue-se um exemplo estapafúrdio imaginado por mim:

---

5   https://inkinspira.com.br/matriz-marco-logico/

O patrono de uma fundação gosta de cavalos. Isso o faz decidir fundar uma ONG que dará aulas de hipismo de graça para jovens da periferia. Podemos nos perguntar: esses jovens querem ter aulas de hipismo? Talvez aulas de inglês lhes fossem mais úteis, não é mesmo? O fundador não está pensando em ensinar inglês, ele tem os recursos e o desejo para uma escola de hipismo. Não será fácil ir até ele contestar a utilidade daquela iniciativa. Ele irá construir uma hípica, colocar cavalos ali e proporcionar aulas para as crianças carentes do bairro. Elas provavelmente vão aderir ao curso, que é de graça, e muito provavelmente até se divertirão.

Mas e daí? Provavelmente muitos concordarão que houve ali o investimento de um valor que foi mal aplicado, em um contexto em que recursos são escassos. Não houve um processo de consulta àqueles que o fundador, provavelmente carregado de boas intenções, pretendia ser relevante na mudança das suas perspectivas de vida. Deve ser desafiante trabalhar em fundações que têm pautas semelhantes a essa, não é mesmo?

O foco da ação, portanto, é importante. E muitas organizações que atuam nesse campo estão sem foco. Assessorei uma organização que tem um trabalho de qualidade junto a trabalhadores que fornecem uma matéria-prima com alto valor agregado para uma cadeia global de produção, porém decidiu ampliar o seu escopo para fornecer serviços básicos de várias ordens para o público que atende, do fornecimento de água de qualidade ao atendimento médico.

Só que todo o programa começou a perder eficiência exatamente por ter comprometido seu foco inicial e ter passado a dispender esforços e recursos para várias outras direções. Todas eram louváveis, é preciso reconhecer, mas administrar pautas tão diversas revelou-se algo além da capacidade deles, e eles passaram a enfrentar problemas de gestão.

Organizações mais bem estruturadas têm uma cultura de acompanhamento de suas próprias ações e fazem uma gestão efetiva das suas iniciativas. Executam isso tanto nas operações do dia a dia quanto na visão estratégica de longo prazo. Essa característica é o que diferencia as organizações que têm uma perspectiva de crescimento das demais. Elas têm uma visão estratégica, zelam pela sua continuidade e efetivamente a implementam com ferramentas adequadas, consultando a opinião dos beneficiários finais periodicamente.

AGENDAS ALTERADAS

Lamentavelmente, se vê em outras entidades um comportamento diferente desse. Elas sucumbem à tentação de mudar suas agendas de acordo com os interesses do financiador, ou financiadores, para captar os recursos que eles estão dispostos a empregar. "Essa pauta me interessa, então vou liberar os recursos para que ela seja encaminhada; não, esse assunto não está no meu radar, para isso não haverá recursos", dizem os possíveis financiadores. E a organização, de olho na verba, muda suas prioridades e vocação para se adaptar conforme tais interesses.

Agindo assim, elas acabam utilizando mal, desperdiçando mesmo, o tempo dos colaboradores e aplicam muita energia em ações que não são estratégicas. Esses não são, portanto, bons lugares para trabalhar. Uma organização bem estruturada precisa ser capaz de balancear seus valores-âncora com a realidade do mercado que as financia. Não devem ser exageradamente rígidas, a ponto de perderem todas as possibilidades de recursos existentes, mas não vão chegar a nenhum destino atraente vendendo a alma dessa maneira. É preciso ter critérios claros quanto às suas políticas de captação e recebimento de recursos.

A Fundación Avina, onde trabalho, tem uma política clara ao se recusar a receber dinheiro de fabricantes ou vendedores de armas e fabricantes de agrotóxicos. Mesmo porque, os recursos que vêm dessas fontes, com as quais não queremos lidar, chegam marcados, ou seja, comprometidos com uma agenda semelhante à visão desse tipo de empresa. Pode até não ser uma agenda completamente negativa, mas certamente será inócua e não levará a qualquer progresso do ponto de vista humano. Esse é um tema importantíssimo para as OIS, que ainda têm um longo campo de debates e aperfeiçoamento de políticas nesse sentido. As coisas na realidade não são tão simples, pois há diversos feudos dentro das organizações. Não raro nos deparamos com pessoas incríveis e genuinamente motivadas para transformar a realidade, mas, quando vamos ver, os acionistas da organização (falo aqui de corporações) não estão realmente dispostos a alterar sua ação para poluir menos, desmatar menos ou ter políticas mais respeitosas com o planeta e com a vida humana.

Mas e se tivermos a má sorte de estarmos em uma organização que passa a se desviar dos princípios que defendia anteriormente, e que naquele momento nos encantaram, como devemos lidar com tal situação? Caso a distância entre a antiga e a nova postura seja muito larga, isso pode ser um grande problema que talvez torne incompatível a permanência nesse empregador, porém o que

TOLERÂNCIA ZERO

eu tenho visto é que grande parte das ONGs promove amplas discussões internas quando é colocada a possibilidade de adotar uma nova abordagem e perseguir novas metas dentro do campo de impacto social. Isso certamente dificulta mudanças radicais, e indesejáveis, de trajetória.

TOLERÂNCIA ZERO

Acredito firmemente que o grau de tolerância que devemos ter para desvios de rota graves, como desvios de recursos, malfeitos, práticas de corrupção, crimes, deve ser igual a zero. A linha de base é a seguinte: alguma prática da entidade foi contra o que é determinado pela legislação brasileira? Saia imediatamente desse lugar. Há, no entanto, alguns malfeitos que não são de intensa gravidade, mas condenáveis. Casos como os exageros de marketing sobre os quais falamos são desvios que podem ser corrigidos. O recomendável é observar se tal erro foi pontual. Se for um engano momentâneo, isso é algo com o qual conseguimos lidar. Mas, se o erro é fruto de uma prática sistemática, isso será inaceitável. Se não conseguirmos mudar a cultura, devemos nos desligar da organização.

Talvez este capítulo possa ter soado de alguma maneira pessimista ao listar algumas ciladas para quem busca oportunidades de trabalho em OIS. Mas não há razão para nos sentirmos desanimados ou desacreditar da enorme possibilidade de satisfação pessoal e relevância que as boas organizações desse campo podem oferecer. Ao dedicar todo um capítulo para alertar sobre armadilhas existentes espero ter aberto seus olhos, evitando que você perca seu valioso tempo e energia com entidades que não devem ser levadas realmente a sério.

Repito: trata-se de uma parcela muito pequena do campo. O vigoroso aumento no número de organizações e de pessoas voltadas para o impacto social em todo o mundo, incluindo o Brasil, é um fenômeno, de certa forma, recente. Se há, felizmente, muita gente que já não tem dúvidas que os modelos econômicos e sociais vigentes são insustentáveis e, por isso, se dispõe a tomar em suas mãos um processo de mudança, também ainda há desconhecimento, amadorismo e, como em toda atividade humana, oportunistas envolvidos nesse movimento.

Recentemente, as ONGS têm estado na mira de setores conservadores da sociedade, que criticam de modo generalizado, e sem qualquer embasamento, a atuação dessas organizações. Falamos de boa parte destes mitos e preconceitos no Capítulo 4. A ideia deste capítulo foi realizar uma crítica construtiva e rigorosa à ínfima parcela de organizações sociais que ou não são sérias ou não são profissionais.

Por isso, acredito que os alertas que fiz são necessários. No próximo capítulo, seguimos nessa escalada rumo à transição para carreiras de impacto: convidamos uma especialista em recrutamento, seleção e gestão de carreiras em organizações sociais e tradicionais para contar onde e como procurar oportunidades de trabalho e estratégias para ser bem-sucedido nos processos seletivos de organizações de impacto social.

O QUE AS ORGANIZAÇÕES ESPERAM DE VOCÊ

Não vou mentir para vocês. Após dez anos investindo meu tempo trabalhando no setor privado, com logística e negócios internacionais, o início da minha busca por oportunidades no campo de impacto foi extremamente frustrante. Talvez tenha sido uma das fases mais frustrantes da minha vida. Primeiro porque não tinha nenhum amigo, conhecido, tutor ou mesmo livro ou curso para entender o que seria esse campo. Sabia que havia vagas em ONGs e entendia na época que poderia ser feliz, mas que ganharia ridiculamente pouco.

CARREIRAS DE IMPACTO

Entendia que começavam a surgir empresas sociais. Construí e reconstruí meu currículo e expectativas várias e várias vezes para que pudesse me encaixar. No limite, estava topando ganhar dez vezes menos (literalmente) para reiniciar minha carreira em uma organização de impacto social. Costumava chegar confiante às entrevistas. Além do inglês e espanhol fluentes, tinha construído empresas e gerenciado equipes internacionais. De quebra, ainda havia aprendido a falar chinês e a entender o código cultural necessário para fazer negócios na China.

As entrevistas e espaços que conseguia, seja com *headhunters* ou com as poucas oportunidades que surgiam diretamente com empresas sociais, iam todas pelo mesmo roteiro: primeiro, o deslumbre pelo fato de eu ter montado uma empresa no exterior ainda muito jovem, de ter desbravado a China. Os olhos brilhavam. Depois, entendiam que eu tinha competências comerciais, para comprar e vender produtos de modo lucrativo, e começavam a pensar o que eu poderia fazer na organização. Por fim, vinha sempre a frustração, ao se darem conta que não sabiam onde alocar minhas competências, independentemente de ter colocado o salário em último plano, baixando totalmente minhas expectativas.

Eu saía dessas entrevistas com o coração apertado, achando que não havia mesmo uma opção de transição de carreira. Cheguei a pensar que o trabalho em ONGs era para pessoas que iniciaram suas carreiras nesse campo ou que fizeram doutorado em temas sociais. Não haveria, portanto, espaço para pessoas com meu perfil, que empreenderam ou trabalham na iniciativa privada e buscam uma contribuição mais qualitativa. Em um dia específico, após uma dessas entrevistas frustradas, cheguei a me sentir um completo idiota, como se eu estivesse criando dificuldades desnecessárias para minha carreira, e pensei em começar a reenviar currículos para trabalhar na área de logística internacional.

Tudo bem, isso se passou há quase dez anos e hoje as coisas estão muito mais avançadas, mas a possibilidade de ingressar e desenvolver uma carreira de sucesso em uma organização do campo de impacto social ainda não é difundida e estimulada como deveria ser. Todos ganham com um campo maior, mais fortalecido: os profissionais ganham, pois têm mais oportunidades, as organizações ganham por ter maior aderência e a sociedade se fortalece ao enfrentar os desafios sociais de modo integrado.

Precisamos de quadros de profissionais mais diversos e plurais nas organizações de impacto social. Quando se fala em pluralismo, normalmente pensamos em termos de gênero, cor e classe social, o que sem dúvida é prioritário, mas, além disso, deveríamos valorizar mais a pluralidade de experiências profissionais anteriores.

Ao longo da minha transição, tive que aprender a entender que era necessário ter outra visão e desenvolver outras competências, além, claro, de ter muita afinidade com causas sociais.

Aos poucos, foi ficando claro, após conversas com dezenas de *headhunters*, que as habilidades que são valorizadas pelas empresas tradicionais não geram, necessariamente, tanto interesse assim quando examinadas pelos empregadores das organizações com orientação social. A pauta delas é outra e, por isso, o que se vê como um trunfo convencional, algumas vezes pode, até mesmo, contar pontos contra o candidato.

Muito da minha frustração vinha do fato de que, para muitos diretores de organizações sem fins lucrativos, minha experiência em logística e gestão de operações internacionais era percebida como irrelevante. Não era tão óbvio que todo tipo de organização pode aproveitar experiências como essa para melhorar processos internos, trabalhar o portfólio de investidores, aumentar a produtividade e gerenciar operações complexas de ajuda humanitária em áreas vulneráveis. E havia, claro, um grande medo ou estranhamento de ter um "empresário" buscando oportunidades em organizações menores que podiam pagar, no limite, uma fração do que eu ganhava até então.

Como mencionei, na tentativa de me adequar às exigências do campo de impacto social, mudei várias vezes o conteúdo do meu currículo. Obviamente não inventei nada, mas cheguei a omitir algumas habilidades e experiências a conselho dos *headhunters* com os quais conversava. Uma dessas mudanças foi, por exemplo, dar um amplo destaque às minhas atividades acadêmicas, algo que despertaria pouco interesse caso eu estivesse me apresentando às empresas tradicionais. Mas isso tampouco despertou tanta atenção dos eventuais empregadores do campo de impacto social com os quais conversei.

Aprendi com tudo isso que os processos seletivos no campo de impacto social têm características específicas que devem ser conhecidas por quem está fazendo a transição entre esses dois continentes profissionais. Por essa razão, devemos ouvir especialistas em recursos humanos com atuação na área de impacto social, pois ninguém melhor para aconselhar quanto a melhor forma de se apresentar.

Renata Fabrini é uma dessas especialistas. Sócia-fundadora da Plongê, uma consultoria focada em gente e gestão, ela foi extremamente gentil ao aceitar o meu convite para compartilhar sua experiência com os leitores deste livro.

CARREIRAS DE IMPACTO

Psicóloga formada pela PUC/RJ e tendo cursado MBA Executivo na Business School em São Paulo, Renata representou por vários anos a América Latina no Grupo Global de Financial Services da IIC Partners, no qual conduziu projetos em mais de 60 centros empresariais nos 5 continentes. Na Plongê, consultoria da qual é sócia, ela recruta, avalia e seleciona profissionais tanto para organizações da economia tradicional quanto para aquelas que atuam no campo de impacto social.

Sua expertise a torna totalmente habilitada para orientar os interessados em participar dos processos seletivos de empresas com preocupação social, ONGs, institutos e fundações. Nos parágrafos que se seguem, Renata Fabrini discorre sobre esse tema. Ela começa trazendo uma história com a qual me identifiquei muito, pois mostra que a dificuldade que passei em minha transição de carreira não foi um caso isolado:

> "Quando penso sobre as questões que surgem para alguém que procura por uma vaga de trabalho no campo de impacto social, costumo me lembrar de uma candidata cujo processo de admissão eu acompanhei de perto. Sou diretora de empregabilidade de uma ONG voltada para jovens do ensino médio que busca conseguir boas colocações no mercado e tirá-los do subemprego. Em determinado momento, surgiu a necessidade de contratarmos alguém exatamente para a área de empregabilidade.

> "Foi quando se apresentou uma jovem extremamente engajada, com uma excelente bagagem de conhecimento e que, justamente por isso, tornou-se uma grande dúvida para nós. Ela vinha do mercado de varejo, trabalhava com posicionamento de marca e sua carreira estava razoavelmente consolidada. Ela estava vindo dos Estados Unidos, possuía um inglês fluente e havia cursado uma boa faculdade no exterior. Mesmo com toda essa qualificação, ela dizia para nós que não queria mais o trabalho na área tradicional. O que, de fato, desejava, seu propósito real, era juntar-se ao Terceiro Setor.

> "Eu me lembro de tê-la entrevistado por uma hora e meia, quando a alertei: 'Você sabe onde está se metendo? Trabalhando aqui você vai enfrentar preconceito por parte dos seus colegas. A maioria da nossa equipe é de jovens egressos da própria ONG. Eles vêm de uma condição

financeira completamente diferente da sua, não tiveram as condições de vida que você usufruiu'. E continuei: 'Você precisará ter uma grande capacidade de articulação, de engajamento e de humildade.' Isso não a preocupava, explicou. Ela estava decidida quanto ao que queria fazer profissionalmente.

"Essa jovem reunia, de fato, excelentes habilidades para trabalhar conosco. Olhando agora, em retrospectiva, acredito que talvez tenhamos tido até um excesso de zelo. Ela foi entrevistada por mim, pelo presidente da ONG, pelo conselho... víamos que ela possuía o genuíno desejo de participar do trabalho, no entanto, nas conversas que tivemos, ela não era capaz de descrever concretamente nenhuma experiência que pudesse comprovar que teria a resiliência necessária para enfrentar aquele choque cultural que estávamos prevendo que poderia acontecer.

"Sim, ela passou algum tempo atuando no varejo, no contato direto com os clientes. Isso já dizia alguma coisa. É um mercado nervoso, exigente, no qual é necessário um bom jogo de cintura. Mas isso era tudo o que poderia indicar alguma familiaridade com interações críticas. Nas conversas que temos com os candidatos, tentamos capturar algum indício que nos mostre o perfil real deles. Mas muitas vezes tem-se que simplesmente acreditar que a pessoa está, de fato, disposta a encarar desafios.

"O final foi feliz. Ela abraçou inteiramente a causa. Trabalha 14 horas por dia, como se estivesse em um banco de investimento ou outro emprego tão exigente quanto. Não se importa de receber menos dinheiro do que poderia ganhar se estivesse no mercado formal. Isso não a incomoda. Ela havia se preparado para essa transição e estava certa de que era isso mesmo o que queria para a sua vida. Já havia experimentado as empresas tradicionais e o que a encantava era aquela função na ONG."

Renata complementa que esse exemplo é uma amostra de uma forma bastante comum com que os candidatos ao campo de impacto social costumam se apresentar em uma entrevista de emprego. Ela comenta, inclusive, que as pessoas vêm com uma agenda um pouco ingênua para as entrevistas, sem ter ideia do

CARREIRAS DE IMPACTO

que é esperado delas e, também, o que as espera do outro lado, caso sejam contratadas, o que cria a oportunidade, inclusive, para que algum entrevistador menos ético possa dourar a pílula para atrair o candidato a um emprego que possa não ser tão bom assim.

▌ NEM TUDO SÃO FLORES

Ao longo da entrevista, Renata falou de temas de alta valia como a importância da resiliência nos candidatos e a relevância de o candidato ter uma atitude proativa, e até investigativa, sobre a oportunidade que está sendo oferecida, o que complementa muito bem os cuidados ressaltados no capítulo anterior, quando falamos das cinco características que diferem organizações sérias no campo de impacto social. Seguindo com a entrevista:

"Nem tudo são flores no campo de impacto social. Ao contrário, há muitos espinhos, portanto, uma das qualidades necessárias para assegurar uma carreira nesse campo é a resiliência. Nas entrevistas que fazemos, tentamos detectar se essa característica está presente. Às vezes, conseguimos enxergar isso em um candidato, outras vezes, não. No entanto, se o candidato insiste no seu desejo de buscar uma oportunidade nesse campo, fazemos uma aposta que ele conseguirá enfrentar de maneira tranquila os desafios que surgirão.

"Sempre digo que o candidato a uma oportunidade de trabalho deve ter uma postura mais ativa nos processos de seleção. Isso significa que, quando eles são entrevistados, também deveriam agir como entrevistadores, ou seja, perguntar todos os detalhes que forem capazes sobre aquela oportunidade que estão buscando. Como funciona o dia a dia? Quais são os desafios? Como é trabalhar naquela organização? Mas talvez, mesmo antes disso, deveriam mapear o que é aquela organização. Que tipo de pessoa eles estão procurando? O que na minha história, nos meus conhecimentos profissionais, pode ser interessante para essa instituição?

"Tal reflexão é recomendável porque algumas pessoas que procuram o campo de impacto social têm uma espécie de soberba, uma atitude orgulhosa de quem acha que os conhecimentos que trazem do setor de onde vêm é maior do que os daqueles que trabalham nessa área social. Isso não é verdade. Explico isso com a seguinte imagem: um candidato vem a mim e começa a falar do seu conhecimento, eu o interrompo e pergunto: 'Mostre suas mãos, você tem calos nelas? Hummm, não tem. Mas você está disposto a fazer calos nas suas mãos com o trabalho aqui?'

"A história de vida das pessoas conta muita coisa, certamente. Elas devem narrá-las quando estão em um processo de seleção. Mas é preciso que sejam narrativas autênticas. Isso ajuda o entrevistador a fazer uma avaliação correta. Talvez ele olhe para as mãos delas e conclua que elas nunca vão criar calos ali. Que aqueles candidatos não serão capazes de realmente se engajarem naquele trabalho e, por isso, terão problemas mais tarde."

Outro aspecto central abordado pela Renata, e que tratamos também ao longo deste livro, é a importância da profissionalização, o que inclui melhores práticas de gestão, profissionais mais qualificados e a avaliação de resultados. Fiquei muito contente em escutar que essa preocupação está se cristalizando entre as organizações. Na sequência, Renata aborda, ainda, problemas ligados a preconceitos existentes na área social, em relação a pessoas que desenvolveram sua carreira na iniciativa privada e qual postura esse profissional poderá assumir ao passar a trabalhar em OIS. Sigamos com a entrevista:

"Não estamos mais nos tempos da improvisação. O campo de impacto social está se tornando cada vez mais profissional. As empresas do chamado setor 2.5,[1] que buscam o lucro, mas envolvem-se em atividades e negócios capazes de proporcionar benefícios sociais, vêm aumentando a sua presença no campo de impacto social, o que deixa claro que ninguém

---

1   O nome setor 2.5 vem da posição que esses negócios ocupam: entre o 2º setor, das empresas que visam ao lucro, e o 3º setor, das instituições sociais — http://g1.globo.com/economia/negocios/noticia/2012/10/empresas-25-combinam-foco-em-lucro-com-transformacao-social.html

mais viverá de filantropia por filantropia, já que os investidores em negócios sociais estão exigindo gestões crescentemente profissionais.

"Um engenheiro ambiental que está, por exemplo, trabalhando na World Wildlife Foundation (WWF)[2] deve entender que ele só tem aquele emprego porque os doadores do dinheiro daquela ONG têm acesso a indicadores que mostram que as metas estão sendo perseguidas profissionalmente. A demanda por profissionalismo impacta cada vez mais na qualidade das pessoas que estão sendo recrutadas para trabalhar nesse campo. A expectativa é que o trabalho que fazem deve produzir resultados mensuráveis. Os currículos, portanto, precisam ser de boa qualidade para garantir a empregabilidade dos candidatos. Exatamente como acontece nos setores econômicos tradicionais."

RESISTÊNCIA E PRECONCEITO

"Há outras semelhanças entre o campo de impacto social e o mercado privado tradicional. Uma delas é que tanto em um quanto no outro, o desafio da comunicação entre as pessoas está presente. Não é raro acontecerem dificuldades, como as que acreditávamos que aquela jovem que havia estudado no exterior enfrentaria, na aceitação dos profissionais recém-chegados pelos que já trabalham há mais tempo nas organizações com agendas sociais.

"Aqueles mais experientes costumam olhar com resistência, preconceito e até desdém a bagagem dos que estão chegando, originários de organizações tradicionais. Isso exige flexibilidade e humildade dos recém--chegados. Algumas vezes essa resistência é velada, e não se manifesta de maneira clara. Penso que o novo colaborador deve tentar trazê-la para uma discussão franca, como, por exemplo, perguntar: 'Há algo que eu

---

2   Organização não governamental que atua nas áreas de conservação, investigação e recuperação ambiental com mais de 5 milhões de associados em todo o mundo, que trabalham em mais de 90 países — https://wwf.panda.org/knowledge_hub/where_we_work/project/

deveria estar fazendo de uma maneira diferente? Existe outra forma com a qual eu possa me engajar nessa função?'

"Quando mostra de maneira sincera que ela está chegando naquela organização para aprender, pois não tem experiência nesse tipo de trabalho, essa pessoa certamente começará a contar com a simpatia dos colegas. Mais uma vez, é um processo semelhante ao que acontece em empresas comuns. É necessário e importante desenvolver essa capacidade de ler o ambiente em que você está chegando.

"Vemos coisas como essas todo o tempo aqui na Plongê. Alguém trabalhou durante 20 anos no setor farmacêutico e se emprega em um banco. Ao chegar lá, essa pessoa diz: 'Eu fazia isso dessa maneira', e o colega que já está ali há algum tempo contradiz: 'Mas aqui não é assim que fazemos.' Ao final, os dois lados têm de estar abertos a se entender e trocar experiências.

"A ideia de que o trabalho em uma ONG será algo fácil, sem estresse e com todos se entendendo maravilhosamente é algo a ser esquecido. Você não terá uma vida tranquila, relaxada. O tempo em que se criava uma ONG para dar emprego ao irmão de algum dono de empresa não existe mais. Os profissionais que estão migrando para as organizações do campo de impacto social agora chegam engajados e com um estilo profissional de trabalho.

"Na ONG na qual sou diretora, temos um diretor-geral que, comentamos na brincadeira, não conseguimos acompanhar o ritmo. Ele é uma máquina para trabalhar. Esse estilo fez com que toda a equipe mudasse a forma como vinha se comportando. 'Eu vim aqui para a gente fazer esse negócio acontecer', ele costuma dizer. E, de fato, a velocidade agora é outra. Providências que demandavam seis meses para serem concluídas, nos dias atuais ficam prontas em um mês.

"A demanda por pessoas com perfis como esse é o novo normal no campo de impacto social. O que se espera dos candidatos é que eles saibam, por exemplo, como elaborar projetos para captar recursos, enfim, que sejam especialistas em suas áreas. Há uma procura por habilidades técnicas e por conhecimentos profundos em determinados temas. Há uma tendência

CARREIRAS DE IMPACTO

forte, puxada principalmente pelo setor 2.5, sobre o qual falamos, de que os integrantes tenham a habilidade de conciliar causa e gestão.

"Vou voltar à WWF, para a qual nós da Plongê fizemos alguns trabalhos. Nela, há a turma da gestão e a turma do ambiental. Dessa última se espera um perfil mais técnico, como aquele engenheiro ambiental sobre o qual falei ou a capacidade de elaborar projetos. Das pessoas ligadas à gestão espera-se, exatamente, que elas sejam gestoras tão eficientes quanto aquelas das empresas tradicionais. O que é algo complexo, e ao mesmo tempo de grande beleza, é essa conciliação entre causa e gestão.

"O que acontece com frequência é que a paixão pela causa de impacto social faz com que você não consiga desenvolver uma visão de gestão de negócios que seja crítica e profissional, o que pode, como já testemunhei, invalidar o futuro das organizações desse campo. Você pode tornar-se tão apaixonado pela causa que não consegue abrir mão ou desapegar-se de algumas coisas, prejudicando fortemente os negócios.

"Isso é algo parecido com o comportamento do empreendedor, que também se apaixona de tal forma pelas suas ideias que não consegue abrir mão de conceitos que têm de ser superados. Há, portanto, uma sutileza quando estamos contratando para esse campo de impacto social que nos obriga a pensar em pautas sustentáveis, mas sem perder de vista a questão financeira do negócio. Não podemos deixar esse aspecto de lado, do contrário a causa não se concretizará."

◼ CARACTERÍSTICAS DESEJÁVEIS

Seria possível, então, pensar em uma lista de competências, ou mesmo características desejáveis para profissionais que querem trabalhar com impacto social? Essa é uma dúvida que tive por muito tempo, e que a Renata conseguiu colocar brilhantemente em palavras na última parte da entrevista:

"Podemos, então, a partir do que foi dito até agora, listar as principais características desejáveis para aqueles que estão em processo de se

aprioximarem do campo de impacto social. Falamos da resiliência, que é uma capacidade desejável, sobretudo àqueles que vêm do mercado de trabalho tradicional. Gostaria de destacar que esses terão, eventualmente, de se adaptar a um possível preconceito por parte dos integrantes já antigos do campo de impacto social, como chegamos a temer que poderia acontecer com aquela jovem vinda da área de varejo, quando passasse a conviver com pessoas que possuíam um background *mais modesto do que o dela.*

"A resiliência também se faz necessária ao se abrir mão, pelo menos por um tempo, de um determinado patamar de remuneração no mercado de trabalho tradicional para valores inferiores que são condizentes com o recomeço de uma carreira no campo de impacto social. Alguém resiliente tem boas chances de entender que terá de negociar suas posições e precisará dar alguns passos para trás para, quando as condições forem favoráveis, seguir novamente em frente.

"Outra competência que considero relevante é a capacidade de fazer articulações, ou seja, promover ajustes entre as partes, procurando harmonizar diferentes interesses. Isso é algo importante no campo de impacto social, no qual é comum trabalhar com muitos e diferentes stakeholders. *Não que no setor tradicional da economia isso deixe de acontecer, mas no impacto social essa é particularmente uma exigência, já que suas pautas ainda pedem um trabalho de convencimento que não é tão simples assim.*

"Não é raro que, para decidir algum item especialmente importante, você precise conversar com 12 pessoas diferentes, enquanto na economia tradicional mesmo uma questão de relevância pode chegar a uma decisão final em uma conversa com duas pessoas.

"Se o trabalho for realizado em organizações do setor 2.5 ou em empresas dedicadas à economia circular[3], as exigências quanto às habilidades

---

3   Empresas que se pautam pela economia circular não seguem o padrão de consumo tradicional: extração de recursos naturais, manufatura, distribuição e, finalmente, descarte. Elas propõem conectar o fim do processo ao seu início, reutilizando a maior quantidade de insumos possível. Com isso tentam garantir a longo prazo o ciclo de vida dos produtos, do ambiente e dos seres vivos — https://cebds.org/publicacoes/quebrando-muros-economia-circular/#.Xq2T58hKjIV

CARREIRAS DE IMPACTO

talvez sejam ainda maiores. É preciso ter nelas especialistas capazes de levar adiante esse conceito de negócios que é supermoderno. Tais organizações terão pessoas que dominam o desenvolvimento dos produtos por elas fornecidos ao lado de gestores que estarão de olho nos parâmetros do negócio, sejam eles indicadores financeiros, de qualidade ou dos padrões de atendimento.

"Percebo, na minha consultoria, que vem crescendo o número de pessoas, inclusive na faixa dos 50, 55, 60 anos, interessadas em seguir um trabalho no campo de impacto social. Elas dizem coisas como esta: 'A minha vida inteira eu segui a cartilha de desenvolver uma carreira, buscar sucesso como profissional e ganhar o meu bônus no fim do ano. Mas nunca parei para pensar sobre meu papel no mundo em que a gente vive hoje.' Temo que a chance de captar profissionais mais maduros para as causas sociais seria mais escassa se não existissem hoje as empresas do setor 2.5.

"Recentemente, uma entrevista que fiz confirmou essa convicção. Conversava com uma mulher, executiva há 20 anos em uma multinacional. Ela desabafou: 'Renata, chega, não quero mais! Estou vendo que as organizações não têm uma agenda clara ou genuína para as necessidades dos tempos atuais. Acho que eu poderia contribuir muito mais como investidora-anjo[4] ou me engajando em um projeto que sustentasse uma pauta voltada para questões sociais.'

"Olhei para a convicção daquela executiva que estava certa de que iria se juntar sem maiores problemas a uma ONG e desenvolvi a certeza de que ela, com 20 anos de multinacional nas costas, enfrentaria dificuldades nesse novo mundo. Mas também me tranquilizei ao imaginar que no setor 2.5 ela ficaria mais à vontade, já que esse segmento é mais híbrido e mescla, como já disse, a causa social com práticas semelhantes às do mercado convencional.

"Seria incorreto negar que no campo de impacto social os salários serão menores do que os praticados no mercado tradicional. A realidade é

---

4   Investimento-anjo é o investimento efetuado por pessoas físicas — o investidor-anjo — com seu próprio capital em empresas nascentes que tenham potencial de crescimento, as chamadas startups — https://www.anjosdobrasil.net/o-que-eacute-um-investidor-anjo.html

que esses executivos, depois de tantos anos de experiência, dificilmente encontrarão ganhos e bônus similares aos quais estavam habituados nessa nova área. Mas também é verdade que você pode ter um retorno financeiro sustentável o suficiente para levar uma vida muito confortável, embora, em uma sociedade de forte consumo como a nossa, nunca se saiba exatamente onde está o limite do que se acredita ser necessário para uma 'vida confortável'."

Nesse depoimento, cedido exclusivamente para este livro, Renata Fabrini trouxe informações preciosas para facilitar seu caminho de entrada nas organizações atuantes no campo de impacto social. Ela também enumerou qualidades relevantes para alcançar um bom desempenho no campo e que são valorizadas pelas áreas de recursos humanos das empresas, ONGs, institutos e fundações que nele atuam. Mesmo tomando os cuidados por ela sugeridos, é alta a probabilidade que no início da nossa carreira no campo de impacto social possamos enfrentar alguns desafios e cometamos erros de julgamento e de postura. Falaremos sobre essas dificuldades do dia a dia profissional no próximo capítulo.

ERROS E DESAFIOS QUE ESPREITAM SUA CARREIRA

Em outubro de 2019, época em que já escrevia este livro, sofri um momento difícil, como uma grande crise de ansiedade que me paralisou. Estava no meu laptop realizando tarefas comuns do dia a dia, como elaborar uma planilha ou organizar um relatório, quando, de repente, tudo "travou". Sem que eu entendesse o porquê, me senti como se estivesse vendo essas atividades pela primeira vez, sem ter a mais vaga ideia de por onde começar.

Devo ter ficado olhando para um documento em branco do Word por cerca de 40 minutos. Me senti bastante confuso e profundamente angustiado. Eu não sabia qual das inúmeras atividades urgentes priorizar, por qual começar, para quem perguntar. O coração disparou e por alguns instantes achei até mesmo que poderia morrer. Esse sentimento demorou para passar. Foi uma experiência muito difícil e sofrida, da qual nunca me esquecerei e pela qual nunca mais quero passar.

Talvez isso tenha sido algo próximo do que vem se chamando de *burnout*, mas o nome não importa tanto, prefiro dizer que foi uma crise aguda de ansiedade. Meu pai estava hospitalizado há algumas semanas e eu estava sob grande pressão no trabalho, pois me encontrava numa fase muito demandante e desafiadora. Havia bons projetos engatilhados, mas ainda não havia conseguido os recursos necessários para construir uma boa equipe e dar conta da crescente quantidade de tarefas.

Essa experiência, no entanto, me trouxe a oportunidade de uma profunda reflexão. Pensei, então, que poderia transformá-la em algo útil para pessoas como você, que buscam essa guinada de carreira. Aqui falarei sobre os principais desafios e erros que podemos cometer em uma carreira no campo de impacto social, justamente para que você possa se preparar para lidar melhor com eles muito em breve. É claro que muitas das situações aqui descritas não são exclusividade do campo de impacto social — qualquer um pode estar sobrecarregado e, infelizmente, muita gente vem sofrendo *burnouts*, então o exercício aqui é contar as especificidades do campo de impacto social e como se preparar melhor para esses desafios.

Também nunca afirmaria que a maneira como lidei com os problemas é a mais adequada. Ao contrário, como você verá, relatarei erros que cometi e posturas assumidas que trouxeram maus resultados para mim. Mesmo assim, estou convencido de que o relato da minha experiência poderá mostrar que no campo de impacto social também surgem pressões, problemas de gestão e má administração de tempo, como em qualquer atividade profissional.

Minha intenção ao relatar esses momentos desafiantes da minha carreira não é, certamente, desanimar você que deseja trabalhar nesse campo. A mensagem é outra. A ideia aqui é trabalhar com maturidade e realismo, possivelmente antecipando situações desafiadoras para que você esteja preparado de antemão e possa se desviar de alguns erros e enganos que são comumente cometidos no trabalho nessas organizações.

Um fator a observar na busca por uma colocação profissional é a qualidade da relação humana em todos os níveis da organização, incluindo, claro, a liderança. A direção da organização na qual trabalho foi bastante compreensiva em relação àquele momento delicado que eu enfrentei. Mostrou-se preocupada com o meu estado e concordou que eu me afastasse do trabalho até me sentir plenamente recuperado. Era justamente o que eu precisava. Nessa semana de descanso, pude passar um tempo com meus pais no hospital e na volta sempre parava num parque ou em alguma praça e ficava sentado observando a cidade à minha volta. Estava me permitindo viver no tempo presente, colocando o trabalho em *slow motion* por uma semana, tocando apenas assuntos essenciais, respondendo por e-mail e sem reuniões.

Lembro-me de uma tarde de quarta-feira, em que me sentei em um banco no Parque Trianon, na região da Avenida Paulista, em São Paulo, e lá fiquei por uma hora, meditando entre as árvores. Entre cada folha seca que escutava caindo, do alto das árvores, do silêncio de minha meditação, vieram algumas pérolas de aprendizado que caíram como fichas. A primeira delas foi ter reconhecido a importância de delegar e transferir responsabilidades e de haver investido para formar equipes. Um ano antes eu havia começado a treinar um colega para assumir algumas tarefas e isso me livrou de um problema que se somaria àqueles que me provocaram esse esgotamento nervoso.

Devemos pensar como organizações voltadas ao impacto social podem criar sistemas que apoiem o desenvolvimento contínuo de novas lideranças, de modo a distribuir melhor a carga de trabalho e gerar oportunidades de crescimento.

Graças aos esforços prévios de preparação, essa pessoa pôde assumir o trabalho de campo em um projeto na Amazônia que eu coordenava. Esses trabalhos exigem a conciliação de agendas de dezenas de profissionais e mais de uma centena de participantes, de modo que seria impensável mudar datas e muito menos me ausentar. Era imperativo contar com a presença da instituição em que trabalho e toda a expertise desse colega foi essencial.

Por esse motivo, devemos pensar como organizações voltadas ao impacto social podem criar sistemas que apoiem o desenvolvimento contínuo de novas lideranças, de modo a distribuir melhor a carga de trabalho e gerar oportunidades de crescimento, o que traz excelentes resultados tanto para a organização como para o profissional.

▌ FALTA DE PLANEJAMENTO E CONTROLE

Nesse período de *slow motion* também tirei alguns aprendizados pessoais, sobre como administrar limites e expectativas. Comecei a me perguntar o que teria ocorrido — por que eu havia chegado àquele nível de estresse. Eu sabia que estava trabalhando muito, mas qual mecanismo me impedia de reduzir a carga? Foi então que me dei conta da quantidade de projetos com que estava envolvido e percebi que eu também tinha uma parcela grande de responsabilidade por estar sobrecarregado, na medida em que aceitei estar e efetivamente corri muito atrás de novos projetos, o que trouxe ainda mais trabalho em uma época na qual a equipe era enxuta.

Entendi, então, que o que me levou a trabalhar dessa maneira nada saudável foi uma certa insegurança em relação ao futuro, atrelada ao desejo de seguir crescendo na organização, o que tolheu bastante minha capacidade de avaliar e poder dizer "não" para alguns projetos. Parte disso era um desejo saudável de crescer profissionalmente. Eu pensava, na época, que se crescesse na organização teria mais recursos disponíveis para manter uma equipe qualificada, que me assegurasse maior prontidão nas entregas. O que eu não vi é que estava correndo atrás da minha própria cauda — mais recursos implicam em novos projetos e mais responsabilidade de gestão, o que implica em mais (e não menos) trabalho!

Ao analisar profundamente minhas motivações, identifiquei que parte do meu descontentamento era mais profunda — vinha de uma insatisfação do ego, que queria ter mais garantias de estabilidade e de crescimento. Entendi também que essa insegurança não me permitia recusar pedidos de colegas ou parceiros da organização, que me solicitavam continuamente elaborar novos orçamentos para novos projetos.

Percebi também que faltava bastante planejamento no meu trabalho, pois, mesmo com uma equipe bem formada e estável, há um limite de horas e projetos aos quais um gestor consegue se dedicar. Acho que da minha parte faltou me planejar, colocar limites e, principalmente, ouvir mais meu corpo do que minha mente.

Um aprendizado importante no nível institucional, que vem sendo incorporado às agendas de mudanças de várias organizações, é a construção de planos de carreira para seus integrantes. Isso possibilita planejar melhor o futuro e oxigenar a organização, ao dar espaço para as novas lideranças contribuírem com o crescimento dela.

A ausência de um plano de carreira com critérios claros e definidos é a realidade da maior parte das organizações, inclusive na iniciativa privada. Mesmo assim é algo a ser analisado antes de aceitar uma posição, pois pode gerar uma situação desconfortável. Quando você não sabe em que posto estará daqui a dois ou três anos, e ninguém lhe diz o que você deve fazer para chegar lá dali a dois ou três anos, isso faz com que não haja regras claras no seu trabalho.

Sem saber exatamente o que é esperado de você, uma das reações típicas é exatamente querer performar bem acima do normal, afinal não há indicações, por parte dos gestores, de até onde você deve trabalhar ou entregar resultados. Na ocasião em que sofri esse início de *burnout*, eu estava envolvido em oito projetos, fora a gestão do sistema de avaliação da organização e as demandas "avulsas" e pontuais de colegas, por assim dizer.

Não havia tempo para nada. Trabalhava além das oito horas diárias, fazia viagens e ficava envolvido com os projetos também nos finais de semana. Comecei a marcar voos de fim de semana e de madrugada para ganhar tempo. Quando entrava num voo, a primeira coisa que fazia era abrir o computador e acelerar alguma tarefa que havia preparado previamente para fazer offline. Quando estava no escritório, participava de um mundo de reuniões, muitas delas pouco práticas e em algumas delas eu comecei a achar que minha presença não era nem mesmo necessária.

Por outro lado, constantemente era requisitado por colegas e financiadores para encontros, cafezinhos, uma conversa com alguém, geralmente sobre novos projetos. Enfim, a cada nova solicitação vinha um misto de uma sensação de que estava sendo útil para alguém e deveria me esforçar ainda mais com uma sensação de estafa e ansiedade.

Ainda meditando no parque, entre as árvores, me questionava sobre as razões pelas quais não me posicionei contra isso antes. Poderia, teoricamente, pedir para ser desligado de alguns projetos ou dispensado de algumas reuniões? Em outras palavras, por quais razões não tomei a iniciativa de me defender contra o desgaste de uma carga de trabalho tão extenuante? Houve mais de uma razão, mas uma delas, que acredito ser comum em vários ambientes profissionais, não apenas no campo de impacto social, foi o medo.

▌MEDO DE FALAR

Há o medo de se indispor com os gestores ao pedir para ser retirado de algumas responsabilidades ou querer sair de uma das equipes nas quais estamos envolvidos. Talvez os gestores ou colegas de trabalho fiquem chateados, costumamos pensar. Receamos que as nossas chances de promoção, nossa imagem e nosso prestígio sejam abalados, caso nos queixemos de que a nossa carga de trabalho está demasiadamente alta, afinal, se não estamos dando conta agora, certamente não daremos conta de responsabilidades maiores, certo? Não exatamente, mas esse medo é muito comum. Fiquei com receio de não ser visto como alguém resiliente, e isso me impediu de dizer de maneira aberta que eu estava à beira de um colapso nervoso.

Pensava que esse "não dar conta'" poderia prejudicar muito as minhas chances. Agora entendo que, na verdade, o que prejudicaria minhas chances de seguir crescendo profissionalmente seria continuar daquele modo, pois era insustentável, e a transparência com a organização e o respeito com meu corpo e minha mente foram os reais sinais de comprometimento e resiliência.

Quando você sente no corpo o peso de uma carga de trabalho insustentável, todos esses medos começam a ser relativizados. A saúde, afinal, deve vir em primeiro lugar. Parecem apenas palavras em uma frase meio batida, mas garanto que senti na pele o significado profundo de manter a saúde física e mental a partir do medo de perdê-las. Empregos, existem outros. Nada justifica correr o risco de ter um problema grave. Infelizmente, não é incomum escutar de pessoas com excesso de trabalho e estresse continuado que sofreram ataques cardíacos ou AVCs (acidente vascular cerebral). As estatísticas de estresse laboral em nível mundial não são nada animadoras e por isso é bom ficar bastante atento à importância de ter um estilo de vida balanceado, pois a fatura, quando chega, pode ser alta demais.

Há, portanto, outras razões que nos fazem manter o ritmo de trabalho, mesmo quando o corpo dá sinais de que estamos forçando nossos limites. Outra dessas razões, e essa talvez esteja presente sobretudo no campo de impacto social, é a paixão pelo que fazemos. Ela acaba nos levando a querer abraçar diferentes projetos ao mesmo tempo. É difícil desvincular-se de causas pelas quais você tem um grande entusiasmo. É como se fosse um chamado, uma missão. Se você é convidado para se juntar a um projeto ou realizar alguma atividade que considera essencial para o mundo, é bem provável que menosprezará sua falta de tempo e tentará se engajar intensamente neles.

Imagine alguém muito envolvido com questões de saúde em comunidades em situação de risco que tenha também paixão por assuntos ambientais. Se a sua organização, em algum momento, criar uma frente de trabalho em questões ambientais, essa pessoa pode ser convidada ou querer espontaneamente se envolver com as atividades desse novo braço de atuação da organização sem, porém, abrir mão de suas atuais funções. "Como eu vou me ausentar disso?", esse profissional se perguntará. E certamente concordará em acrescentar mais esse trabalho à sua lista de tarefas, mesmo que já esteja com todo o seu tempo tomado.

▍ MANTER O FOCO

Deixar-se levar pelo coração, colocando a razão de lado, pode ser algo desastroso. Atualmente, há muito eventos e ações no campo de impacto social. Isso coloca a manutenção do foco nas suas ações como um desafio. Cada uma das iniciativas nesse campo tem uma enorme lista de temas, indicadores e muitas tarefas a serem feitas. Uma carga enorme de trabalho em potencial. Participar de várias iniciativas ao mesmo tempo apresenta um alto risco de deixar de ser um prazer para se tornar um pesadelo.

O desafio, portanto, é manter o foco. Isso não só irá poupá-lo de problemas de saúde como também aumentará sua eficiência nas reuniões e na execução do dia a dia de trabalho, melhorando a eficácia das suas ações. As principais fontes de fadiga e de estresse estão ligadas à falta de foco, que é provocada pela falta de planejamento ou por um planejamento malfeito. Você tem de ser, então, cirúrgico nessa área. Ninguém conseguirá mudar o mundo atuando em mil áreas diferentes. Você terá de pensar com cuidado no que vale a pena participar, para que sua atuação tenha, de fato, impacto sobre a realidade.

É preciso, portanto, encontrar um meio-termo entre a paixão e o trabalho. É preciso ter paixão, ela faz com que nos dediquemos verdadeiramente ao que fazemos. Mas na hora em que você se sentir seduzido pela ideia de assumir mais um projeto, mesmo já estando sobrecarregado, você deve se lembrar da ética do cuidado, como é explicada pelo teólogo e filósofo Leonardo Boff,[1] que vê no cuidado o suporte real da criatividade, da liberdade e da inteligência humana. O cuidado seria, então, o próprio paradigma ético de nossos tempos, ou seja, um modelo ético que nos permita lidar com as grandes crises e desafios planetários.

---

1 BOFF, L. *Saber Cuidar: ética do humano — compaixão pela Terra*. Petrópolis: Vozes, 1999.

CARREIRAS DE IMPACTO

Quando falamos em cuidado, nossa tendência é pensar no cuidado ao outro, ao mais fraco, o que precisa de ajuda. Mas na realidade nos esquecemos muitas vezes de que o cuidado começa com o autocuidado, o olhar para nós mesmos. Gosto bastante da proposta de Bernardo Toro,[2] filósofo e educador colombiano que elabora uma lista de "cuidados" em que o autocuidado aparece em primeiro lugar.

À primeira vista, começar olhando para nós parece egoísmo, mas a lógica é que, se não cuidarmos do nosso corpo (e de nossa mente), podemos nem estar vivos para seguir cuidando dos outros e do planeta. Ademais, é preciso estar bem consigo mesmo para estar bem com o outro e desejar fazer o bem. Segundo Bernardo, o "Saber Cuidar" inclui: (1) saber cuidar de si mesmo (corpo e espírito); (2) cuidar dos outros — dos próximos (nossa família, amigos e colegas) e dos mais distantes; (3) cuidar do intelecto, da força cognitiva e do altruísmo; (4) cuidar dos estranhos, significando cuidar dos bens públicos que produzem equidade e proteção (solidariedade); e (5) cuidar do planeta, com austeridade e consciência ambiental.

Tenho de admitir que, assim como muitos colegas com quem conversei, não dei o devido valor ao autocuidado. Todos nós, infelizmente, estamos gerando condições para que isso aconteça. O nível de demanda hoje é tão alto que estamos continuamente sob estresse. Nós, como pessoas e profissionais, devemos nos autoimplicar nesse processo, assumindo responsabilidades com os vários aspectos da ética do cuidado. Temos o direito e o dever do autocuidado, de observar atentamente nossos limites, saber zelar por eles e, a partir disso, construir relações de cuidado com o outro e com o planeta. Tudo está interligado e você percebe que os aspectos se autoinfluenciam: cuidar do corpo é comer bem, alimentos que são saudáveis para nós também são saudáveis para o planeta (orgânicos e livres de agrotóxicos, por exemplo). Cuidar de si é ajudar o outro, na medida em que estar bem é estar de prontidão para esse cuidado com o outro, e por aí vão as coisas.

Claro, como havia falado no início do capítulo, as pressões que sofremos no campo de impacto social são parecidas com aquelas existentes nas empresas tradicionais, voltadas para o lucro: prazos apertados para entregar tarefas complexas; reuniões numerosas e longas; muitas viagens; burocracia que exige muitos relatórios; e prestações de contas.

---

2   https://www.las2orillas.co/wp-content/uploads/2014/11/E-CUIDADO-COMO-PARADIGMA.pdf

ERROS E DESAFIOS QUE ESPREITAM SUA CARREIRA 185

A essas questões se soma a constante delegação de tarefas, a ponto de muitas pessoas evitarem se expor em reuniões, e até nos corredores, para não receberem alguma incumbência extra. Há uma piada que diz: "Em boca fechada, não entra tarefa." Ou seja, se você se voluntariar para alguma coisa, ficará mais sobrecarregado e dificilmente alguém o socorrerá.

SEM CHEFES

A partir de certo nível de responsabilidade que você passa a ter na organização, existe outra questão que precisará ser enfrentada. Estou falando da "inexistência" de um único chefe a quem você tenha de se reportar e que possa orientá-lo sobre os procedimentos a seguir. Cada vez mais vemos que, no lugar de uma linha de comando vertical, passamos a ter uma série de linhas horizontais e verticais. Logo, temos muitos chefes a quem devemos saber consultar para temas distintos.

A hierarquia nesse campo costuma ser mais fluída, podendo ter vários cruzamentos entre os diretores de área, diretores funcionais e transversais e responsáveis regionais. E isso se multiplica pelas equipes que você participa e vai se estendendo também para as lideranças de financiadores. Uma organização de impacto social relaciona-se fortemente com clientes externos, que têm projetos em andamento com a instituição. Essa diluição de relações é outro fator que dificulta a gestão de tempo, pois é necessário satisfazer as demandas de uma série de públicos que não dialogam entre si e não têm conhecimento da carga global de responsabilidades de cada colaborador.

De novo, é preciso olhar de maneira adulta para o que provoca essa sobrecarga de trabalho sobre nós, com autorresponsabilidade e um olhar de cuidado para com todas as pessoas que podem estar nessa difícil situação. Não é correto, ou mesmo produtivo, sair apontando o dedo por aí, buscando culpados. Somos responsáveis por esse estado de coisas. Uma pilha de tarefas a fazer não surge do dia para a noite sobre a nossa mesa. Elas começam a aparecer à sua frente quando você está tranquilo, trabalhando em um projeto, e percebe que tem algum tempo livre. Aí, é você quem começa a perguntar às pessoas se não há mais alguma coisa com a qual poderia ajudar.

É como perguntar a uma criança se ela quer um doce. Vão surgindo, então, cada vez mais trabalhos até o momento em que você se vê com uma carga desmedida de obrigações. Isso não quer dizer que você deve ficar escondido para não ser visto pelas pessoas. É legítimo e louvável você ter uma participação crescente nos projetos da organização, mas isso deve ser feito com uma preparação anterior.

Devemos sempre tentar crescer, mas de uma maneira organizada, do contrário nossa performance será ruim e, além de prejudicarmos nossa saúde, teremos nossa competência profissional questionada. É necessário equilibrar a vida pessoal e a profissional. E, quando sentirmos que o trabalho está nos fazendo mal, precisamos ter a inteligência emocional para dizer: "Da maneira como as coisas estão, estou perdendo minha qualidade de vida. Não dá para ser assim. Vou diminuir minha carga e parar com alguns projetos."

PRESO ÀS URGÊNCIAS

Isso talvez seja mais fácil de dizer do que fazer. As urgências podem colocar você em uma rotina alucinante, assim como uma teia de aranha prende moscas sem lhes dar escapatória. Frequentemente, todas as oito, dez tarefas que você tem são consideradas urgentes pela pessoa que as entregou. Ora, isso é um contrassenso, pois, se tudo que você faz é urgente, para entregar hoje no fim do dia, é impossível determinar qual entre todas aquelas tarefas tem prioridade. Se tudo é considerado urgente, nada é, de fato, urgente. É uma lei da física: duas urgências não ocupam o mesmo espaço.

É possível realizar várias tarefas sem, necessariamente, se sentir esgotado, desde que você esteja disposto a alinhar expectativas com a sua equipe e a liderança direta quanto aos prazos de entrega e a ordem de prioridades. Só assim você terá condições de trabalhar focado em uma atividade por vez. Eu me lembro da sensação de mal-estar quando, após o episódio que contei a vocês no começo do capítulo, me dei conta que o melhor prazo que poderia oferecer para tarefas simples era de três semanas. Foi bem difícil explicar isso e precisei contextualizar a situação explicando que não é a tarefa em si, mas a pilha de tarefas pendentes.

Na mesma época, para conseguir assentar uma nova reunião em minha agenda, eu oferecia horários com um prazo de "espera" de duas semanas, para dar tempo de limpar a mesa e arrumar bem a lista de pendências, antes de ouvir sobre novos projetos ou solicitações. Não foi nada fácil colocar esse breque, houve indisposições, mas foi absolutamente necessário para manter a saúde em dia e a qualidade do trabalho.

E trabalhar focado significa evitar distrações, deixar o celular de lado e não checar e-mails durante o tempo que você separou para se debruçar sobre determinado assunto. É bem difícil fazer isso hoje em dia, mas vale a pena! Experimente deixar o celular na sala ao lado ou mesmo em uma gaveta toda vez que for necessário focar atenção em alguma atividade mais longa, como a leitura de materiais, preparar uma apresentação detalhada ou a revisão de textos mais longos.

Dessa maneira, você entregará um trabalho com muito mais qualidade, sem atropelos. E fará isso graças ao balanceamento entre suas diferentes atividades. A atenção com a sua tarefa tem de ser constante, pois existe uma tendência natural de querermos nos envolver com mais de uma coisa ao mesmo tempo. Fazendo isso diminuiremos a quantidade de erros e teremos uma vida de melhor qualidade.

Nós nos deparamos com muitos "vampiros" no dia a dia, esses comportamentos que sugam nosso tempo e energia, como, por exemplo, ficar checando o WhatsApp continuamente. Já parou para perceber quanto tempo gastamos nesse sentido? Esses vampiros de tempo ocorrem porque mantemos muitas portas abertas, o que significa dar oportunidade para que pessoas entrem na sua agenda a qualquer momento e sabe-se lá por quanto tempo, podendo prejudicar seu ritmo de trabalho.

No *cowork* em que trabalhava na época, havia muitas organizações de impacto social e sempre surgia a oportunidade de tomar um café com algum colega ou conhecer novas pessoas. Fazer esse *networking* é de grande importância, pois sempre aprendemos, ensinamos, trocamos informações e experiências. No auge do estresse, porém, essa possibilidade tão rica me soava como mais uma "demanda" que pressionava meu tempo.

Se você mantém essas portas abertas, sempre haverá alguém querendo tomar um cafezinho com você, marcar um almoço ou passar pelo escritório para bater um papo. Eu concordo em tomar um café com algumas pessoas, mas costumo determinar o tempo que dedicarei a isso. Será meia hora, um café só, depois desse tempo, encerro a conversa e volto para o trabalho. Se surgir outra pessoa também querendo tomar um cafezinho, claro, vou marcar, mas para dali a três ou quatro semanas. É uma estratégia saudável de balancear as trocas e novos projetos que podem surgir com o "cuidar da casa", zelando com todo carinho e atenção pelos seus projetos atuais.

O VAMPIRO DAS REUNIÕES

Se é possível encurtar ou escapar dos cafezinhos, isso não costuma ser verdade para as reuniões. Este é um vampiro particularmente poderoso e que anda à solta pelos corredores das organizações. O excesso de reuniões é um sugador de tempo junto com a burocracia.

O vampiro do excesso de reuniões mereceria, por si mesmo, um capítulo especial neste livro. Várias pessoas me contam, e eu também já passei por isso, terem feito cinco, seis reuniões, em um único dia! É difícil imaginar que uma jornada de seis reuniões em um dia possa ser algo produtivo. São encontros de no mínimo uma hora; há uma ritualística entre nós de que as reuniões só terão sentido se durarem pelo menos uma hora. O porquê dessa crença, ninguém é capaz de explicar. Eu tenho buscando convocar reuniões de meia hora sempre que possível.

Com essa quantidade de reuniões em um dia, você não terá tempo nem mesmo de enviar um e-mail. Um e-mail não exige só dois minutos. Você precisa pensar no que vai dizer, agregar dados e organizar as ideias. Não é como ir ao banheiro. Em um dia atribulado como esse, a sua gestão de tempo cai por terra. É possível reduzir essa carga de reuniões. Na verdade, mais do que possível, é fortemente necessário fazer isso.

Um ponto fundamental para tornar as reuniões menos cansativas e mais produtivas é convencer as pessoas a se prepararem antes de participar delas. Normalmente não é o que acontece, quase todos vão à reunião para se informar pela primeira vez do que está acontecendo. Isso não é nem um pouco eficaz. Se todos escrevessem um parágrafo sobre o que aconteceu de relevante em sua área e esses depoimentos fossem distribuídos anteriormente aos participantes, as reuniões seriam muito melhor aproveitadas. Dessa maneira, elas partiriam de um ponto mais adiante e ninguém perderia seu tempo e o dos outros apenas para saber o que anda acontecendo na organização. O resultado seria que todos participariam do encontro com ideias já amadurecidas a respeito dos assuntos e seriam tomadas decisões mais eficazes.

O custo financeiro dessas longas reuniões é outro assunto ao qual se dá pouca atenção. Reuniões são caras. Basta somar o valor da hora dos participantes para se ter uma ideia de quanto é o prejuízo de uma reunião que traz poucos resultados. Nela você está consumindo o tempo de quatro, seis, oito, às vezes dez pessoas.

Há gerentes e diretores de ONGs, principalmente internacionais, cuja hora custa US$50, US$70, US$100 ou mais. Assim, um encontro de uma hora dessas pessoas pode custar US$2 ou US$3 mil. Você faria um cheque de US$3 mil para ter essas pessoas em uma reunião? Provavelmente, não. As organizações não colocam esses gastos na ponta do lápis e convocam as pessoas para encontros, muitas vezes, sem sentido.

Reuniões são, no entanto, necessárias. É importante termos encontros para validar ações e tomar decisões importantes. Mas sempre é possível reduzir o exagerado número de reuniões internas. Como eu disse, os integrantes vão até esses encontros sem ter lido ou conseguido um tempo para ler o material previamente distribuído. Não é totalmente culpa deles, antes daquele encontro houve outra reunião e antes dela mais uma outra. Mas na cultura organizacional que temos, você é malvisto se recusar-se a atender à convocação para um desses encontros profissionais, a menos que tenha outra reunião mais importante, claro.

▍ BUROCRACIA E GESTÃO DO TEMPO

Mencionei também a burocracia interna existente nas organizações do campo de impacto social, embora este seja um problema presente também em empresas convencionais. Reconheço que é necessário prestar contas de seus gastos e escrever documentos de tramitações internas, ou seja, documentar alguns movimentos feitos e decisões tomadas. São práticas de *compliance* importantes e necessárias. É preciso ter controles internos, há auditorias e outras providências que exigem nossa atenção. Não há como evitar isso.

O que penso, no entanto, que gera ineficácia e problemas de gestão é não se levar em conta, internamente, o tempo que a parte improdutiva dessas providências nos tomam. Não prevemos na nossa agenda o tempo necessário para nos ocuparmos com essas tarefas. Isso é um erro, pois elas tomam tempo! Uma colega me contou que gasta um dia inteiro por mês apenas para prestar contas das viagens que faz. E nós viajamos com frequência. E muitas vezes também não separamos um tempo em nossa agenda para escolher um voo melhor, em um horário mais civilizado, com um preço mais favorável.

Quando trabalhamos em uma grande corporação, da economia tradicional, temos claro em qual área funcional atuamos. Iremos, portanto, desempenhar papéis ligados àquela área específica, em atividades que se restringem a funções

CARREIRAS DE IMPACTO

bem delineadas. No campo de impacto social é comum você se envolver em muitos projetos. E eles têm, frequentemente, enfoques diversos, envolvendo pessoas de áreas diferentes que trabalham com dinâmicas e culturas particulares.

Um desafio adicional para a uma vida profissional equilibrada é saber administrar as cargas de trabalho para atender a demandas internas e externas da organização. Quanto maior é a organização na qual você trabalha, maior será o tempo que você investirá em ações dentro da própria organização.

Quando eu trabalhei no grupo automotivo PSA (dono da Peugeot e da Citroën), por exemplo, que tem 200 mil funcionários no mundo, eu investia 95% do meu tempo para dentro da organização — os e-mails que enviava, conversas e reuniões eram todos com públicos internos, outras áreas da empresa. Um tempo muito menor era dedicado a contatos com pessoas fora da empresa. Já em uma organização de pequeno porte, ainda mais se ela pertencer ao campo de impacto social, provavelmente essa conta terá um resultado oposto. Nessas os contatos com organizações externas podem tomar algo como 90% do seu tempo.

O problema é quando os percentuais internos e externos vão crescendo e se torna difícil controlar essas oscilações. Em um limite, a tendência é que a exigência de trabalho se expanda para além de 40 horas semanais, podendo chegar a 50, às vezes até 60 horas semanais, se incluir as viagens e trabalho nos finais de semana.

Não há um padrão único de como os integrantes das mais de 800 mil Organizações da Sociedade Civil (OSCs) existentes no país lidam com o tempo que dedicam ao trabalho nessas entidades. Com certeza, nesse universo, há aquelas organizações em que seus empregados conseguem administrar de maneira suave suas atividades. Há organizações sociais que, inclusive, dão como benefício meio período livre às sextas-feiras. No entanto, minha experiência e as informações de que disponho mostram que, de modo geral, dificuldades em gerenciar as horas dedicadas aos projetos e atropelos de agenda não são raros.

Acredito que algumas sugestões de como administrar o tempo de forma eficaz podem ser úteis a você, que pretende trabalhar no campo de impacto social, assim como para aqueles que já atuem nele.

> **Bloquear agendas** — Todas as suas atividades de trabalho devem ser colocadas em sua agenda. Você executará algum trabalho interno? Coloque-o na sua agenda e bloqueie aquele horário, não aceitando nenhuma outra tarefa naquele tempo. Escrever relatórios, montar

uma planilha, fazer uma análise... tudo deve ser inserido na agenda, e aquela programação precisa ser defendida com unhas e dentes.

Planejar de trás para frente — Se a entrega de determinada tarefa tem seu prazo final já fixado, faça o cronograma das etapas para a sua execução determinando os passos a partir do tempo fixado, caminhando para trás até a data de início. Se o projeto está programado para ser concluído em seis meses, por exemplo, leve em conta as datas fixas e aquelas que ainda podem ser ajustadas.

Entender a urgência — Nem tudo é urgente, mesmo que as pessoas digam isso para você. É ilógico pensar que todas as suas tarefas são urgentes e devem ser entregues o mais prontamente possível. É preciso fazer uma distinção do que é urgente e do que é importante. O importante é algo que eu não posso deixar de fazer, mas tenho, por exemplo, três semanas para finalizar e consigo reservar uma ou duas manhãs inteiras para executá-lo. Urgências são ações que precisam ser tomadas de imediato. Mas atenção: 10% a 15% das tarefas podem ser urgentes, se o percentual for maior do que isso, você não conseguirá entregar no ritmo solicitado. Se você tentar, poderá estar condenado a surtar.

Dividir em pequenos pedaços — Tarefas grandes surgem como monstros e temos pesadelos com elas. Tarefas pequenas dão ânimo e prazer em serem feitas. Então, desmembre grandes trabalhos em pequenas porções, organize-os em etapas. Coloque essas pequenas tarefas na agenda com seus prazos de conclusão e faça de modo controlado cada uma delas.

Fazer previsões realistas — O mais comum é reservarmos menos tempo do que o necessário para desenvolver uma atividade. É preciso, portanto, fazer previsões realistas a respeito do tempo que será necessário para cada trabalho. Estude quanto tempo você gasta para efetivamente percorrer cada tipo de tarefa, sem interrupções, e comece a aprender mais sobre seu uso do tempo. Aos poucos, você vai perceber que dividir grandes projetos em etapas menores e saber quanto tempo efetivamente será necessário para percorrer cada etapa vai trazer maior segurança da administração do tempo e melhorar a qualidade do trabalho, que poderá ser feito com menos ansiedade e de maneira mais focada.

Trabalhar com rascunhos — Aquelas longas reuniões de duas a três horas de duração para decidir, a partir do zero, o que será feito diante de um novo desafio são um castigo que ninguém merece sofrer. Se os integrantes se prepararem individualmente e previamente e trouxerem uma sugestão, ainda que esquemática e incompleta, ao dividir esses *insights* entre os participantes, eles tornarão o processo bem mais efetivo. Claro, haverá críticas, mas surgirão muito mais propostas de aperfeiçoamento. Fazendo assim, você e o grupo se sentirão confiantes de que entregarão um trabalho de qualidade ao cliente.

Negociar prazos — A ideia de que prazos de entrega estão gravados na pedra e por isso não podem ser mudados não faz sentido na grande maioria dos casos. Se você precisa de um ou dois dias a mais, ou toda uma semana, para entregar uma tarefa que lhe foi confiada, diga isso ao seu líder direto sem qualquer temor de que você está falhando, o que não dá é avisar de última hora que não conseguirá entregar e ficar furando prazos, o que pega muito mal. Bombeiros não podem negociar prazos para combater um incêndio, mas esse não será o seu caso. Não entregue um trabalho malfeito. Peça mais tempo logo ao receber a tarefa e entregue um trabalho de boa qualidade sem comprometer a sua saúde.

Ser conciso — Não encha linguiça. Não dá mais para fazer relatórios de dez, vinte, trinta páginas para qualquer coisa. Só há sentido em produzir um calhamaço se ele for a somatória de dez relatórios, cada um deles bem direto ao ponto, tratando de um tema complexo e intrincado. Os norte-americanos usam uma excelente expressão: "escreva um *two-pager* sobre esse assunto". Significa exatamente isso, um texto de, no máximo, duas páginas. Um resumo executivo de duas páginas é o suficiente para comunicar o essencial.

Este capítulo talvez tenha soado como uma leitura pessimista sobre o campo de impacto social, mas, por favor, não o entenda dessa maneira, mas sim como um alerta de como devemos tomar em nossas mãos o controle do nosso tempo, da forma como trabalhamos e da maneira como queremos desenvolver nossa caminhada nesse campo de impacto social. Falamos de como o autocuidado é importante no contexto das pressões no mundo do trabalho. Foi também minha intenção desmistificar uma visão que é comum sobre as ONGs. Ouvi de muitos a crença de que essas organizações oferecem um ambiente de trabalho mais relaxado, em que não há pressões, nem cobranças de performance.

Não é assim que as coisas acontecem. A maior parte dessas organizações tem pautas louváveis, que preconizam salvaguardar nosso ambiente, trabalhar por condições de vida dignas para todos e propiciar que todos tenham oportunidades iguais de acesso às riquezas que produzimos. E, para poderem atingir esses nobres objetivos, elas necessitam de planejamento (com metas claras e mensuráveis) e de uma gestão profissional. Mas muitas delas enfrentam problemas de gestão, planejamentos malfeitos e falta de metas bem definidas.

Existem metodologias que, se bem aplicadas, são capazes de transformar esse quadro. É o que veremos no próximo capítulo.

CAPÍTULO 12

BOAS AÇÕES PRECISAM SER MEDIDAS

Imagine que muito em breve você passe a trabalhar em uma ONG, um instituto ou uma fundação que lida com mulheres em comunidades de baixa renda no Nordeste que já têm a tradição de costura. Você, que seguiu de perto os passos deste livro, talvez já esteja engajado em uma organização do campo de impacto social ou isso esteja prestes a acontecer. Talvez nessa organização em que você iniciou sua trajetória exista uma ação como a que falo em seguida.

CARREIRAS DE IMPACTO

Nessa ONG imaginária, que atua junto a comunidades de baixa renda, existe uma farta disponibilidade de retalhos de pano na região, devido à existência de uma grande fábrica no setor têxtil próximo a essas localidades. Os proprietários dessa indústria estão dispostos a doar ou a oferecer a preços baixos os retalhos. Para poder aproveitar essa oportunidade, a organização em que você trabalha passa a apoiar essas mulheres na fabricação de produtos de tecido.

Após conversas iniciais, as mulheres mostraram interesse em fabricar bonecas de retalho, o que já era uma das tradições da região. Sua ONG inicia o trabalho de organizar o trabalho e usar suas redes para apoiar a comercialização desse artesanato, revertendo o lucro obtido diretamente para as mulheres. A organização pode bem ser uma empresa de impacto, que comercializa o produto e repassa às mulheres um valor justo por seu trabalho, fazendo com que elas se sintam realizadas e valorizadas.

Tudo parece estar indo bem. Você trabalha duro, viaja, faz reuniões e corre atrás de financiamento. Consegue a doação de máquinas de costura, facilita a logística da matéria-prima e estabelece uma estrutura de comercialização. Está orgulhoso dos resultados alcançados. Sente-se feliz, porque está fazendo o bem. Mas... quanto de bem você e sua organização estão fazendo para aquelas senhoras artesãs? Em que medida todo esse esforço mudou, se é que mudou, a vida da comunidade?

Claramente, um dos impactos diretos esperados é o aumento na renda das mulheres e, claro, por consequência, um aumento na renda média da comunidade. Mas será que se limita apenas a isso? Como podemos verificar o que está acontecendo? E pasmem: existem muitos e muitos casos em que o esforço parece estar funcionando, mas, quando analisamos com uma lupa, simplesmente não faz tanta diferença assim na vida das pessoas ou, em alguns casos que veremos, pode até piorar a situação.

Isso só poderá ser conhecido em profundidade, caso o impacto da sua organização seja medido no local de atuação. Com os dados na mão, será necessário comparar a situação que essa comunidade vivia anteriormente com os dias atuais, quando o programa já está em funcionamento. Mas... um momento! Você tem tanta certeza de que o que está fazendo ali é algo bom? Você se esforçou muito e ouviu tantos elogios dos seus amigos quanto ao seu trabalho que, talvez, fique até bravo se alguém lhe pedir para mostrar números e dados. Parece que estão duvidando de você, da sua boa vontade e até da sua honestidade, não é mesmo?

No entanto, medir resultados alcançados é algo de grande relevância para qualquer organização, não importa o tipo. O setor privado tem uma maneira clara e direta de saber se os seus resultados estão de acordo com as expectativas iniciais. Seus indicadores principais são o faturamento bruto e o lucro líquido. O faturamento indica que a empresa está conseguindo vender seus produtos ou serviços; enquanto o lucro líquido mostra que a operação é eficiente e remunera o capital dos acionistas. Se há lucro, a empresa está no rumo certo, tem as condições necessárias para continuar a crescer e os sócios ficarão felizes e reinvestirão no negócio para alcançar ainda mais lucro.

INDICADORES COMPLEXOS

No campo de impacto social, essa medição é mais complexa. As empresas de impacto social, ou seja, aquelas cuja razão de existir é resolver problemas sociais, porém com produtos que geram receitas, o lucro também tem de ser alcançado. Mas a atuação delas, além da performance tradicional esperada pelo mercado, também necessitará de indicadores específicos para mostrar o resultado da sua ação. Tais indicadores serão semelhantes aos que as organizações sem fins lucrativos e os programas governamentais na área social usarão para checar o resultado de seus esforços. E eles são completamente diversos dos indicadores usados nos resultados financeiros convencionais.

Assim como o dinheiro é uma unidade de medida comum dentro de um sistema financeiro, e uma empresa bem-sucedida deve gerar lucro, os indicadores sociais são medidas de sucesso das organizações sociais. Alguns exemplos de indicadores sociais são o aumento na expectativa de vida das pessoas ou o acesso a serviços essenciais nas regiões em que essas organizações atuam.

Estamos falando de um mundo no qual a quantidade de pessoas que tem acesso a uma vida digna é algo relevante para medir impacto e tem influência na receita futura da sua organização. De modo geral, salvo contextos específicos, quanto maior seu orçamento e mais apurada sua capacidade de medir impacto e aprender com erros, maior será seu impacto social, maior a contribuição aos ODS e maiores as chances de vencermos as grandes angústias da vida, pois fazer o bem no macro faz bem também ao micro, e vice-versa.

Exemplos clássicos de indicadores sociais são o acesso à água potável e aos serviços de esgoto. Um melhor desempenho escolar é outro indicador de resultado a ser levado em conta, caso a ação da organização afete a área educacional. O declínio da incidência de doenças parasitárias indica o sucesso da atuação de uma iniciativa que tenha seu foco na melhoria das condições sanitárias de uma região e outros parâmetros, inclusive o acesso à água potável com segurança, como o caso que contamos da Avina e da AMA (Ambev) no semiárido do Brasil, que tenho a honra de apoiar no processo de avaliação e aprendizagem.

Em geral, indicadores como esses captam fatores e ações que se influenciam mutuamente, o que pode ajudar ou atrapalhar bastante o desempenho de um programa social. Um programa social bem articulado (e bem medido) deve saber jogar com isso, provocando mudanças em várias dimensões a partir de seu orçamento. Diz-se desses programas que eles têm um "impacto multidimensional" e, portanto, abrangente e importante.

Aquela organização voltada para a estruturação da produção e comercialização das bonecas de retalhos poderia checar se o seu esforço está dando bons resultados, comparando o fluxo do dinheiro em circulação na comunidade antes e depois do estabelecimento do negócio de costura. Talvez também levasse em conta se essa nova entrada de recursos provocou alguma repercussão no bem-estar das costureiras ou nas dinâmicas familiares.

Será que elas gostam do período que passam trabalhando? Isso possibilita a criação de vínculos de confiança? Sentem-se mais independentes e donas de suas vidas? Sobra mais tempo para ficar com as crianças e acompanhar o dever de casa? Suas crianças vão melhor na escola por conta disso? Só por aí já vemos que há muitos impactos que podem ser igualmente ou mais importantes do que a geração de renda. Ainda poderíamos ir muito além. Saber pensar antecipadamente e escolher o que medir e o que não medir (pois medir custa dinheiro!) é uma das minhas principais atividades no dia a dia do trabalho.

Mas, afinal, quais as razões que justificam o esforço de medir os resultados dos programas e ações sociais? Há várias respostas. A mais curta e direta é: porque as instituições que financiam essas iniciativas (empresas, governo, organizações internacionais) precisam saber o que se está fazendo com o recurso e, se a organização é séria e mede corretamente, essas instituições podem confiar e seguir investindo novos recursos para que o programa continue existindo no próximo ano. Simples assim.

Existe, claro, a motivação de fundo de melhorar continuamente e estar disposto a se adaptar, condição de sucesso para qualquer organização nos tempos atuais. Existe também a questão do *reporting* aos financiadores (prestação de contas) e, claro, mil possibilidades de alavancar os recursos por meio da comunicação externa. Com bons indicadores, fica muito mais fácil contar a história de transformação.

Mas há outras boas razões para medir os resultados de um programa social. Uma delas, por incrível que pareça, é que há vários casos de ações no campo de impacto social que, por melhores que sejam as intenções que as norteiam, provocam mais malefícios do que benefícios. Um acompanhamento das suas repercussões pode apontar os erros cometidos e trazer elementos para que medidas sejam tomadas para corrigi-los.

Outra razão é que o acompanhamento das medições permitirá aos responsáveis aprender como fazer melhor com os mesmos recursos que têm à sua disposição e mostrar a eles como tais ações podem ser escaladas. Outro benefício é o *reporting*, ou seja, reportar a maneira com que o investimento foi empregado. Isso é fundamental para manter a credibilidade e a rastreabilidade dos recursos. Uma última razão é a comunicação externa, ou seja, na medida em que temos bons resultados para apresentar, podemos comunicar isso para a sociedade promovendo a imagem da organização.

▌ VÍNCULOS DE DEPENDÊNCIA

Uma discussão que costuma ser recorrente entre as entidades e autoridades envolvidas na questão diz respeito à ajuda humanitária feita a países pobres, em especial àqueles do continente africano. Por trás dessa questão há um problema muito grave que ocorre da chamada "assimetria de poder" entre organizações, doadores e beneficiários, uma vez que as primeiras costumam deter muito mais poder do que os beneficiários. E, claro, surgem laços de dependência, que levam muitas vezes ao que se chama de "paternalismo", que é quando uma organização doutrina o que os beneficiários devem querer em vez de escutar genuinamente suas demandas, ou seja, as pessoas se tornam meros "recipientes" de ajuda humanitária e se desumanizam, viram números.

A ajuda humanitária na África nos ensina muito sobre isso, mas é apenas um de múltiplos exemplos que vemos cotidianamente. Muitos especialistas avaliam esse socorro como sendo prejudicial em vários aspectos.[1] Naquele continente, muitas décadas de doações geraram vínculos de dependência, no lugar de apoiar ciclos de desenvolvimento econômico e social consistentes. Quando se doam roupas e alimentos, por exemplo, isso atinge diretamente as indústrias locais praticamente inviabilizando a sua continuidade, já que não há razão

---

1   https://veja.abril.com.br/mundo/como-a-ajuda-humanitaria-agrava-a-crise-de-fome-na-africa/

CARREIRAS DE IMPACTO

para alguém pagar por produtos como esses, na medida em que eles podem ser adquiridos gratuitamente.[2]

Os economistas chamam de "externalidades" os efeitos não previstos da atuação de uma organização, de cunho social ou não, em determinada região. Uma externalidade não é em si nem boa nem ruim, embora essa seja uma denominação utilizada sobretudo para designar um efeito negativo. Eu testemunhei pessoalmente uma má consequência de um empreendimento quando, antes mesmo de trabalhar no campo de impacto social, acompanhei de perto a construção de uma fábrica da indústria automotiva no Nordeste brasileiro.

Embora a iniciativa tenha gerado empregos bem pagos, aberto espaço para trabalhadores qualificados, oferecido uma perspectiva de crescimento econômico para a região e aumentado a arrecadação do município e do estado, ela também trouxe violência, crescimento desordenado de bairros pobres e exploração sexual, inclusive infantil, durante a época da construção. Embora o crescimento econômico e o aumento da arrecadação já fossem vantagens previstas pelo projeto, alguns dos problemas resultantes não estavam no radar. Essas foram as externalidades.

Voltando à África, em 2010, surgiu uma polêmica em torno da doação de milhares de camisetas para países daquele continente. A campanha específica de doação, que foi colocada na berlinda naquela ocasião, foi criada por Jason Sadler, proprietário de uma agência de publicidade no estado norte-americano da Flórida.[3] Sadler iniciou sua ação com camisetas que sobraram de uma campanha desenvolvida pela sua empresa. Com milhares de *t-shirts* nas mãos, ele entusiasmou-se pela ideia de doá-las para pessoas pobres na África que, imaginava, não possuíam recursos para comprar vestimentas.

Jason passou a coletar, junto a outras organizações e pessoas, mais camisetas até elas somarem muitas centenas de milhares de unidades. Estabeleceu conexões com outras entidades na África e despachou montanhas de camisetas para países africanos. Embora ninguém tenha duvidado abertamente das suas boas intenções, Jason foi duramente criticado por não ter levado em conta os efeitos nocivos que sua atitude poderia causar.

Quais foram eles? De acordo com aqueles que criticaram essa fartíssima doação, a enorme oferta gratuita de roupa tornou inviável a produção e a venda de camisetas e outras vestimentas pelos fabricantes de roupa que, talvez Jason

---

2   Idem.

3   http://content.time.com/time/world/article/0,8599,1987628,00.html

nunca houvesse pensado nisso, existiam na África, como em qualquer outro país. Doações semelhantes haviam sido especialmente intensas nos anos 1970 e 1980 e muitas indústrias de vestuário foram à falência à época por falta de mercado. A iniciativa de Jason foi vista como mais um tiro em um setor já extremamente enfraquecido. "A capacidade de empreender e produzir produtos que utilizam o algodão como matéria-prima foi destruída", disse à época o diretor da Inter Region Economic Network, James Shikwati, uma entidade voltada para pesquisas, sediada em Nairóbi, no Quênia. "Fazer essas doações é como oferecer veneno disfarçado sob uma camada de açúcar", afirmou Shikwati.[4]

UM OLHAR HUMANO PARA A AVALIAÇÃO

Alertar sobre externalidades negativas como essas é uma das funções do monitoramento de projetos sociais, porém a avaliação de resultados e impactos é parte fundamental em qualquer iniciativa, sobretudo naquelas de caráter social. Monitorar é não apenas útil como um esforço necessário de acompanhamento do dia a dia das operações, uma maneira de assegurar se as ações previstas estão, de fato, acontecendo e avaliar em que medida estão se convertendo em resultados positivos para aquele público carente para o qual elas foram desenhadas. A meta é checar se os objetivos iniciais estão sendo cumpridos e avaliar como eles estão mudando a vida das comunidades e das pessoas. Se os efeitos são positivos, ótimo, se não houve mudanças ou se eles ocorreram em menor intensidade do que o previsto, os objetivos devem ser repensados.

Algumas vezes achamos que medir os resultados é suficiente para responder às dúvidas quanto ao impacto de determinada ação voltada para o social, imaginando que isso trará uma resposta direta, do tipo "sim" ou "não", "tem impacto" ou "não tem impacto". Se determinada ação está ou não fazendo diferença. Na verdade, essa resposta não vem só com a medição, que é uma parte do trabalho, mas acontece mesmo com um grande leque de práticas, atividades e técnicas dentro da caixa da "avaliação".

A avaliação é mais ampla do que a medição. Medir nada mais é do que colocar alguma coisa em escala, construir uma régua para comparar duas ou mais coisas, como comparar os resultados de um programa social por meio de seus indicadores, por exemplo. Avaliar tem muito mais a ver com o exercício de fazer

---

4   Idem.

perguntas. Muitas vezes é mais importante saber fazer as perguntas certas do que contar com mil medições e indicadores.

Boas perguntas questionam coisas que não pensamos antes, que podiam ser colocadas em dúvida, e apontam o caminho para as transformações mais importantes (e, às vezes, indispensáveis!) à continuidade de programas e organizações sociais. São perguntas que direcionam para se conhecer melhor o trabalho e poder melhorá-lo constantemente.

Boas perguntas levam, ainda, a se ter uma boa medição, com indicadores que conseguem capturar, de fato, o impacto do programa e seus desafios. E é por meio do monitoramento do avanço desses indicadores, por sua vez, que as respostas começam a surgir.

Algumas vezes os indicadores disponíveis estão desatualizados ou simplesmente não foram coletados. Isso ocorre, acredito, pela ausência de uma cultura de monitoramento e avaliação entre nós, o que vem se acirrando com crescentes cortes a orçamentos de pesquisas, o que é lamentável, pois um país que não se conhece não se desenvolve. A necessidade de monitoramento ainda não está impregnada na mente da grande maioria das organizações de impacto. Isso é lamentável, pois a existência de tal cultura significaria, também, maiores oportunidades de trabalho no campo de impacto social. Muitos avanços já ocorreram, mas ainda é preciso fazer muito mais, pois há diversos níveis de evolução na cultura de monitoramento.

Essa afirmação é comprovada quando sabemos que monitorar e avaliar são atitudes ligadas diretamente à transparência e à eficácia interna e externa das organizações sociais. Quando os resultados produzidos por uma determinada entidade são tornados públicos, consegue-se maior respaldo das agências financiadoras e do governo. Isso permitirá a essas organizações tornarem-se mais interessantes para atrair talentos e, como consequência, melhores resultados serão atingidos em uma espiral benéfica para as organizações e a sociedade.

Da mesma maneira, se os integrantes de uma organização do campo de impacto social têm a validação, ou não, das ações que protagonizam, poderão corrigir o rumo ou aprofundar sua intervenção obtendo melhores resultados. Olhar criticamente para o que fazemos é fonte de inspiração para um constante crescimento e aperfeiçoamento.

O fortalecimento da cultura de monitoramento e avaliação no país é uma questão-chave para o desenvolvimento do campo de impacto e para as organizações em particular. Na medida em que esse modo de pensar se instalar, isso evitará um inconveniente comum nessas entidades, que é a perda de tempo com detalhes pouco relevantes para a operação. Muitas discussões não são o foco e muito menos têm impacto detectável no objetivo final das organizações. Igualmente, na área de monitoramento, muita coisa vem sendo pedida por financiadores particulares ou governamentais, de um modo equivocado e custoso para as organizações de impacto.

▌ TEORIA DA MUDANÇA

Independentemente da existência desses impedimentos, que devem ser enfrentados, existe uma cadeia de geração de valor social que é reforçada pelo uso de metodologias para avaliar seus impactos. Existem vários instrumentos de avaliação. Entidades governamentais costumam utilizar o marco lógico,[5] que é a construção de uma lógica de encadeamento das ações necessárias para gerar cada resultado previsto, com ênfase ao vínculo de causa e consequência.

Outro desses instrumentos é a Teoria de Mudança,[6] um modelo que é mais difundido entre as entidades de cunho social do que entre as empresas tradicionais e, por isso, ainda é pouco conhecido fora do campo de impacto social. Não precisaria ser assim, pois a Teoria de Mudança (TdM) pode ser de grande valia para qualquer tipo de empreendimento. Esse modelo busca gerar um processo de reflexão que será expresso em uma representação gráfica, embora a TdM não se reduza a um gráfico ou a um fluxograma.

Esse modelo é algo mais profundo que se propõe a ilustrar os vínculos de causa e efeito desde o momento zero, quando o investidor social coloca dinheiro em uma organização, produto ou programa, até o instante em que são gerados os efeitos de longo prazo. Por ser de larga utilização no campo de impacto social, explicarei a TdM de uma maneira um pouco mais detalhada neste capítulo.

---

5   O marco lógico foi desenvolvido pela agência norte-americana USAID. Em sua formatação inicial, essa metodologia foi proposta como uma matriz de 4 colunas e 4 linhas, na qual vinha explicitada a cadeia hierárquica dos objetivos que precisavam ser atingidos, ou seja, de como a realização das atividades iria gerar os produtos e serviços do projeto que, por sua vez, seria capaz de promover as mudanças esperadas junto aos beneficiários. https://gife.org.br/planejamento-e-avaliacao-de-projetos-sociais-o-marco-logico-revisitado/

6   O conceito de Teoria de Mudança propõe criar uma cadeia lógica que relaciona as ações, produtos, resultados e impacto de uma dada proposta de intervenção na realidade. Ela se compõe de **insumos (inputs)**, que são os recursos necessários para realizar as intervenções; **intervenções**, as atividades realizadas com fins de transformação; públicos, ou seja aqueles a quem as atividades se dirigem; **outputs**, os produtos originários das intervenções; **resultados (outcomes)**, as mudanças diretas na vida de pessoas ou comunidades; e **impactos**, os resultados finais mais complexos e de longo prazo sobre as pessoas e sua vida em sociedade.

CARREIRAS DE IMPACTO

Mesmo que saibamos que a TdM não se limita a ser uma representação gráfica, ela é comumente representada em um diagrama. Ao observarmos nesse esquema a sucessão de etapas e consequências na qual estão as relações causais, isso nos permite ter respostas, precisas e assertivas, a perguntas como: qual é o resultado do nosso trabalho? Estamos cumprindo ou não com o que foi previsto? Poderíamos ser mais eficientes nas nossas ações? Seria possível termos mais eficácia na operação como um todo? Devemos continuar o que estamos fazendo? Nós estamos prontos para ampliar a nossa ação?

No Capítulo 5, contei sobre a minha experiência como voluntário, iniciada em 2013, com o TETO,[7] uma ONG criada em 1997, no Chile, que se dedica a construir casas em parceria com famílias que vivem em moradias precárias. No site e-disciplinas,[8] que é um ambiente virtual de aprendizagem de apoio às disciplinas da Universidade de São Paulo (USP), é exatamente a atuação do TETO, a qual acompanhei, que é dissecada em um diagrama típico da Teoria de Mudança,[9] portanto, aproveito esse caso para explicar as etapas da TdM de um modo mais fácil e direto.

Conforme é explicado no site, a ação do TETO, vista sob o enfoque da Teoria da Mudança, passaria pelas seguintes etapas: 1º - O Problema (também pode ser expresso como uma "necessidade") a ser enfrentado, que no caso dessa ONG são os "altos níveis de pobreza em assentamentos precários". 2º - Os Insumos requeridos para a ação, nesse caso os "voluntários e material de construção". 3º - O Produto, ou seja, o resultado do uso desses insumos para sanar o problema das moradias precárias, nesse caso: "melhores moradias". Na medida em que essas moradias de melhor qualidade são entregues aos moradores, isso teria como impacto resultados intermediários e finais. 4º - Os Resultados Intermediários seriam percebidos pelos moradores como uma "maior sensação de segurança" e uma "maior disposição à acumulação de ativos". E, finalmente, 5º - Os Resultados Finais que se materializariam depois de algum tempo como uma "maior satisfação", "melhores relações familiares" e "maior empregabilidade".

A seguir, um diagrama no qual constam essas cinco etapas, da maneira como podem ser mostradas no desenvolvimento do trabalho do TETO, conforme pode ser visto no site e-disciplinas, que mencionei anteriormente.[10]

---

7   https://www.techo.org/brasil/teto/

8   https://edisciplinas.usp.br/acessar/

9   https://edisciplinas.usp.br/pluginfile.php/4149822/mod_resource/content/1/Avaliacao%20impacto%20JPAL%20MOVE%20outros.pdf

10   Idem.

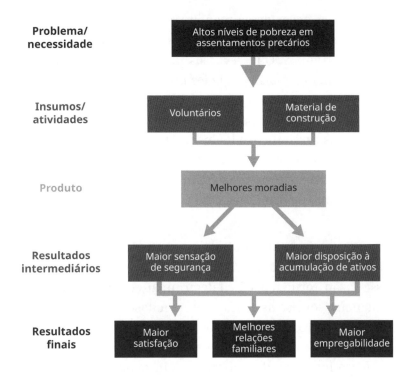

Fonte: Universidade de São Paulo, portal e-disciplina: https://edisciplinas.usp.br/pluginfile.php/4149822/mod_resource/content/1/Avaliacao%20impacto%20JPAL%20MOVE%20outros.pdf

A mais importante contribuição da TdM, que também poderia ser proporcionada por algum outro método eficaz, não se limita a organizar em passos o desenvolvimento de uma proposta de impacto social, do seu nascimento à produção dos resultados de longo prazo. Talvez o que ela traga de mais relevante seja poder ser utilizada como um *checklist* da consistência interna das ações que serão realizadas; servir para o monitoramento dos processos e das atividades desenvolvidos e, ainda, como uma avaliação do impacto dos movimentos feitos.

Você encontrará um guia resumido contendo essas e outras metodologias de avaliação de impacto em um artigo que escrevi em parceria com colegas do IDIS, Plano CDE e Yunus Negócios Sociais sobre metodologias de avaliação de impacto.[11]

---

11 https://www.idis.org.br/wp-content/uploads/2018/05/Artigo_Avaliacao_Impacto_Social_06.pdf

PERGUNTAS CERTAS

Ao planejarmos nossas ações dessa maneira, seremos capazes de fazer as perguntas certas para estruturar um programa de impacto social. Qual é o problema que se pretende enfrentar? Que recursos precisamos contar para desenvolver as atividades e, ainda, quais atividades precisarão ser feitas para enfrentar esse problema? Qual o produto final que entregaremos e como ele será capaz de dar uma resposta adequada para sanar o problema que escolhemos como nosso objetivo? Quais serão os resultados intermediários, ou de curto e médio prazo, que o produto proporcionará? E qual será o resultado final, esse, de fato, transformador, que virá no longo prazo para toda a ação que desenvolveremos? Parece bastante promissor caminhar com um mapa como esse nas mãos, não é mesmo?

Por sua simplicidade, a TdM vai direto ao ponto do que é preciso fazer. Essa característica permite que seja identificado com clareza o problema a ser resolvido e, por essa razão, torna mais fácil determinar com maior precisão o foco e desenhar de maneira concisa as ações a serem feitas. Um exemplo mostra como isso é verdade. Uma ONG inicia um programa voltado para melhorar a qualidade de escolas na região do semiárido, na qual as condições sanitárias são precárias. Esse esforço inclui, ainda, reformar as instalações físicas das escolas, o que incluirá o fornecimento de água tratada.

Como se sabe, água contaminada é a responsável por parasitoses, diarreias, hepatite e outros problemas graves de saúde. As crianças que frequentam essas escolas terão à sua disposição água limpa e saudável, mas provavelmente continuarão a ter doenças, já que a água que bebem em casa não é tratada e pode estar contaminada, ou seja, o programa não conseguirá livrar as crianças daquela região, ou daquela cidade, das doenças provocadas por ingerir água não potável, já que essa intervenção está fora do seu escopo, que é melhorar as escolas da região.

O que acontece com frequência em intervenções que não têm um foco definido é que seus responsáveis, diante desse desafio, tentariam ampliar as ações do programa ao detectarem o alto número de crianças sofrendo com doenças provocadas pela água contaminada. Com as melhores intenções, buscariam oferecer água tratada para a região em que estão atuando. Essa tentativa provavelmente falhará, ou por falta de recursos ou por não haver a expertise técnica necessária para aquele novo objetivo. No final, o mais provável é que o programa de melhoria das escolas não tenha continuidade, por ter flexibilizado o foco central das atenções, nem haveria fôlego financeiro e o conhecimento necessários para proporcionar a oferta de água tratada para a região.

Quando se seguem os passos propostos pela TdM, a probabilidade de ocorrer uma mudança de rumo como essa, deixar de lado a reforma das escolas e tentar interferir no abastecimento de água local, é bem menor. Isso porque esse método funciona como um acordo geral entre as várias partes envolvidas quanto à maneira como o projeto deve ser desenvolvido. Caso a TdM fosse o método usado para desenvolver aquele programa de melhoria de escolas, antes mesmo do chute inicial o problema a ser sanado (melhorar as escolas) já teria sido identificado e formalizado, assim como os meios necessários para cumprir essa missão (pessoal e material de construção) teriam sido providenciados. Como consequência, o produto (escolas reformadas) seria efetivamente entregue e os resultados parciais (adesão às escolas) e finais (melhoria na performance escolar, desempenho no Enem etc.) atingidos, monitorados e avaliados.

▌ SEM DESVIOS DE ROTA

Todas essas etapas foram anteriormente discutidas e formalizadas, incluindo os indicadores que seriam usados para medir os resultados, com os financiadores e outras organizações envolvidas, além dos beneficiários finais, a população da região atendida. E esse processo de decidir coletivamente o objetivo da intervenção tem a capacidade de fortalecer o programa como um todo e dificultar "desvios de rota", conforme mostrado no exemplo. É claro que toda ação humana está sujeita a chuvas e trovoadas, ou seja, interferências externas impossíveis de serem controladas ou previstas. Mas, dentre todos os métodos, a TdM seria uma das que melhor se antecipariam às influências negativas exteriores.

Nesse exemplo, a água de má qualidade com a qual as casas eram abastecidas era um dado preexistente. Tentar mudar essa realidade exigiria recursos que talvez o financiador do programa não pudesse ou não desejasse arcar. Na medida em que essa ONG entendesse que o programa possuía limites, restringiria sua atuação à melhoria das escolas, que era a proposta original. Nada impediria, no entanto, que, ao fazer essa avaliação, os responsáveis pelo programa concordassem que seria possível, sem fugir do escopo da ação, empreender algumas ações pontuais menores para fazer frente ao problema da diarreia e outras doenças. Eles poderiam, por exemplo, incentivar a lavagem das mãos — mostrando para as pessoas que, caso fervessem a água antes de bebê-la ou

CARREIRAS DE IMPACTO

usá-la na cozinha, diminuiria a incidência de doenças — e reforçar outras ações preventivas. A Teoria de Mudança oferece essa elasticidade.

Pode parecer banal, mas não é possível atender a todo mundo. Essa é a natureza da existência, é como as coisas funcionam. Por sabermos disso, mantemos o foco e, portanto, teremos precisão nas nossas ações e ganharemos eficácia. Quem tenta fazer tudo para todo mundo, dificilmente conseguirá sustentar essas ações e terá uma intervenção desarticulada.

Portanto, a TdM funciona como se fosse um espaço de trabalho para que se consiga elencar quais são os processos importantes e quais resultados são desejados. Também é um método que se vale de poucos e bons indicadores. O costume de ter muitos indicadores de gestão não é uma boa prática.

Com a TdM, você saberá quais ações e produtos são essenciais para entregar resultados intermediários e quais os requisitos para que isso chegue aos resultados finais. Ao definir isso, será possível mapear os processos e decidir quais os indicadores mais adequados para monitorar o processo e avaliar os impactos de longo prazo.

▍ INDICADORES DE RESULTADOS

Os indicadores, podemos dizer, são pontos de conversão. Mostram o quão bem os recursos financeiros, o dinheiro aplicado e o tempo empregado estão sendo convertidos no resultado desejado. Por exemplo, vamos imaginar um programa que se proponha a treinar 1.100 professores para que eles possam desenvolver uma consciência ambiental nos alunos das escolas em que lecionam. Para sabermos se, ao final da ação, o investimento deu resultados, pode-se aplicar um teste nos 1.100 professores para verificar se eles, de fato, melhoraram o seu conhecimento em relação a impactos ambientais e, portanto, estarão em condições para levar esse conteúdo aos seus alunos.

Mas é possível ir além disso. Elaborar perguntas ajuda a organizar a *checklist* que mostrará o sucesso do programa. Por que eu quero treinar os professores? Porque eu quero melhorar a consciência ambiental nos lugares em que o programa atua. Se a proposta era treinar 1.100 professores, quantos foram efetivamente treinados? Qual a taxa de aproveitamento deles? Pode-se, nesse ponto, ser ainda mais sintético criando um índice multiplicando o número de professores treinados com a taxa de aproveitamento deles, que foi determinada nos testes. Chegaremos, assim, a um indicador de aproveitamento que poderá ser comparado às turmas que foram treinadas no passado ou a outras que participaram de programas similares em outras regiões do país.

A TdM pode ser comparada a um software no qual rodam, juntos, outros programas. Os indicadores são os termômetros que mostram em que direção o programa está indo. Ele está caminhando para os resultados pretendidos anteriormente? Ou desviou-se do caminho e está perdido ou atolado em dúvidas? Caso o programa tenha derrapado e saído do caminho, as técnicas de avaliação detectarão esses problemas e, a partir daí, serão tentadas soluções e as adaptações necessárias. É um processo vivo. Um programa com um objetivo determinado, como esse de professores em questões ambientais, pode se estender por anos, mas sempre mudará em virtude dos aprendizados que vão surgindo.

Um dos maiores desafios de estratégia enfrentados pelas organizações do campo de impacto social é a indefinição ou falta de precisão dos objetivos finais dos seus programas e ações. É como se eles se concentrassem na tática, deixando de lado a estratégia. As falhas em relação à realização dos resultados pretendidos não são, muitas vezes, consequência de uma implementação problemática, mas sim de uma estratégia mal definida.

Em um artigo que publiquei no LinkedIn trato de três perguntas, quase ingênuas, que os dirigentes dessas organizações de impacto deveriam se fazer ao determinar seus objetivos: "para quê", "para quem" e "por quê" fazemos o que fazemos. O objetivo final quase sempre vai além da ação física. O que se quer não é construir um poço ou uma escola, mas sim criar os meios necessários para que as pessoas possam experienciar os impactos positivos que surgem do acesso aos bens públicos.

Ter acesso à água limpa, além da melhor saúde que isso propicia, permite às crianças uma infância integral que lhes possibilite ter vigor físico e intelectual e incentivos para desenvolver a curiosidade e a criatividade. A construção de uma escola dará acesso a uma educação de qualidade e, por consequência, proporcionará melhores oportunidades de vida para os alunos. Pessoas com uma formação educacional competente são capazes de transformar seu entorno e trazer progresso e mais igualdade para a sociedade em que estão inseridas.

Uma boa sugestão para que não haja um descasamento entre as ações de uma organização e seus objetivos finais é começar a montar um programa de trás para frente. Primeiro define-se com clareza o problema específico que se quer resolver e com isso quais são os resultados finais desejados e, a partir daí, percorre-se o caminho inverso, passando pelos resultados intermediários, o produto, os insumos necessários e o problema em si, esse, provavelmente, já conhecido.

Mesmo entre aqueles que estão há algum tempo envolvidos em ações que têm como objetivo tornar a vida das pessoas melhor, mais digna e com acesso a todas as oportunidades disponíveis em nosso mundo, há momentos em que eles se perguntam exatamente o que estão fazendo. Sobretudo quando estão diante de tarefas técnicas, muitas vezes repetitivas, maçantes e longas. A realidade é complexa e desafiadora e contar com um bom mapa ajuda nessas horas!

PLENO POTENCIAL

Exatamente o debate sobre o que é "tornar a vida das pessoas melhor" vem movimentando a atenção daqueles que refletem sobre os objetivos do campo de impacto social. Considero emblemática uma frase publicada no Relatório de Desenvolvimento Humano de 1990 produzido pelo Programa de Desenvolvimento das Nações Unidas, o PNUD. Ela dizia: "Ninguém pode garantir a felicidade humana, e as escolhas que as pessoas fazem são da sua própria responsabilidade. Mas o processo de desenvolvimento deve, ao menos, criar um ambiente que possibilite às pessoas desenvolverem, individual e coletivamente, seu pleno potencial e terem a chance de levar uma vida produtiva e criativa de acordo com as suas necessidades e interesses.[12]"

A ênfase na relevância de proporcionar às pessoas condições de viverem o seu pleno potencial, desenvolverem vidas criativas e com significado se choca com uma visão assistencialista, que centrava seus esforços exclusivamente em proporcionar renda e melhores condições materiais de sobrevivência. É claro que são necessários uma vida saudável, alimentação suficiente, acesso à água segura e eletricidade, dentre outros direitos básicos.

Mas cada vez mais entendo que essa abordagem, de "entregar bens e serviços" a "beneficiários" de programas sociais é, ainda, bastante limitada, pois ela parte do princípio que as pessoas mais vulneráveis são passivas, indiferentes a seu próprio processo de desenvolvimento pessoal e despidas de valores, desejos e aspirações, o que, além de ser inverídico, desumaniza. Como escreve o

---

12   https://www.br.undp.org/content/brazil/pt/home/idh0/conceitos/o-que-e-o-rdh.html

economista e filósofo Amartya Sen, essa visão seria insuficiente, na medida em que converte as pessoas mais vulneráveis em "meros recipientes de bens e serviços".

Martha Nussbaum, uma das mais respeitadas filósofas da atualidade, ligada à Universidade de Chicago, deixa essa visão clara ao afirmar que "o propósito do desenvolvimento global, como também é o objetivo de uma boa política doméstica nacional, é capacitar as pessoas a viverem uma vida plena e criativa e desenvolverem seu potencial construindo uma existência significativa e afinada com a sua dignidade humana".[13]

O maior impacto que devemos perseguir em nossas vidas e carreiras é, então, uma busca por liberdades. A liberdade de viver bem, de poder pensar independentemente e de receber educação com qualidade. A liberdade de poder escolher e tomar decisões livres e informadas sobre o que é melhor para nossas vidas. E, claro, a liberdade de viver uma existência digna, repleta de sentido e com significado.

O maior impacto que devemos perseguir em nossas vidas e carreiras é, então, uma busca por liberdades. A liberdade de viver bem, de poder pensar independentemente e de receber educação com qualidade.

Esse é o norte que, acredito, deve guiar aqueles que se aproximam do campo do impacto social. Usar sua capacitação já alcançada e as habilidades que futuramente serão adquiridas para contribuir para que todos os seres possam ter liberdade de viver vidas com sentido, com oportunidades de realização pessoal, profissional e de realizar os sonhos de cada um. E isso não é algo externo, independente de nosso próprio processo de desenvolvimento e conquista de liberdades. É preciso também olhar para dentro; crescer internamente para, então, crescer para fora. É preciso autocuidado e muita coragem para seguir por essa estrada. Nós também devemos nos perguntar constantemente por que fazemos o que fazemos e não fazemos outras coisas, e devemos nos questionar também em que medida somos realmente livres.

Nos próximos dois capítulos, você conhecerá a trajetória de profissionais experientes que trabalham no campo de impacto social. Eles compartilharão aprendizados, percepções e conselhos valiosos para o desenvolvimento de sua carreira.

---

13   NUSSBAUM, M. *Creating Capabilities: The Human Development Approach.* Cambridge, Massachusetts, Harvard University Press, 2013

CAPÍTULO 13

COMO É O **TRABALHO,** NA PRÁTICA, NO CAMPO DE IMPACTO SOCIAL

omo vimos nos capítulos anteriores, as oportunidades que surgem no campo de impacto social podem ser organizadas em algumas áreas ou segmentos. As oportunidades de cada área apresentam dinâmicas próprias de trabalho: algumas oferecem alto grau de autonomia e liberdade de atuação profissional, outras oferecem menor grau de autonomia, porém mais estabilidade. Há também diferenças importantes na escala e amplitude de mudança social e, claro, há diferentes níveis de exigência quanto às habilidades necessárias para conseguir uma oportunidade de trabalho e prosperar no campo de impacto social.

CARREIRAS DE IMPACTO

Neste capítulo, trazemos depoimentos de profissionais que atuam em diversas áreas do campo de impacto social. Começamos com o depoimento do Marcel Fukayama, diretor executivo do Sistema B Internacional, que falará a respeito de sua visão sobre as chamadas "Empresas B", empreendedorismo e impacto social. Ele aborda o "capitalismo de *stakeholders*" e fala sobre os números macro de investimentos ESG, categoria de investimentos em que o respeito à parte social, à ambiental e à governança da empresa são levados a sério e que chega a movimentar US$24 trilhões.

Na sequência, conversamos com Pamella Canato, gerente de operações e desenvolvimento institucional do GIFE, o Grupo de Institutos, Fundações e Empresas, a qual compartilha sua trajetória e fala sobre oportunidades profissionais em institutos e fundações.

Paula Fabiani, CEO do IDIS (Instituto para o Desenvolvimento do Investimento Social), conta os desafios e oportunidades de sua transição de carreira do setor financeiro para o campo de impacto social. Paula fala do preconceito ainda existente no campo para profissionais que chegam do setor privado, do ritmo e das diferenças entre as relações de trabalho e de respeito com os colaboradores na área de impacto social e na área privada.

Franklin Felix, coordenador geral da ABONG, a Associação Brasileira de ONGs, fala sobre a enorme transformação que o universo das ONGs vem passando rumo à profissionalização, abordando temas importantes como práticas de remuneração e relações no trabalho nas ONGs.

EMPRESAS B
MARCEL FUKAYAMA
SISTEMA B INTERNACIONAL

Diretor-executivo do Sistema B Internacional, MBA pela ESPM e mestre em administração pública pela London School of Economics and Political Science (LSE). Marcel Fukayama é empreendedor de impacto, cofundador da Din4mo e do Sistema B Brasil e membro do Comitê da Estratégia Nacional de Investimentos e Negócios de Impacto (ENIMPACTO) do Ministério da Economia.

Aos 17 anos, antes mesmo de me tornar um adulto, iniciei minha vida como empreendedor. Empreendi na área de tecnologia e educação por muitos anos. Eu não só empreendia, mas também me engajava no protagonismo político.

Nos anos 2000, criei uma das primeiras lan houses[1] de São Paulo. Montei uma pequena rede desses estabelecimentos e criei associações para influenciar a política da época, porque havia muitas legislações restritivas às lan houses no Brasil. Participei da redação, em 2003, do primeiro projeto de lei que reconheceu esses empreendimentos como negócio em São Paulo. Esse projeto de lei seria replicado em nível estadual e federal. Foi a minha primeira experiência de advocacy.[2]

Aos 23 anos de idade, enfrentei um grande ponto de inflexão em minha vida, quando fui diagnosticado com câncer. Foi, obviamente, algo bastante impactante, mas hoje eu entendo que foi a melhor coisa que poderia ter me acontecido, para desdobrar uma parte do meu caminho. Um desses passos ainda seria na área digital, mas agora em um outro nível, quando passei sete anos em uma ONG pioneira em inclusão digital, o CDI Global.

Durante 4 anos fui CEO dessa organização que treinou jovens em mais de 800 comunidades em 15 países da América Latina. Tenho uma paixão pela tecnologia. No CDI Global, formávamos jovens para desenvolver aplicativos, aprender a programar e criar empreendimentos sociais nas comunidades em que eles viviam.

Utilizar a tecnologia para transformar vidas e desenvolver comunidades era o nosso objetivo no CDI. Ao longo dessa jornada na organização, sempre contei com uma veia empreendedora muito grande. Assim, criei dentro do CDI uma empresa para diversificar as fontes de geração de recursos para a organização. Essa empresa dentro do CDI viria a se tornar uma das primeiras empresas B[3] da América Latina, em 2011.

Meu trabalho no CDI me motivou a trazer esse movimento para o Brasil, em 2013. Fiquei por cinco anos no conselho da instituição e dois anos na operação. Na América Latina, são mais de 620 empresas certificadas como empresa B. Hoje, estou na operação internacional do Sistema B. Nesse meio-tempo

---

1   As *lan houses* eram estabelecimentos que ofereciam computadores com acesso à internet mediante o pagamento pela utilização. O auge das *lan houses* se deu na década de 2000. Com o aumento da inclusão digital da população brasileira, a maioria delas fechou as portas, embora algumas ainda persistam, principalmente em bairros populares. Em 2008, segundo o Comitê Gestor da Internet no Brasil (CGI.br), 52% dos brasileiros utilizavam esse tipo de estabelecimento, conforme citado em https://revistaforum.com.br/noticias/conectados-ou-um-requiem-para-a-lan-house/

2   *Advocacy* é uma prática ativa de cidadania, que se caracteriza pela argumentação e defesa de causas e direitos, podendo influenciar a criação de políticas públicas efetivas sobre o tema tratado — https://www.childfundbrasil.org.br/blog/advocacy-voce-sabe-o-significa/

3   Sistema B é um movimento global que pretende identificar empresas que utilizem seu próprio poder de mercado para atuar na busca de soluções para questões sociais e ambientais. Criada nos Estados Unidos, a iniciativa tem o objetivo de apoiar e certificar as empresas que criam produtos e serviços voltados para resolver problemas socioambientais — https://nossacausa.com/sistema-b-o-que-e-isso/

> *fundei, com dois amigos, a Din4mo, uma iniciativa voltada para fortalecer empreendedores sociais; desenvolver estruturas inovadoras; atrair capital para esses empreendedores e famílias de baixa renda; e inspirar o ecossistema de negócios de impacto.*
>
> *Acabei desenvolvendo um distúrbio de hiperatividade, fazendo várias coisas ao mesmo tempo: o Sistema B, a Din4mo, além de captar recursos. Mas ainda fiz mais. Por conta da experiência no CDI Global, decidi que deveria adaptar a minha linguagem à dos empresários mais tradicionais e, principalmente, do mercado de capitais.*

▌ BANHO DE LOJA

Para atingir esse objetivo, me matriculei na The London School of Economics and Political Science, onde estudei Administração Pública de 2015 a 2017. O que eu buscava era "um banho de loja", ou seja, me instrumentalizar em como conversar com o público mais cético e reticente em relação às iniciativas de cunho social. Nos meus primeiros três meses do curso, eu pensei fortemente em desistir, porque ninguém entendia o que eu fazia e eu, da minha parte, não os entendia. Foi uma fase bem caótica, mas no fim tudo deu certo e tornou-se uma das melhores coisas que eu já fiz. Essa experiência, de fato, moldou o meu pensamento.

Como já disse, sempre fui engajado politicamente. Nunca deixei de ter conexões na área. Sempre me vi como um agente político, por acreditar que as grandes transformações invariavelmente passam pela política. Foi essa certeza que me levou a um engajamento na campanha presidencial de 2018. Foi algo traumático, admito. Campanha presidencial no Brasil não é algo trivial. Tem candidato que morre em acidente de avião,[4] candidato preso[5] e candidato esfaqueado.[6]

---

4   O candidato do PSB à Presidência da República, Eduardo Campos, morreu na queda de um avião em Santos (SP), no dia 13 de agosto de 2014 — https://eleicoes.uol.com.br/2014/noticias/2014/08/13/eduardo-campos-estava-no-aviao-que-caiu-em-santos.htm

5   O ex-presidente Luiz Inácio Lula da Silva, preso no dia 7 de abril de 2018, foi cogitado como o candidato do Partido dos Trabalhadores à presidência da República, mas teve sua pretensão barrada pelo Tribunal Superior Eleitoral — https://g1.globo.com/globonews/jornal-das-dez/video/tse-decide-que-lula-nao-pode-ser-candidato-6988998.ghtml

6   O candidato à presidência da República pelo PSL, Jair Bolsonaro, posteriormente eleito Presidente da República, foi esfaqueado durante um comício na cidade de Juiz de Fora (MG), no dia 6 de setembro de 2018 — https://www.correiobraziliense.com.br/app/noticia/politica/2018/09/06/interna_politica,704442/bolsonaro-leva-facada-durante-ato-publico-em-juiz-de-fora-mg-nesta-q.shtml

COMO É O TRABALHO, NA PRÁTICA, NO CAMPO DE IMPACTO SOCIAL

Fiz parte do núcleo duro da campanha da Rede Sustentabilidade/PV, com a candidata à presidência Marina Silva.

Apesar da intensidade, e por causa dela, essa foi uma grande experiência, das mais marcantes. Vivi 90 dias alucinantes de pré-campanha e campanha. Afastei-me da política depois disso. Talvez esteja traumatizado até hoje. Mas ainda se acende em mim essa vontade de fazer algo mais. Não como candidato, não tenho essa intenção, mas o impulso de contribuir ainda mais como agente político no Brasil, acreditando no poder das instituições e do Estado.

Eu vejo hoje, por causa de tudo isso que vivo, uma grande oportunidade no mundo das empresas B. Esse é o mais inovador movimento econômico nos últimos 20 anos, algo que é reconhecido globalmente por diversas publicações. Não se trata apenas de uma tendência, mas de um movimento que já vem mostrando evidências de que apresenta performance e resultados superiores.

ILHAS DE PROSPERIDADE

Há, no Brasil, exemplos que comprovam isso. A Natura, a empresa que atua no ramo dos cosméticos, se certificou como uma empresa B há cinco anos.[7] À época era uma empresa de US$1,8 bilhão de faturamento, 7 mil colaboradores, 1,5 milhão de consultoras e com atuação em 14 países. Cinco anos mais tarde, a empresa alcançava um faturamento de US$10 bilhões, 40 mil colaboradores, 6 milhões de consultoras e presença em 100 países.

A Natura é uma das integrantes do que eu chamo de ilhas de prosperidade. Ela é capaz de prosperar em um mundo tão adverso, e tão desigual, com questões ambientais gravíssimas, pelas quais estamos pagando agora o preço, e com uma recessão forte de uma década. Outra dessas ilhas é a Movida, grupo dedicado ao transporte e à logística,[8] que, mesmo em meio a uma grande recessão, cresce a dois dígitos por mês.

Já que falamos aqui da pandemia provocada pelo coronavírus, percebemos que as empresas que já eram ilhas de prosperidade no mundo pré-Covid continuaram sua boa trajetória mesmo em meio aos grandes transtornos provocados pelo vírus à economia. Percebemos que algumas empresas que estão próximas do Sistema B, já tendo inclusive anunciado publicamente seus compromissos e

---

7   https://exame.com/negocios/para-a-natura-momento-e-de-ganhar-mercado-dos-concorrentes/
8   https://www.jsl.com.br/pt_BR/

CARREIRAS DE IMPACTO

promovido mudanças, como fizeram a Gerdau, que lida com produtos feitos de aço,[9] e a varejista Magalu,[10] estão performando de uma maneira bem diferente do que a grande maioria das empresas no mercado.

A Magalu, mesmo com 1157 lojas fechadas durante a pandemia da Covid-19, conseguiu aumentar em 40% as suas vendas.[11] E fez isso sem demitir ninguém. Com 40 mil colaboradores, grande parte deles em *home office*, a empresa vem mostrando que trabalhar com propósito gera resultados. É preciso notar que o propósito não está só no modelo de negócio, mas também no ambiente de trabalho, o que gera resultados para todos os *stakeholders*.

Esses resultados são boa notícia principalmente para o acionista, que teve o luxo de ouvir do CEO a informação de que a empresa tem em caixa o equivalente a dois anos de operação, ou seja, caso não fature nada nas suas operações de varejo, a Magalu dispõe de dois anos de caixa para enfrentar a crise econômica. Isso é algo raro no mercado hoje. Calcula-se que, durante a pandemia, 75% das empresas no mundo estavam endividadas.

Existe, portanto, uma grande oportunidade para quem quer se posicionar e construir sua carreira no mundo das empresas B. Elas são organizações que perseguem, em sua trajetória, quatro elementos: o propósito; gerar impacto positivo; a responsabilidade com seus *stakeholders*; e o compromisso com a transparência.

Mas chamo a atenção para o fato de que devemos usar com cuidado a palavra "propósito". Ela, em si, não diz muita coisa. Todos têm um propósito, seja ele qual for. A Lei das Sociedades Anônimas, que é de 1976, já trata da função social das empresas, um dos princípios econômicos definidos na Constituição Federal de 1988, portanto, mesmo aquela organização que cumpre à risca o que uma lei com mais de 40 anos exige — que ela tão somente gere emprego, renda e pague seus impostos —, isso não deixa de ser um propósito.

Desenvolver o propósito de gerar impacto positivo é capaz, no entanto, de mudar profundamente a cultura e a atuação de uma empresa. Organizações como as que citei, Magalu e Natura, têm essa determinação em sua cultura. E por isso estão prosperando. São empresas que passaram por uma forte transformação cultural nos últimos anos, impulsionadas pela tecnologia.

---

9   https://www2.gerdau.com.br/

10   https://ri.magazineluiza.com.br/ShowCanal/Quem-Somos?=urUqu4hANldyCLgMRgOsTw==

11   https://g1.globo.com/economia/noticia/2020/05/25/magazine-luiza-acelera-vendas-desde-abril-apos-impacto-da-covid-19.ghtml

CAPITALISMO DE *STAKEHOLDERS*

Organizações que têm compromisso com o social, como é o caso das empresas B, têm uma maior capacidade de mobilizar, articular e se relacionar com os *stakeholders*. Aquele capitalismo anterior, antigo, dos *stakeholders*, ou seja, o daquelas pessoas que representam os acionistas e ocupam os cargos de alta gestão com foco único e exclusivo em maximizar resultados financeiros, está morrendo. Estamos na era do capitalismo de *stakeholders*. Quem não acordou para isso, está atrasado. Muitas empresas ainda não conseguiram enxergar essa nova ordem econômica e, por essa razão, perderão valor no mundo pós-Covid.

Volto ao exemplo das empresas B, que atingem bons resultados. Elas conseguem enfrentar as crises, por terem conseguido estabelecer uma relação saudável com os seus *stakeholders* e alinhar o propósito da empresa aos valores deles. De novo, a Natura. Ela é a maior compradora de álcool orgânico do planeta. A Natura não fabrica álcool, e sim cosméticos. Da noite para o dia, ela passou a fabricar álcool gel, cujo uso é indicado para impedir a infecção pelo coronavírus. Como ela conseguiu isso? Mobilizando seus colaboradores e fornecedores do "dia para a noite". É difícil imaginar uma organização tradicional comportando-se dessa maneira.

Esse é um exemplo muito interessante do que é ser uma organização comprometida com o social. Outro ponto importante é lidar com a ambiguidade. O mundo é um lugar ambíguo. Quem vive de convicções tende a se isolar nesses tempos que atravessamos. Temos de ver as coisas como elas são, não como gostaríamos que fossem. Digo isso, porque não existe empresa B perfeita. Quem se dispor a trabalhar em uma delas precisará entender que sua organização poderá ser melhor a cada dia, mas também terá suas sombras.

O que seriam essas sombras? Há empresas que, por exemplo, podem estar na vanguarda da sustentabilidade, mas, apesar de terem o compromisso de ser carbono neutro, precisam compensar a sua pegada comprando grande quantidade de créditos de carbono. Alguém purista talvez não se sentisse à vontade de estar associado a uma empresa que é obrigada a fazer projetos em florestas e outras ações para apagar a sua pegada de carbono. Essas luzes e sombras estão presentes em todos os lugares. É preciso enxergá-las com sabedoria.

Não tenho dúvidas sobre as qualidades das empresas B e dos benefícios que seus colaboradores poderão usufruir. Mas também acredito muito no intraempreendedorismo, ou seja, um colaborador poder empreender dentro da empresa em que estiver, mesmo se ela não estiver voltada de uma maneira direcionada para os compromissos com o social. O desafio é ter a certeza de que a cultura da organização permite esse movimento.

20 ANOS NO PASSADO

Grande parte das empresas que declara desenvolver ações que têm compromissos sociais seguem uma pauta bastante limitada sobre o assunto. A grande maioria do *mainstream* que afirma desejar fazer a transição para a economia de impacto ainda está pensando na sua área de responsabilidade social, em criar o seu instituto, a sua fundação. Na verdade, elas estão 20 anos no passado, e não terão, apenas com essas ações, nenhum valor daqui a uma década.

Hoje há no mundo US$300 trilhões sob gestão. Destes, US$30 trilhões são uma categoria de investimento que está crescendo muito chamada ESG,[12] em inglês, sigla que em português seria ASG — Ambiental, Social e de Governança. O BlackRock, maior gestor de investimentos financeiros do planeta, tem quase US$7,8 trilhões sob gestão e uma parte desse portfólio está migrando para investimentos de ESG. A pandemia mostrou que os fundos ESG do BlackRock são os que performaram melhor e mantiveram-se mais estáveis no meio da crise, ou perderam menos do que os demais.

Afirmar que se deseja mudar o mundo e implementar projetos sociais é fácil. Mas mudar você mesmo, mudar seu negócio e reduzir a desigualdade dentro da sua empresa não é algo que seja tão simples de fazer. Para avaliar o grau de comprometimento de uma determinada organização com a pauta social, eu aconselharia procurar o CEO dessa empresa e perguntar qual é a diferença de remuneração dele para o colaborador de menor ganho na base da pirâmide da empresa. Não estou falando aqui que o CEO tem que falar o quanto ganha, mas, se ele concordar em tornar transparente esse coeficiente, já demonstra que aí pode haver um desejo genuíno de mudança.

Nós acreditamos no sistema B que as empresas podem ser não só uma poderosa plataforma de geração de riqueza, mas também de distribuição dessa

---

12　ESG, ou ASG, em português, diz respeito a um grupo de critérios — ambiental, social e de governança — usado por aqueles que pretendem investir em companhias com consciência e atuação socioambiental para definir se a prática dos negócios delas no dia a dia é compatível com seu posicionamento público. O critério ambiental considera como a empresa lida com o ambiente; o social examina como a organização se relaciona com empregados, fornecedores, clientes e as comunidades na qual ela atua. E a governança diz respeito à remuneração dos executivos, controles internos, auditoria e direitos dos *stakeholders* — https://www.investopedia.com/terms/e/environmental-social-and-governance-esg-criteria.asp

COMO É O TRABALHO, NA PRÁTICA, NO CAMPO DE IMPACTO SOCIAL **221**

riqueza. Estudos mostram que o coeficiente médio de diferença salarial no mundo é de 1 para 700, o que significa que a média dos salários mais altos é 700 vezes maior do que a dos salários mais baixos. Essa média nos Estados Unidos seria de 1 para 350. Já grandes empresas no Brasil têm um índice de 1 para 2 mil, ou seja, o que seus CEOs ganham em um mês seria equivalente a 100 anos de trabalho do brasileiro médio. É uma distorção brutal.

A média da comunidade de empresas B no Brasil hoje é 1 para 19. O desafio que algumas empresas B estão se impondo é chegar ao índice de 1 para 10. A diferença entre salários em uma organização é apenas um dos critérios para determinar o compromisso de tal empresa com uma forma de ação que leve em conta o progresso social. O que importa, talvez, não seja tanto alcançar o índice de 1 para 10, como querem as empresas B, mas sim percorrer a jornada, se provocar, fazer a reflexão que encontre as melhores formas de mudar realidades.

NECESSIDADES DO MUNDO

Quando me perguntam qual seria o melhor caminho a percorrer por alguém interessado em trabalhar no campo de impacto social, costumo responder com um clichê: não desista do seu sonho. Apesar de parecer um lugar comum, essa frase tem muita força. Quando fiz minha grande jornada de autoconhecimento, ao ser diagnosticado com um câncer, outra frase que me veio muito forte na época, e acho que faz sentido para qualquer jovem hoje, é aquele famoso dito do filósofo grego Aristóteles:[13] "Meu caminho está onde os meus talentos e minhas paixões se encontram com as necessidades do mundo."

Há alguns elementos nessa frase que são importantes. Identificar quais são os seus talentos, e quais são as suas paixões, remete ao autoconhecimento, fala do que você quer fazer, do seu propósito e das necessidades do mundo. O mundo está cheio de necessidades, o que não faltam são carências. E aí estão os principais caminhos, tanto para empreender quanto para servir a algo para o qual você possa colocar todas as suas capacidades e, como diz a frase de Aristóteles, os seus talentos e as suas paixões para atender às necessidades do mundo.

---

13   Aristóteles (384 a.C.–322 a.C.) foi um filósofo grego. Seus escritos abrangem diversos assuntos, como a física, a metafísica, as leis da poesia e do drama, a música, a lógica, a retórica, o governo, a ética, a biologia e a zoologia — http://www.filosofia.seed.pr.gov.br/modules/galeria/detalhe.php?foto=219&evento=6

CARREIRAS DE IMPACTO

MARCELO COMENTA:

A entrevista do Marcel foi muito inspiradora, sob vários pontos de vista. O primeiro deles é o ponto de vista do empreendedor — é impressionante a capacidade de transformação que um negócio social ou uma empresa tradicional com visão de valor compartilhado pode criar em seu entorno, gerando verdadeiras ilhas de prosperidade. Essa visão de capitalismo de *stakeholders* demonstra que empresas que, de fato, se preocupam com suas relações e seus impactos tendem a ter maior sucesso empresarial. O segundo ponto marcante é como a maior parte das empresas está ainda estupidamente atrasada em relação ao patamar que poderia estar, fazendo do impacto social o verdadeiro combustível de seu crescimento, realmente se dedicando para repensar o negócio em vez de buscar atenuar o impacto negativo de sua atuação. Prova disso é o trilhão de dólares disponível para investimentos ESG, como explica Marcel. Espero que cada vez mais e mais empresas possam aderir ao Sistema B e reconstruir suas atuações com base nesses princípios.

PAMELLA CANATO
GIFE

Gerente de operações e desenvolvimento institucional no GIFE — Grupo de Institutos, Fundações e Empresas —, Pamella Canato migrou do setor público para o Terceiro Setor. O GIFE atua enquanto plataforma de fortalecimento do Terceiro Setor e divulga em seu portal uma lista de oportunidades e vagas profissionais no campo de impacto social.

Mesmo antes de me graduar no ensino superior, eu já tinha a intenção de trabalhar com o impacto social. Sempre me preocupei com questões sociais e, assim, optei pelo curso de Gestão de Políticas Públicas na USP. Essa escolha contribuiu com o conhecimento da atuação das organizações da sociedade civil e na compreensão da importância do papel delas para a implementação de políticas públicas, por meio de parcerias e convênios.

Ainda que o meu foco estivesse no campo social, eu não tinha a intenção, à época, de trabalhar no Terceiro Setor diretamente. O que queria, mesmo, era me dedicar ao setor público. Também me interessava pela área acadêmica. Durante a elaboração do meu trabalho de conclusão de curso, estudei mecanismos de participação social em políticas públicas e, assim, comecei a me dedicar à pesquisa.

Para cumprir as exigências do curso, eu deveria fazer um estágio. Comecei como estagiária na Prefeitura de São Paulo, em 2013, logo no início da gestão do prefeito Fernando Haddad (2013–2017). Até então, eu imaginava o setor público como uma instância acessível apenas por intermédio de concursos, mas acabei sendo apresentada à possibilidade de ocupar cargos comissionados, algo que eu não conhecia da minha época de graduação.

Tive a oportunidade, após o estágio, de ser contratada na prefeitura e trabalhar com o que eu estudava, ou seja, monitoramento e elaboração dos processos participativos no planejamento e orçamento municipal, no âmbito da Secretaria Municipal de Planejamento.

Mas a vida acadêmica continuava a me atrair. Na mesma época em que estava na prefeitura, prestei o mestrado em Gestão de Políticas Públicas, também na USP. Meu interesse era estudar o diálogo entre os diferentes setores do governo, algo que possibilitasse a criação de uma política pública que pudesse determinar um objetivo que reunisse, por exemplo, integrantes da área da saúde, da educação e da assistência social. É o que se chama de intersetorialidade.

Na literatura de intersetorialidade, há uma interface grande para, além de pensar entre setores do governo, costurar alianças também com organizações da sociedade civil e com empresas privadas, visando à implementação de políticas. Passei a estudar políticas públicas nas quais havia parcerias com organizações da sociedade civil. A consequência disso é que comecei a ter contato e entender melhor a atuação e a relevância dessas organizações da sociedade civil.

TRANSIÇÃO DE CARREIRA

Terminei meu mestrado em 2017, época que coincidiu com a mudança de gestão na prefeitura. Foi nesse momento que comecei a me interessar em buscar trabalho seriamente no Terceiro Setor. Quando examinava minha trajetória, me encaminhar para o campo de impacto social parecia fazer muito sentido. E fez.

Eu não fui a única a procurar uma alternativa de trabalho quando houve mudanças na gestão da política municipal. Muitas pessoas que eu conhecia começaram a fazer a migração por esse mesmo motivo. Nessa época, participei de um processo seletivo e, em setembro de 2017, entrei no GIFE para uma vaga de analista de desenvolvimento institucional.

Era um trabalho que eu poderia fazer utilizando os conhecimentos que havia adquirido na graduação e na experiência na prefeitura, já que minhas funções envolviam planejamento, monitoramento e processos de avaliação. Os conhecimentos que eu havia adquirido, de interação com políticas públicas, me ajudaram no novo trabalho. Em um ano, eu fui promovida a coordenadora de desenvolvimento institucional e, em 2019, tornei-me gerente de operações e desenvolvimento institucional, o que abrange o administrativo, financeiro, jurídico, governança, planejamento, monitoramento e avaliação, dentre outras atribuições organizacionais.

DINÂMICA CRIA OPORTUNIDADES

Uma característica bastante interessante do GIFE é que, pelo perfil de atuação e estrutura enxuta da organização — temos 19 colaboradores —, muitos colaboradores passam pela organização, se desenvolvem e conseguem ótimas oportunidades em organizações associadas e parceiras.

Em resumo, embora o GIFE tenha uma estrutura modesta, ele pode servir como um caminho de ascensão na carreira dentro do setor da filantropia e investimento social. Além de gerar oportunidades, essa dinâmica cria algo bastante positivo, na medida em que vai formando uma rede de pessoas que trabalharam no GIFE no passado e, agora, se espalham pelo setor da filantropia e investimento social. Temos uma equipe jovem e engajada. A maior parte dela está entre os 25 e 40 anos. Eu tenho 28 anos.

Quando se trata de examinar a formação daqueles que pleiteiam uma vaga no campo de impacto social, é possível notar que as informações sobre as pautas que têm relevância para o Terceiro Setor não são valorizadas nos cursos de graduação. Hoje, vemos pessoas originárias de diversas áreas como administração pública, ciências sociais e administração se juntando ao Terceiro Setor, porém, na grande maioria dos cursos de graduação não diretamente ligados à área social, há uma lacuna de conhecimentos e desenvolvimento de habilidades e competências que são necessários para atuar no Terceiro Setor.

Enquanto essa lacuna não é resolvida na graduação, acredito que um movimento que pode ser feito pelos interessados em trabalhar no Terceiro Setor é o de se manterem informados sobre os principais temas e estarem conectados com o campo social e a agenda pública. Uma alternativa também é buscar uma pós-graduação ou especialização.

Considero que a principal dica que se pode dar é de que o candidato se informe bem sobre a causa com a qual deseja envolver-se e acompanhe o máximo de informações que puder sobre quais são as organizações envolvidas com essa pauta almejada. Cada uma das organizações tem as suas próprias especificidades temáticas. Conhecê-las aumenta as chances de encontrar aquelas que mais fazem sentido para sua trajetória profissional.

BUSCAR ENCAIXES

Se alguém pretende, por exemplo, trabalhar em uma organização que atua na área da saúde, o recomendável é procurar que tipo de formação ou complemento na própria formação dessa pessoa são necessários para atender ao perfil da posição profissional, ou seja, buscar esse encaixe entre as próprias competências e as habilidades com maiores chances de serem aproveitadas naquela posição.

O GIFE funciona como um hub de conteúdo do setor da filantropia e investimento social. É possível acompanhar no nosso site[14] um panorama geral de notícias, com informações e conteúdos capazes de mostrar quais são as grandes tendências e necessidades das instituições que atuam com impacto social e, inclusive, oportunidades de trabalho.[15]

Outra porta de entrada que pode ser utilizada para se conseguir uma oportunidade é a de trabalhar inicialmente como voluntário em alguma organização. Essa experiência prévia pode ser um diferencial em processos seletivos.

Essa oportunidade de se fazer um trabalho não remunerado facilita as migrações do setor privado para o social. Ao mesmo tempo que a organização aproveita a habilidade do candidato, este toma conhecimento de como funciona o setor, conhece pessoas e, eventualmente, tem as informações necessárias para decidir se é realmente o que ele quer para a sua vida profissional.

Uma questão cada vez mais relevante para quem deseja trabalhar no campo social é que os processos seletivos valorizam a diversidade e a pluralidade na formação das equipes. Tais processos estimulam candidaturas de pessoas com perfis, formações, trajetórias e experiências múltiplas, buscando ativamente promover a diversidade na organização em todas as suas dimensões.

---

14   https://gife.org.br/

15   Ver o Capítulo 5 deste livro.

HABILIDADES E COMPETÊNCIAS

Além das habilidades técnicas, há também competências mais subjetivas e pessoais que podem ser um diferencial de quem procura uma oportunidade no Terceiro Setor. Acredito que algumas habilidades requeridas são bem próximas às que são necessárias no setor privado, como: visão estratégica e alinhamento institucional; planejamento e organização para uma boa gestão de projetos; e capacidade de gerir conflitos. Mas eu destacaria algumas habilidades que seriam mais específicas do campo social, como: capacidade de articulação e trabalho em rede; colaboração; criatividade; inovação; e flexibilidade para lidar com os desafios do dia a dia.

No entanto, é consenso que, além de características semelhantes àquelas dos mercados tradicionais, os que vêm para o Terceiro Setor devem cultivar, ainda, um vínculo e um propósito voltado às causas sociais.

Esta questão do propósito é de grande relevância. Quando alguém decide fazer uma transição do setor privado para o campo social ou resolve desenvolver uma carreira, desde seu primeiro instante, nesse campo, deve saber que pode existir uma distância entre a remuneração das empresas tradicionais e a daquelas organizações voltadas para o impacto social, principalmente nas de menor porte.

É nesse momento que o candidato deveria se perguntar qual é, de fato, a sua motivação para fazer essa migração. Mesmo sabendo que existe chance de receberem uma remuneração menor, aqueles que optarem pela mudança de carreira muito provavelmente encontrarão mais sentido e mais propósito naquilo que farão.

Outro ponto para o qual é preciso estar atento é para não se deixar levar pela crença de que no campo de impacto social trabalha-se menos do que nas áreas tradicionais ou que há menos pressão por entregas. Há estudos relatando casos de *burnouts* de profissionais atuantes no Terceiro Setor. Mesmo se alguém está fazendo o que gosta e o que acredita, nem por isso deixa de ser estressante enfrentar uma carga alta de exigências em apresentar resultados. Ainda que seja uma entrega que traz resultados positivos para a sociedade, pressão sempre será pressão.

COMO É O TRABALHO, NA PRÁTICA, NO CAMPO DE IMPACTO SOCIAL 227

MARCELO COMENTA:

Sempre admirei o trabalho do GIFE, e por isso fiquei muito feliz quando a Pamella concedeu essa entrevista. A história da Pamella é um excelente exemplo de carreiras que começam logo cedo, a partir da escolha da graduação, e que foram se estruturando a partir de um cruzamento das áreas de interesse acadêmico com oportunidades de trabalho, primeiro no setor público, e então em organizações sem fins lucrativos.

A entrevista também é valiosa no sentido de apontar o GIFE como um ponto de referência importante para buscar posições em institutos e fundações. Primeiramente pela quantidade e qualidade das informações produzidas, incorporando tendências, necessidades e oportunidades de trabalho de organizações sociais, mas também pelo fato de promover *networking* e abrir portas para quem busca oportunidades no campo de impacto social. Como mencionado anteriormente neste livro, recomendo acessar o site do GIFE para se manter constantemente atualizado sobre os avanços e oportunidades no universo dos institutos e fundações.

PAULA FABIANI
IDIS

Economista formada pela USP, com várias especializações no exterior, e cursando doutorado em Sustentabilidade na FGV, Paula Fabiani é originária do setor financeiro e tornou-se CEO do IDIS — Instituto para o Desenvolvimento do Investimento Social —, entidade voltada para o apoio técnico ao investidor social.

Eu cheguei ao Terceiro Setor vinda do setor financeiro. E paguei um preço por isso. Enfrentei uma certa dose de preconceito. Como se eu tivesse acabado de chegar ali e retirado a minha capa de Darth Vader[16] *dizendo que, agora, eu queria ser um cavalheiro Jedi.*[17] *Como costuma acontecer com outras pessoas que fazem essa migração do setor privado para o campo de impacto social, minhas experiências e* know-how *anteriores não pareciam*

---

16   Darth Vader é um dos personagens centrais da série de filmes *Star Wars*, criada pelo diretor George Lucas em 1977. É considerado o maior e mais conhecido vilão da história recente do cinema. Sua armadura negra e voz gutural o tornam um anti-herói assustador — https://www.ign.com/lists/top-100-villains/1

17   A Ordem Jedi também integra a série de filmes *Star Wars* e é formada pelos guardiões da paz e da justiça na República Galáctica, entidade ficcional imaginada por George Lucas. Seus integrantes lutam contra o Lado Negro da Força, o qual tem Darth Vader como um dos seus mais notáveis integrantes — https://www.starwars.com/databank/jedi-order

tão interessantes para as organizações desse campo. Em especial a minha origem da área financeira privada parecia dificultar ainda mais as coisas.

Não entendo a resistência que existe no campo de impacto social em receber pessoas vindas da iniciativa privada. Defendo que essa miscigenação de origens é de grande valia para ambos os lados. Há algumas carências do Terceiro Setor às quais aqueles vindos do setor privado conseguem responder de maneira eficiente.

Um exemplo disso é que no campo social o desenvolvimento das pessoas se dá muito mais do ponto de vista do pensamento do que da prática. Quando estava na iniciativa privada, eu era muito mais cobrada por resultados, precisava performar muito mais do ponto de vista de desempenho do que é esperado em organizações como o IDIS. Minha equipe e outras pessoas com quem trabalho algumas vezes se queixam de que sou superexigente, que quero transformar o IDIS em uma empresa. Da minha parte, eu me considero, posso dizer, até compreensiva e não tão exigente como poderia ser. Certamente essa visão divergente vem do fato de que sou originária de um outro espaço. Sei que sou eu quem tem de se adaptar.

Mas sinto que agreguei coisas positivas ao IDIS. Minha cabeça "iniciativa privada" me fez implantar algumas modificações no ritmo de trabalho do Instituto. Até então, os processos eram mais soltos e não tínhamos tantos controles da execução de projetos. Por isso implantei um sistema de execução dessas iniciativas. Agora eu consigo saber o que as pessoas estão fazendo, onde estão empregando o seu tempo e se nós estamos sendo realmente efetivos naquilo que fazemos.

Sei que esse tipo de visão, às vezes, não é bem recebido no setor social, mas acredito que deve haver um equilíbrio entre o pensar e o agir, afinal, no fundo, queremos fazer algo que tenha um impacto positivo. Isso é o mais importante, mas a efetividade da entrega não pode ser perdida de vista.

INTERESSES DO PÚBLICO-ALVO

Estou de acordo que só perseguir metas e processos pode nos fazer perder de vista o essencial, que são os interesses do público com o qual atuamos. Passei por essa experiência em uma das organizações na qual trabalhei, já no Terceiro Setor. Ali as metas importavam mais do que os beneficiários, para quem as ações

COMO É O TRABALHO, NA PRÁTICA, NO CAMPO DE IMPACTO SOCIAL **229**

daquela instituição eram dirigidas. Era uma postura equivocada na minha opinião e, por esse motivo, acabei me afastando daquele trabalho.

A meta não pode ser um fim, ela é só uma bússola para sabermos aonde estamos indo. Penso que algumas organizações pecam nesse sentido. Mas sei que não se deve intervir de uma maneira, digamos, radical. Isso porque você lida com pessoas e uma intervenção mais intensa pode gerar um efeito negativo. É preciso conversar, negociar. E aqui está mais uma diferença importante entre o setor privado e o campo social. É preciso ouvir com atenção o público-alvo de uma intervenção e as partes interessadas em um projeto.

No Terceiro Setor, as pessoas precisam se engajar nas causas que defendem. Nele, não há um bônus que fará com que alguém se envolva profundamente com o negócio, como acontece no setor privado. Há instituições financeiras que dão bônus até semestrais. O salário do colaborador chega a dobrar em um ano por conta dessas gratificações. Isso funciona como uma maneira de manter as pessoas no emprego. Já no setor que mira em questões sociais, o engajamento está no que alguém pretende assumir como sua meta pessoal. Por essa razão, as organizações do Terceiro Setor precisam criar um ambiente de forte engajamento com seus objetivos.

Há uma abordagem também bem diversa entre as entidades sociais e as empresas tradicionais. Dessa vez em relação ao *timing*, ou seja, a percepção quanto ao melhor momento para realizar determinada tarefa. No Terceiro Setor, a velocidade de tomada de decisão é muito mais lenta do que é no setor privado. Como eu sou do tipo *speedy*, rapidinha, foi um sofrimento para que eu pudesse me habituar a isso.

Ainda hoje sofro um pouco com a lentidão das organizações voltadas ao impacto social. Mas, ao mesmo tempo, passei a entender o porquê dessa velocidade menor. Nas organizações de cunho social, lidamos com pessoas e com o impacto que decisões e ações provocam sobre elas. Por isso, não é como na iniciativa privada, na qual você faz uma estratégia de marketing e, se ela não der certo, simplesmente mudam-se as coisas, sem pensar muito nos impactos que tudo isso possa ter provocado.

Nos projetos sociais, é necessário um cuidado extra com os resultados das ações, algo que ainda é pouco levado em conta pelas empresas tradicionais. É preciso, portanto, um tempo para realmente refletir, pensar e mastigar as intervenções. São ritmos diferentes. As coisas demoram mais a acontecer no Terceiro Setor por esse motivo. Mas o resultado é uma grande recompensa!

ATENÇÃO AOS PROCESSOS

Os dois setores também têm comportamentos diferentes no que diz respeito à atenção que é dada aos processos. Em geral, as pessoas que estão na linha de frente nos empreendimentos com uma pegada social têm uma preocupação muito grande com o social, com os beneficiados, e dão menos atenção aos processos. Já no setor privado é exatamente o oposto: não existe tanta preocupação com as pessoas que consomem seus produtos. Seus gestores são cuidadosos em relação ao risco que a empresa poderá correr com uma eventual exposição negativa da marca.

Por razões como essas, aqueles que vêm do setor privado costumam ter algumas dificuldades quando se juntam ao Terceiro Setor. Muitas vezes é difícil enfrentar esses obstáculos e ser compreendido. O importante é não desistir, por mais que haja desafios no início. Mas, confesso, eu quase desisti após a minha primeira posição no campo de impacto social. No entanto, não saí do jogo e cheguei a uma segunda oportunidade em outra organização, que estava à procura de alguém para a sua área financeira.

Talvez eu tenha me alongado apontando as dificuldades de adaptação que podem ocorrer para quem vem de uma experiência convencional de trabalho. Mas acredito fortemente que os aspectos positivos superam com folga os eventuais contratempos que podem surgir.

Nas organizações do Terceiro Setor, por exemplo, existe muito mais respeito com a sua vida pessoal e predisposição para lhe ajudar com as dificuldades do dia a dia do que no setor privado. Digo isso por experiência própria. Eu tenho três filhos, uma "escadinha" com uma diferença de três anos entre a mais velha e o mais novo. Eles nasceram quando eu trabalhava em um fundo de investimentos.

Eu me lembro que as pessoas me perguntavam: "Mas você vai de novo ao pediatra?" "Sim, é preciso ir todos os meses ao pediatra", eu respondia. Para evitar atritos, no entanto, eu levava meus filhos ao médico às 19 horas, no final do dia. Sentia que a percepção na empresa era: "Problema seu se você tem filhos, você precisa se matar aqui, como todo mundo."

Senti que havia ali, ainda, uma questão adicional pelo fato de eu ser mulher. Acabei sendo mandada embora do fundo em que trabalhava por ter ficado grávida três vezes. Claro, nunca me falaram isso abertamente, mas sei que eles pensavam que eu estava me "aproveitando" da situação. Eu havia acabado de passar por uma avaliação superpositiva, não havia dúvidas quanto à minha competência. Eu poderia ter processado a empresa por ter sido dispensada dessa maneira, mas considerei que a minha trajetória no setor havia acabado ali. Eu já queria buscar um trabalho mais alinhado aos meus propósitos.

▌ TRATADA COMO UMA IGUAL

Tive a sorte de crescer em um ambiente familiar em que meu pai sempre nos tratou como iguais, sem qualquer discriminação por eu ser mulher. Sempre tive coragem, nunca me senti menos e jamais passou pela minha cabeça que alguém me discriminaria pelo meu sexo.

Nas organizações que têm pautas sociais, seria mais difícil acontecer algo parecido com aquela discriminação. Existe um respeito muito maior em relação às suas questões pessoais, algo que para mim foi muito importante.

Hoje eu trabalho muito mais do que trabalhava antes. Trabalho nos finais de semana com frequência. Na organização em que trabalho há pouca gente e muitas ambições. Se eu preciso ir ao médico ou cuidar da minha mãe ou qualquer outra questão pessoal, faço isso sem ter qualquer problema. Não apenas eu que, afinal, tenho um cargo de chefia, me comporto assim, mas também todos os demais integrantes da nossa equipe.

Já não vou mais ao pediatra. Meus filhos cresceram. A mais velha já vai fazer o vestibular. Mas me sinto muito mais livre. As minhas questões pessoais podem ser partilhadas dentro do ambiente de trabalho sem qualquer problema.

Os meus filhos, aliás, tiveram um papel fundamental na minha decisão de fazer a transição do setor privado para o social. Eu me lembro, quando trabalhava naquele fundo, de pensar muito nos meus filhos. Não exatamente na questão de ter dificuldades em levá-los ao médico ou de conviver mais tempo com eles, mas de um sentimento de vergonha pelo meu trabalho. Ficava imaginando como contaria para eles como era o meu trabalho: fazer dinheiro de dinheiro. Quando tive minha primeira filha, meu trabalho começou a me incomodar bastante.

Hoje, quando ocupo a posição de CEO do IDIS, eu me lembro de colegas do fundo que, quando acompanharam a minha saída para o Terceiro Setor, vieram até mim e disseram: "Era óbvio que você faria isso, você sempre foi inconformada, você sempre queria ir brigar com os chefes sobre questões injustas." Ao que parece, eu não combinava com aquele lugar. Essa visão me surpreendeu um pouco, já que eu me achava tão adequada àquilo que fazia ali. Mas imagino que nós jogamos de acordo com as regras de onde estamos.

Muitos desses colegas também compartilhavam comigo as inquietações deles. Tínhamos visões de mundo semelhantes, mas eles nunca extravasavam essas opiniões no ambiente de trabalho. Da minha parte, eu enfrentava dificuldades para me compor, me resignar com as contradições que eu via entre o que eu desejava e o que o trabalho me permitia fazer.

Penso que não sou só eu que me sinto assim. Eu vejo essa postura muito presente nas gerações mais novas. As pessoas não estão mais conseguindo ser duas, separar as suas diferentes facetas. Hoje tudo está muito misturado. Vejam só a mídia social, na qual expomos nossas ideias, nosso dia a dia. Não há como evitar esse compartilhamento. Por essa razão, acho natural que as pessoas queiram um alinhamento maior entre a carreira e a vida pessoal, elas querem viver as suas crenças em tempo integral.

SALÁRIOS MENORES

Os migrantes do setor privado para o social talvez não consigam receber salários nos mesmos níveis que aqueles das empresas convencionais. Contudo, mais importante do que o salário, é a sua evolução dentro de uma atividade e de uma organização. Talvez esteja relacionada a isso a dificuldade de se contratar pessoas com todos os requisitos desejados para preencher um determinado cargo. Ainda falta gente bem capacitada no setor.

Por essa razão, quem fizer essa transição deve estar sempre disposto a estudar de uma maneira muito mais profunda do que no setor privado. A questão do conhecimento é bastante estratégica. Esse é o foco. No lugar de restringir-se à questão salarial, o recomendável é manter-se disposto a investir na própria formação. E aprender a ouvir, isso é muito importante.

Mas que formação seria essa? Eu me graduei em Economia pela USP e tive a oportunidade de estudar fora do Brasil. Fiz o curso de Negócios Internacionais na Wirtschaft Universitaet Wien, em Viena, Áustria; mestrado em Administração e MBA em Finanças na Escola de Negócios Stern da Universidade de Nova York; o Programa de Liderança Executiva na Universidade de Harvard; e estou cursando um doutorado em Sustentabilidade na FGV.

Talvez não seja necessário tudo isso para trabalhar no Terceiro Setor. Uma pós-graduação é relevante, mas não necessariamente um MBA. Ter alguma formação em gestão é algo que considero fundamental. Você faz gestão de projeto o tempo inteiro no setor social.

COMEÇAR NO SETOR SEM FINS LUCRATIVOS

Você não vai ganhar um dinheirão no Terceiro Setor, mas pode galgar posições de destaque com uma certa rapidez se tiver a paciência de estudar, de se aprofundar nos assuntos e trazer conhecimento. O que eu recomendaria para quem está interessado em vir para a área social? Talvez não seja assim tão simples, mas considero um grande passo trabalhar em primeiro lugar no setor privado e depois migrar para o campo de impacto social.

Esse é um caminho que certamente acelerará sua curva de progresso profissional. Eu observo que as pessoas que trabalharam exclusivamente no Terceiro setor não tiveram experiência de trabalho com muita exigência. Essa passagem pelo setor tradicional da economia dá uma energia a mais para trabalhar. É algo positivo que sempre levo em conta no momento de contratar alguém.

Devemos nos lembrar de que costuma haver, nos institutos e fundações corporativas, um ambiente híbrido, entre o social e o privado, o que é algo positivo. No entanto, as ONGs ainda são, de modo geral, menos estruturadas. Para aqueles que se habituaram a trabalhar em um ambiente menos organizado, é uma dificuldade se adequar a uma dimensão mais estruturada de trabalho.

Felizmente isso vem mudando. Sobretudo em virtude da agenda dos negócios sociais, de impacto. Eu tenho tentado me aproximar desses negócios de impacto, pois acredito que eles podem trazer muita energia para as ONGs, porque eles nascem da vibração do empreendedorismo, do fazer acontecer.

Nas organizações sociais há muita discussão, algo que é necessário para conceber projetos com qualidade. Mas não adianta só ficar nos debates. É preciso também ter ação, entregar bem um produto ou serviço, impactar. Vejo que, às vezes, o setor fica muito na busca de um mundo ideal e peca por não implementar.

Desde que passei a trabalhar no Terceiro Setor, me empreguei em institutos, portanto, me sinto à vontade em discorrer sobre os prós e contras em desenvolver uma atividade junto a esse tipo de instituição. O IDIS é um instituto independente, não é corporativo, ou seja, não está ligado a uma empresa ou a uma família. Os institutos corporativos são poucos no Brasil. Os familiares, mais raros ainda.

Nós não estamos ligados diretamente a uma causa específica, como ao meio ambiente ou à saúde. São pouquíssimas as instituições como a nossa que, ao mesmo tempo que não tem um mote específico, tratam de todos eles. Gostamos de nos imaginar como um *Think and Do Tank*,[18] ou seja, pensamos e implementamos muita coisa no IDIS, não ficamos só na reflexão. Trabalhar em um instituto com esse raro perfil é uma excelente oportunidade. Sou muito grata pelas oportunidades que tive no setor sem fins lucrativos.

Há outras organizações do Terceiro Setor nas quais é possível desenvolver um trabalho gratificante e que produza bons resultados para a sociedade. O trabalho nas ONGs de base, por exemplo, oferece uma boa oportunidade para refletirmos sobre exatamente o que queremos escolher como a nossa causa. Eu mesma fui voluntária em uma casa que abrigava crianças que, mesmo tendo pais, eram designadas para serem recebidas ali pelo Estado. Do meu trabalho nessa instituição, descobri que não tinha vocação para a ação direta no campo. Eu considero que agrego muito mais valor pensando as estratégias a serem desenvolvidas para aproximar o capital da agenda social. E isso é um maravilhoso trabalho.

MARCELO COMENTA:

Encontrei muita ressonância com a história da Paula, pois também iniciei a carreira no setor privado e vim com uma energia de trabalho mais frenética, com muito foco na execução, no fazer. Também me identifiquei com o tema do preconceito para com profissionais egressos do mercado corporativo, tema que abordo neste livro ao defender uma integração de competências e capacidades entre profissionais com diferentes *backgrounds* profissionais. Um ponto mais específico do que a Paula trouxe é a importância de equilibrarmos a atenção aos processos e às pessoas, pois sem processos bem planejados e testados se torna muito difícil amplificar a atuação e escalar o impacto de uma organização social. Outro ponto é a questão do equilíbrio entre vida pessoal e vida profissional e o grau de respeito e liberdade para

---

18 *Think tanks* são instituições dedicadas a produzir e difundir conhecimentos e estratégias inovadores sobre assuntos estratégicos para as sociedades — políticos, econômicos ou científicos. São grupos, em geral, independentes de partidos, empresas e governos. A tradução mais utilizada para *Think Tank* é "Grupos de reflexão". O verbo em inglês *do* de *Think and Do Tank*, significa "fazer", "executar", em português, portanto, a tradução para a expressão seria "Grupos de Fazer e de Executar" — https://www.institutomillenium.org.br/o-que-significa-um-think-tank-no-brasil-de-hoje/

> compartilhar questões pessoais com a organização. Por um lado, fico feliz que muitas das organizações sociais sejam mais acolhedoras nesse sentido, mas, por outro, vejo que empresas privadas ainda têm um longo caminho pela frente nesse sentido, talvez um desafio que ajude, inclusive, a aumentar a produtividade do trabalho e reduzir o estresse dos colaboradores.

FRANKLIN FÉLIX
ABONG

Coordenador-geral da ABONG — Associação Brasileira de ONGs. É psicólogo, educador, militante pelos direitos humanos e um dos idealizadores do movimento de espíritas pelos direitos humanos.

Estamos assistindo a uma transformação enorme no universo das ONGs: as organizações sociais, incluindo as de base, passam por uma fase importante de profissionalização. Isso surge como uma resposta à exigência crescente da sociedade por transparência no modo de trabalho das ONGs e na forma como aplicam seus recursos. Em um passado recente não era assim que funcionava. Cada vez mais, pessoas ou entidades que façam uma doação (ou firmem um convênio com uma ONG) exigem prestação de contas detalhada, mostrando de que modo seu dinheiro foi gasto e querem conhecer os resultados do trabalho realizado.

Essa mudança vem fazendo com que essas organizações se tornem mais assertivas em suas ações e focadas em melhorar sua gestão como um todo, o que, por sua vez, demanda profissionais qualificados. Não que no passado os recursos fossem gastos de modo leviano ou descompromissado, não é questão disso, mas era comum assistirmos a falhas de planejamento (ou mesmo ausência de planejamento) concomitantemente com gestões financeiras equivocadas. Alterações na legislação têm contribuído para essa transformação positiva. O Marco Regulatório do Terceiro Setor,[19] em especial, trouxe maior transparência pública na relação entre ONGs e governo, o que também contribui para uma cultura de maior transparência.

Abriu-se, portanto, nessas entidades, espaço para profissionais com uma nova visão de atuação. Estou hoje com 38 anos de idade, há 16 anos atuo exclusivamente no Terceiro Setor, o que me deu oportunidade de assistir a

---

19 https://observatorio3setor.org.br/noticias/entenda-o-marco-regulatorio-do-terceiro-setor/

esse processo de mudança. Nas minhas primeiras experiências eu conheci pessoas com uma vontade enorme de fazer algo. Queriam transformar a realidade, mas apresentavam uma atuação bastante intuitiva e pouco técnica. Isso mudou.

Antes de atuar na ABONG como gestor, trabalhei no FICAS,[20] onde uma das minhas atividades era fazer com que essas entidades entendessem que a captação de recursos deveria ser estratégica e atrelada à comunicação da organização. Não era mais possível, eu dizia a elas, não prestar contas ou deixar de elaborar um relatório de atividades.

Acredito que grande parte dessas ONGs pegou bem o recado: conseguiram entender que a sua própria continuidade dependerá cada vez mais da entrega de resultados, de uma melhor gestão e de transparência. Cada fonte de financiamento, sejam pessoas físicas, financiadores internacionais, institutos ou fundações, tem feito, cada uma à sua maneira, essas exigências às organizações. E isso se aplica mesmo àquela ONG pequena, de bairro, que oferece serviços como creche para as crianças ou abrigo para moradores de rua.

ATROPELADAS PELO TEMPO

Não é mais possível ouvirmos a liderança de uma ONG dizer que não cumpriu suas metas por não ter pessoal suficiente ou por falta de recursos. Não dá mais para ser assim. Organizações que reagem dessa maneira estão ficando obsoletas, sendo atropeladas pelo tempo. A tendência é que as ONGs que não contarem com uma gestão minimamente bem-feita fiquem para trás, fechem suas portas ou sejam ultrapassadas por aquelas mais eficientes e transparentes no uso dos recursos.

Hoje há recursos e um apoio crescente à profissionalização dessas ONGs. Volto a falar da minha experiência no FICAS. Ali, minha função era exatamente promover cursos e treinamentos para organizações que não poderiam pagar um curso na Fundação Getúlio Vargas ou no SENAC para algum de seus integrantes. Muitas conseguiram, com a ajuda do FICAS, desenvolver a sua gestão, qualificando o trabalho delas.

---

20   O FICAS é uma organização da sociedade civil, sem fins lucrativos, que oferece programas e ações de formação e articulação a organizações da sociedade civil — http://www.ficas.org.br/atuacao

São várias as estratégias que as organizações não governamentais vêm usando para acompanhar essa exigência de profissionalizar sua gestão. Uma delas é a formação de redes de atuação que diminuem a competição entre elas por recursos. Se há, por exemplo, várias organizações no bairro de Itaquera, na Zona Leste de São Paulo, que atuam com crianças e adolescentes, elas podem captar os recursos em conjunto, de modo a reduzir os custos de captação e de gestão desse recurso, que envolve muitos processos burocráticos, podendo viabilizar a contratação de um profissional de captação de recursos em conjunto, algo que cada ONG individualmente não teria condições financeiras de fazer...

Hoje, eu vejo que, quanto mais as organizações mostram interesse em se profissionalizar, mais os financiadores se animam a investir nelas. Mesmo organizações muito pequenas, com uma estrutura enxuta, já perceberam que precisam qualificar seu trabalho, pois, se não o fizerem, não conseguirão mais captar recursos para sua ação.

Esse processo vem acompanhado também de um processo natural de renovação de quadros. Aquelas lideranças que estão há décadas atuando, e que merecem todo o nosso respeito, começam a deixar suas posições para uma nova geração, mais conectada com o mundo e versada em tecnologia.

Essa renovação vem provocando impacto mesmo junto àquele público que historicamente tem uma posição contrária às ONGs, às vezes até mesmo abertamente hostil. No começo de 2020, nós da ABONG fizemos entrevistas com pessoas que costumam ter essa postura. Mais especificamente, escolhemos como nossos entrevistados eleitores e simpatizantes do presidente da República, Jair Bolsonaro, que critica abertamente a atuação de ONGs[21] de modo geral. Ouvimos homens e mulheres eleitores do presidente em um grupo focal. Falamos sobre todos os tipos de ONGs, daquelas que distribuem sopa e agasalhos até aquelas que têm uma atuação de longo prazo como as que apoiam a estruturação de políticas públicas.

▌ QUEIMANDO O FILME DAS ONGs

Nesse trabalho da ABONG, todos os entrevistados foram unânimes em dizer que essas organizações têm grande importância para a sociedade. Mas queixaram-se de que há más organizações que acabam queimando o filme, ou seja, maculando

---

21   Bolsonaro diz que ONGs podem estar por trás de queimadas na Amazônia, Agência Reuters, 21/08/2019 — https://br.reuters.com/article/topNews/idBRKCN1VB1BI-OBRTP

CARREIRAS DE IMPACTO

a imagem daquelas que são sérias. Eu me lembro de ter argumentado, durante esses encontros, que na minha trajetória, que não é tão longa quanto a de muitos outros, me deparei com apenas duas ou três ONGs que eram mal-intencionadas ou que usavam recursos de maneira equivocada. Eram organizações que foram criadas especificamente para agir de maneira desonesta, para desviar dinheiro. As pessoas precisam entender que da mesma maneira que há empresas no setor privado tradicional que nasceram com objetivos desonestos, a mesma coisa acontece no Terceiro Setor e em qualquer outro setor. No entanto, são uma ínfima minoria. Reforço: a maioria das organizações não governamentais é formada por entidades sérias que fazem um trabalho de excelência.

Voltando a comentar esse novo cenário que vem se firmando de atuação das organizações voltadas para o social, me perguntam algumas vezes que competências são requeridas para quem estiver interessado em atuar no Terceiro Setor. Não existe uma resposta única, pois isso dependerá do campo de atuação de cada organização e das necessidades específicas que cada uma delas tem.

Entretanto, posso dar o meu próprio exemplo. No meu caso, eu desejava atuar na avaliação de resultados. Para me qualificar, decidi cursar um mestrado. Escolhi os campos da psicologia e da educação, áreas que também são do meu interesse, dei ênfase, portanto, à avaliação, além dos resultados, do impacto das ações sobre o meio em que elas atuam.

Essa graduação e o mestrado me qualificaram a uma colocação no Terceiro Setor. Porém, de uma maneira geral, as qualificações requeridas pelas ONGs têm grande semelhança com aquelas que são pedidas pelas empresas tradicionais. Há algumas exigências, como a necessidade de dominar um idioma, pelo menos o inglês, pois é muito desafiador para alguém que fala apenas o português trabalhar em organizações com atuação internacional.

Fazer cursos e ter experiências fora do país também contribuem enormemente na formação. Eu mesmo morei por um tempo em Angola, fazendo um trabalho de avaliação com organizações que atuavam no campo da fé e no combate à malária e ao HIV. Conhecer também organizações que atuam em outras regiões do Brasil, além daquela em que moramos, fará com que tenhamos uma dimensão maior desse setor que emprega cerca de 8 milhões de pessoas. É um universo gigantesco de pessoas que atuam nas ONGs. Quanto mais qualificações tivermos, mais ganhos salariais conseguiremos.

REMUNERAÇÃO CRESCENTE

Falando ainda de remuneração, eu sempre acredito que a carreira no Terceiro Setor é promissora, mas é preciso saber que os ganhos iniciais talvez não sejam compatíveis com aqueles do mercado tradicional. Mas, para os cargos de gerência ou coordenação, a remuneração já está bem mais próxima daquela oferecida pelas empresas voltadas para o lucro. É claro que organizações menores têm menor possibilidade de oferecer salários mais atraentes, mas aquelas de maior porte se aproximam do que é praticado no mercado. Mesmo porque, não há como atrair e reter pessoas qualificadas caso não possam oferecer uma remuneração condizente.

Se os salários ainda têm espaço para crescer, assistimos a muitos avanços em relação à oferta de benefícios indiretos. Na ABONG, por exemplo, conseguimos oferecer convênio médico, odontológico, vale alimentação e outros benefícios, equiparando nossa organização ao que é oferecido por outras empresas.

Há, no entanto, outro desafio nas relações de trabalho nesse setor. Muitas organizações não governamentais vêm empregando seus colaboradores como PJ (pessoas jurídicas). Isso pode ser um problema, já que, apesar de contratadas nesse regime, a demanda é que elas trabalhem em um regime semelhante ao daqueles empregados pela Consolidação das Leis do Trabalho — CLT —, ou seja, são obrigados a cumprir uma jornada integral, devem ir todos os dias ao trabalho, possuem um vínculo hierárquico. Com isso, há muitos casos de queixas trabalhistas contra as ONGs. Talvez essa questão seja o calcanhar de Aquiles dessas organizações. Elas terão que resolver com urgência esse desafio, pois isso não é bom nem para o profissional nem para a organização.

Uma particularidade que encontramos nas ONGS, que praticamente é inexistente nas empresas tradicionais, é a questão da causa, ou seja, o objetivo daquela organização que motiva e une seus integrantes. Costumam me perguntar se para trabalharmos em uma organização social temos obrigatoriamente de nos identificarmos com a causa para a qual ela foi criada. Essa é uma questão que sempre gera longos debates. Em geral as pessoas devem ter, sim, uma identificação com a causa. Mas isso não é uma exigência da qual não se abre mão. Na ABONG mesmo tivemos bons profissionais que eram simpáticos às causas sociais, atuaram de maneira competente, mas não eram necessariamente militantes que empunhavam as bandeiras que defendíamos.

CARREIRAS DE IMPACTO

Parece-me, no entanto, óbvio que mesmo se a pessoa não for profundamente engajada na causa, ela não poderá ser aceita nesse trabalho se tiver concepções contrárias ao que a ONG propõe. Se deseja atuar, por exemplo, na área da criança e do adolescente, você precisa ser radicalmente contra o trabalho infantil e inteiramente contrário à crença de que crianças devem receber castigos físicos.

▌ RELAÇÕES DE TRABALHO

Isso remete para outra questão voltada ao relacionamento no ambiente de trabalho a qual não podemos olhar com ingenuidade. O que quero dizer é que mesmo no universo das ONGs podem existir relações nocivas no ambiente de trabalho. Não é porque as pessoas têm uma consciência social ou ao menos são mais engajadas por causas nobres que isso não possa ocorrer também no campo de impacto social, afinal, ONGs são formadas por pessoas, com todas as boas e más características que elas têm.

Pode, sim, acontecer abusos, assédios, desrespeitos e preconceitos entre os seus colaboradores. Talvez, eu arriscaria, o número desses eventos seja menor se comparado com o que acontece nas organizações comuns, mas problemas existem em todos os lugares. Recentemente recebi uma denúncia. Um rapaz me ligou contando que trabalhava em uma ONG, mas se afastou por não ter conseguido lidar com o assédio moral imposto por uma das coordenadoras.

Esse rapaz é negro e gay e ouvia "brincadeiras" a respeito da sua cor e orientação sexual. Nós o acolhemos e o colocamos em contato com profissionais que apoiam vítimas de assédio moral e preconceito. Essas coisas podem acontecer. Mesmo que não seja algo frequente, não deixamos de lutar nem um minuto sequer para que haja um ambiente de trabalho em que as pessoas possam se sentir seguras e respeitadas.

A minha experiência pessoal no trabalho nesse setor tem sido muito gratificante. Penso, sim, que ONGs oferecem oportunidades de trabalho promissoras e atrativas para pessoas que querem empregar seu esforço para impulsionar transformações sociais sem abrir mão de uma remuneração adequada para ter uma vida confortável.

Eu venho de uma história de militância tanto no campo religioso quanto no social. Sempre busquei uma atuação profissional que me permitisse unir essas duas dimensões. Me formei em psicologia e fiz meu mestrado na PUC-SP. A maior parte da minha vida profissional foi em ONGs. Desde que comecei a trabalhar nessas organizações, passei a dividir meu trabalho nelas com a atuação voluntária em outras iniciativas voltadas para a defesa de direitos humanos.

Dessa maneira, tentei relacionar meus conhecimentos na área da psicologia com a militância religiosa e LGBT. É onde me encontro agora, faço a gestão da ABONG e invisto parte do meu tempo na atuação no campo progressista da fé e na militância da defesa dos direitos da população LGBT.

Acredito fortemente que qualquer pessoa possa encontrar, assim como eu, um caminho que a torne feliz com a sua atuação profissional em organizações sociais. O que recomendo àqueles que desejam trabalham com impacto é que pesquisem, conversem com pessoas que já estão envolvidas no setor e leiam sobre o assunto. Não há pressa. Como se diz popularmente, ninguém experimenta a profundidade de um rio com os dois pés. Vá devagar. Se na sua caminhada, você perceber que não é aquilo que realmente quer, não há problema. Troque de estrada. Penso que, na grande maioria das vezes, as organizações não governamentais são capazes de oferecer um ambiente de trabalho leve, respeitoso e generoso com você e com as outras pessoas.

MARCELO COMENTA:

Certamente estou de acordo com o Franklin. Não há mesmo como negar que a transparência e a prestação de contas são atividades essenciais às ONGs. Eu diria que o trabalho de monitorar e avaliar as ações, prestar contas à sociedade e aos financiadores e aprender com a gestão para ampliar os resultados são atividades *core* das organizações, fazem parte de seu escopo de modo indissociável. É claro que o nível de exigência e as formas pelas quais uma organização comunitária de bairro e uma grande organização internacional prestam contas para a sociedade podem ser diferentes, mas todas elas entenderam a importância dessas atividades dentro de seu papel social.

O PODER MULTIPLICADOR DO GOVERNO

Se as oportunidades de trabalho no campo de impacto social surgem nas ONGs, fundações e outras iniciativas não governamentais, elas também estão presentes no governo e em órgãos que atuam junto a ele. E não há nenhuma contradição nisso. Essas iniciativas, conforme evidenciado nas entrevistas que integram este capítulo, podem vir a ter uma repercussão poderosa sobre a vida das pessoas.

CARREIRAS DE IMPACTO

Os órgãos governamentais têm um grande poder de influenciar, para o bem ou para o mal, o nosso dia a dia e determinar como será o nosso futuro. É curioso notar, como chama a nossa atenção uma das entrevistadas, que o poder de influência dos órgãos públicos sobre o nosso quotidiano surge na direção contrária da sua área de influência, ou seja, quanto mais poderoso ele parece, menor é a sua repercussão nas questões diárias. Assim, a capacidade de transformação a partir de uma prefeitura é muito maior do que a do Estado, que por sua vez supera a influência do Governo Federal. Mesmo assim, atuar junto a qualquer instância governamental pode ser uma forma de beneficiar um enorme número de pessoas e permitir que alcancemos muita satisfação profissional.

Por essa razão, a participação em órgãos governamentais, por intermédio de entidades do campo de impacto social, traz resultados importantes para proporcionar vidas dignas, progresso, segurança e a possibilidade de crescimento para as pessoas. Os depoimentos a seguir mostram isso.

EDUARDA LA ROCQUE

Após trabalhar por 12 anos no mercado financeiro, Eduarda La Rocque migrou para a gestão pública. Foi secretária da Fazenda da cidade do Rio de Janeiro, quando conseguiu melhorar significativamente as contas fiscais do município e implementar a Nota Fiscal Eletrônica em tempo recorde. Foi diretora do Instituto Pereira Passos, órgão de produção de dados responsável pelo planejamento urbano da Prefeitura do Rio de Janeiro e do Instituto Jones dos Santos Neves, autarquia estadual responsável pela produção de dados e informações do Estado do Espírito Santo. É graduada, mestre e doutora em Economia pela PUC-RJ.

Eu fiz minha graduação, mestrado e doutorado em Economia na PUC-RJ. Tudo isso em sequência. Comecei a graduação em 1988 e terminei em 1991; o mestrado tomou todo o ano de 1992, e de 1993 a 1996 completei o doutorado. Minha tese de doutorado teve como título "Volatilidade em Mercados de Juros e Futuros", o que me valeu o prêmio de melhor tese sobre o tema de Mercados Derivativos pela Bolsa Mercantil & Futuros (BM&F).

Ao contrário da PUC-SP, mais voltada para o social, a PUC-RJ é bem financeira, muito focada no mercado. O que foi possível notar já ao final da minha graduação, quando a maioria dos meus colegas de turma, muito boa por sinal, saiu para o mercado de capitais, para o mercado financeiro. Eu fui uma das poucas a ir para o mestrado. E dali fui, direto, para o doutorado, enquanto decidia se queria a carreira acadêmica ou seguir outro caminho.

O PODER MULTIPLICADOR DO GOVERNO **245**

> *Na época, eu era estagiária e trabalhava como bolsista com um professor, Edward Amadeo, com o qual eu viria a me casar e ter dois filhos. Edward fez o caminho contrário ao da maioria das pessoas. Foi para a academia; tornou-se ministro do Trabalho (1998–1999); secretário de Política Econômica durante o governo Fernando Henrique Cardoso; e, depois, sócio do Armínio Fraga, na Gávea Investimentos.*
>
> *Nesse período, parecia que eu iria mesmo me tornar professora, mas a conclusão da minha tese de doutorado coincidiu com o momento em que o mercado de capitais estava desenvolvendo um modelo de gestão de risco. Fatores se combinaram e, no dia 9 de dezembro, comecei a trabalhar no Banco BBM,[1] no qual permaneceria por 12 anos. Fui contratada como Gerente de Riscos. No começo, não sabia nem mesmo mexer em uma planilha de Excel, algo que a minha estagiária fazia por mim.*
>
> *Mesmo assim, continuei inventando coisas. Criei uma software house para desenvolver modelos de gestão de risco para bancos e também para empresas não financeiras, como a Petrobras. A partir desse software, foi criada uma empresa em associação com o BBM, chamada RiskControl, da qual me tornei presidente. Mais tarde, em 2009, a empresa seria vendida para a Accenture.[2]*

▌VIDA SEM PROPÓSITO

E, com tudo isso, durante muito tempo eu passava mal todas as segundas-feiras, quando a semana de trabalho começava. Por que passava mal? Porque eu me sentia inadequada, fora de lugar. Entrei para o mercado financeiro porque a medida do sucesso no mundo é o dinheiro e é no mercado de capitais ou nos escritórios de advocacia que mais se ganha dinheiro e, por sinal, menos se paga impostos. Mas dinheiro nunca foi meu propósito de vida. As coisas começaram a aparecer sem propósito diante de mim.

Foi nesse período, após a venda da RiskControl, que iniciei o processo de procurar outra coisa, que realmente fizesse sentido. Queria fazer algo diferente. O meu trabalho era muito confortável. Eu ganhava bem, era reconhecida no que

---

1   O Banco BBM foi fundado em 1858, em Salvador (BA). É considerado o grupo financeiro privado mais antigo do Brasil. Associou-se com o Bank of Communications, fundado na China em 1908, formando o atual BOCOM BBM — https://www.bocombbm.com.br/quem-somos/historico/

2   https://exame.com/revista-exame/ela-manda-no-cofre-do-rio/

CARREIRAS DE IMPACTO

fazia, mas não sentia que estava contribuindo de verdade para melhorar a vida das pessoas.

Questões relacionadas ao consumo e à riqueza passaram a me inquietar. É que chega uma hora em que a utilidade marginal da riqueza se transforma em negativa. A minha tese é a de que a utilidade da riqueza cresce exponencialmente, mas surge um momento em que ela se torna negativa. É quando você, por exemplo, tem tanto dinheiro que passa a ter mais gastos e dores de cabeça — como, por exemplo, ter que blindar o carro e contratar um segurança particular.

Eu vivi essa experiência. No mercado financeiro, você ganha dinheiro tão rápido que passa a não valorizá-lo. O seu filho quebra o celular que você acabou de dar a ele na parede e você compra outro sem pensar. Você não tem tempo. Terceiriza tudo! Eu acredito que ninguém tem culpa de onde nasceu. Mas quem vive dentro de uma bolha não tem noção de uma série de coisas. Quem sai da academia, muitas vezes vindo da Universidade de Harvard, das salas chiques com ar-condicionado, costuma estar muito longe da fonte real das coisas.

Durante o processo de venda da RiskControl, eu procurei um amigo, Armínio Fraga,[3] para me auxiliar no negócio da venda e também para me ajudar a pensar no que eu queria fazer. Era época de eleições, e o Armínio me contou que o Fernando Gabeira[4] concorreria à prefeitura do Rio de Janeiro pelo PV. Eu seria a Secretária da Fazenda do Gabeira, ele me disse. Entrei na campanha, mas a eleição foi ganha por Eduardo Paes,[5] no segundo turno.

Foi quando aconteceu uma coisa curiosa. Muitas das pessoas que o Eduardo Paes consultava sobre quem poderia ocupar a Secretaria da Fazenda da cidade me indicavam. Foi feito, então, um convite. Conhecidos meus me convenceram, então, a aceitar aquela oferta. Assim como eu, muitas pessoas foram trabalhar com o Eduardo Paes de uma maneira pragmática.

Acredito ter conseguido bons resultados na minha gestão. Em 2009, o caixa da prefeitura fechou com um saldo de R$900 milhões. No ano seguinte, R$964 milhões. Com contas mais saudáveis, o Rio de Janeiro obteve o status de grau de

---

3   O economista Armínio Fraga foi presidente do Banco Central (1999–2002). É professor de economia nas universidades Columbia, Wharton, PUC-RJ e na FGV-Rio. Fundou a Gávea Investimentos em 2003, na qual é CoCIO — https://www.gaveainvest.com.br/empresa/

4   Fernando Gabeira é escritor, jornalista e ex-deputado federal pelo Rio de Janeiro (1998–2010). No fim dos anos 1960, ingressou na luta armada contra a ditadura militar. Foi preso e exilado. Passou 10 anos exilado, na maior parte do tempo, na Suécia. Candidatou-se à prefeitura do Rio de Janeiro em 2008 — https://gabeira.com.br/biografia/

5   Candidato pelo PMDB, Eduardo Paes derrotou Fernando Gabeira, em 2008, por uma diferença de 55 mil votos, no segundo turno. Eduardo Paes seria reeleito à prefeitura do Rio de Janeiro, em 2012 — http://g1.globo.com/Eleicoes2008/0,,MUL832458-15693,00-EDUARDO+PAES+E+ELEITO+PREFEITO+DO+RIO+DE+JANEIRO.html

investimento concedido pela agência de classificação de risco Moody's.[6] O grau de investimento permite aceder, funciona como uma garantia de "bom pagador", o que permite, por sua vez, que a prefeitura obtenha financiamento internacional com melhores condições.

PACTO DO RIO

A capacidade de transformação a partir de uma prefeitura é muito maior do que no Estado e, maior ainda, do que no Governo Federal. De 2009 a 2012, estive à frente da Secretaria. Nos próximos três anos, ainda estive bem próxima da gestão municipal, quando fui presidente do Instituto Municipal Pereira Passos (IPP), a autarquia responsável pelo planejamento urbano do Rio de Janeiro.

Foi ali, no IPP, que estive à frente de uma experiência de grande repercussão, o Pacto do Rio. Trata-se de um conjunto de compromissos firmado entre o setor público, o campo privado e a sociedade civil para promover e monitorar o desenvolvimento sustentável da cidade do Rio de Janeiro.[7] Parceiros privados de peso, como a Accenture, se juntaram à proposta. O modelo era centralizado no IPP, que fazia a gestão do programa.

Minha migração para o campo de impacto social se tornaria ainda mais consolidada no ano seguinte à minha saída do IPP, quando me tornei diretora-executiva e sócia da Usina Pensamento,[8] uma instituição que tem como objetivo produzir e disseminar soluções positivas e práticas que possam ajudar a construir e fazer progredir uma sociedade mais ética. Mas eu voltaria, uma vez mais, para a gestão pública ao aceitar, em novembro de 2018, o convite do governador Casagrande para tornar-me diretora do Instituto Jones dos Santos Neves e depois economista-chefe do Banco do Estado do Espírito Santo S.A., transferindo-me para a capital desse estado, Vitória.

Com toda a experiência que me deu essa minha trajetória, eu não acredito ser necessário escolher entre o setor empresarial, o setor público ou o Terceiro Setor para trazer mais eficiência no enfrentamento dos problemas sociais. Temos muita desigualdade em todas as diferentes áreas. Os recursos nunca chegam até a base. Todos precisarão ser mais eficientes.

---

6   https://exame.com/revista-exame/ela-manda-no-cofre-do-rio/

7   http://www.rio.rj.gov.br/documents/91329/88b83877-498a-45c1-98a8-9f15a2b4d5ac

8   https://usinapensamento.com.br/home/sobre-a-usina/

Volto a falar da bolha. Quando caímos na vida real é que entendemos a desigualdade, a injustiça social. E, aí, temos que avançar. Eu acredito que essas bolhas estão estourando. Não será mais possível viver dentro delas. Acredito que acontecerá uma reprecificação dos ativos, uma redistribuição forçada de renda. Eu vejo o momento atual como uma ruptura. Mesmo quem está dentro da bolha está insatisfeito.

A política também está se transformando. Vemos jovens que integram partidos que apresentam propostas diferentes daquelas das agremiações tradicionais. Esse é outro fator que exige flexibilidade de quem está na gestão pública. É possível transitar da extrema esquerda para a extrema direita, desde que haja convergência em relação à transparência. Podemos ser técnicos e aceitar decisões, mas sempre tendo claros as metas, os incentivos e o monitoramento.

TER CAUSAS

Precisamos ter nossas causas. Eu tenho a minha: reduzir a desigualdade de oportunidades e a injustiça social. Costumamos ser catequizados na academia a acreditar que o mercado financeiro agregará valor à economia. Mas temos de saber muito bem qual é a causa maior e nos livrar desses dogmas.

O melhor conselho que eu acredito que possa dar para as pessoas é que elas sigam seus sonhos. Acredito que as profissões do futuro serão multidisciplinares. Tenho críticas à ciência de uma forma geral, e à Economia em particular, que passou a correr atrás dos modelos teóricos, deixando de lado as experimentações e não produzindo, por isso, ideias que agreguem valor quando você é um gestor público.

Entre as ciências, a que vem me despertando mais admiração é a Geografia, que trabalha com territórios, no lugar de modelos econômicos e econométricos. Temos que reinventar a ciência. Cursar Economia ou Direito para ganhar dinheiro? Acho que isso não existirá mais neste mundo.

De novo, acredito que o mundo está muito dividido entre setor privado e setor público. Mas é preciso gerar prosperidade ou lucro socioambiental, e não só lucro econômico. Tenho a impressão de que, hoje, pessoas de todos os segmentos querem tirar uma boquinha do setor público. Muitos dos que estão no setor público querem fazer dinheiro e não melhorar a qualidade de vida e outras formas de trazer prosperidade.

É muito frustrante integrar o setor público em um governo que não seja eficiente. Mesmo se eventualmente você estiver com um cargo, como o de secretário, mas sem o poder de efetivamente fazer mudanças, isso lhe trará bastante frustração.

Quando estamos no mercado, é inevitável que surjam conflitos de interesses. Uma empresa privada tem que proporcionar, por força da sua natureza, mais lucro econômico. Mas, no lugar de ficarmos confrontando, devemos ampliar o conceito que temos do que é o lucro. É preciso pensar tanto no lucro econômico quanto no social, no ambiental.

Essa dissonância surge também para mim e faz com que eu viva um dilema na minha própria pele, no trabalho no Banco do Estado do Espírito Santo S.A. O Banco tem 96% de capital público e tem como função ser o banco dos capixabas e promover o desenvolvimento sustentável. Ele não pode querer competir com os bancos comerciais tradicionais para gerar lucro econômico, pelo fato de ser uma S.A., ou seja, uma empresa com capital aberto. Uma coisa é incompatível com a outra.

É algo estranho termos um governo de centro-esquerda,[9] com uma área econômica de direita e uma área social também à esquerda. A proposta do banco, argumenta-se, é gerar o máximo possível de lucro, de dividendo para o Estado. Ok, mas qual é o preço disso? Cobrar juros no mesmo padrão dos bancos comerciais? Seria muito mais eficiente se fosse transformado em um banco estatal, atuando por meio de bancos comunitários.

Mas precisamos sobreviver e, portanto, temos que ganhar dinheiro. É a regra do jogo. Não vejo problema nisso. Eu gostei da minha trajetória profissional. Ganhei dinheiro e, quando estava chegando ao ponto de gerar uma utilidade marginal da riqueza negativa, como já me referi, eu parei.

Eu ainda quero criar uma empresa social e já estou iniciando o projeto. Comprei um sobradinho aqui, no centro de Vitória. Eu o estou revitalizando para morar no segundo andar. No primeiro, quero estabelecer esse negócio social. O mundo está muito difícil, mas boto fé que vá melhorar. Vem uma nova geração bem mais consciente do que a minha, a geração Coca-Cola, que já está perdendo o gás.

---

9   Renato Casagrande foi eleito governador do Espírito Santo pelo Partido Socialista Brasileiro (PSB), em 2018, no primeiro turno.

MARCELO COMENTA:

A entrevista da Eduarda tem pontos muito relevantes para quem busca uma carreira no campo de impacto social, especialmente na área pública. Eu tive o grande privilégio de trabalhar com a Eduarda quando ela era presidente do Instituto Pereira Passos, na época do Pacto do Rio. Eram tempos de muito otimismo. O Rio ia sediar as Olimpíadas e a cidade precisava de uma métrica para medir o que realmente importa — avanços concretos na qualidade de vida das pessoas e no grau de oportunidades aos quais os moradores do Rio têm, de fato, acesso. Nesse sentido construímos o Índice de Progresso Social para as mais de 30 regiões administrativas da cidade,[10] mesclando dados sobre meio ambiente, saúde, educação, saneamento básico, moradia, segurança pública, dentre outros. A experiência foi rica em muitos aspectos. Aprendi a dificuldade que existe para construir agendas comuns no governo e o quão importante é contar com planos estratégicos, para além dos tempos de mandato e do partido que está no poder. Quando a prefeitura mudou de mãos e de partido, em 2018, tive um receio de que tudo se perderia, que se inventariam novos indicadores, jogando o trabalho todo no lixo. Fiquei muito feliz em ver que isso não aconteceu. A prefeitura seguiu usando o Índice de Progresso Social no nível de recomendação de políticas públicas e até mesmo para definir áreas prioritárias de um de seus programas sociais. Depois disso, a experiência foi aprofundada e pude apoiar uma nova adaptação do Índice de Progresso Social para o Complexo da Maré,[11] área do Rio que vem recebendo investimentos do poder público.

Claro, ainda há muito que ser feito, e o fato de a prefeitura contar com boas métricas não implica em um genuíno compromisso político com um modelo de desenvolvimento mais justo, mais igualitário. Isso se resolve em parte nas urnas, e em parte com a cobrança organizada da sociedade civil, que deve sempre monitorar o trabalho dos governantes.

Outra parte da entrevista da Eduarda que me identifico muito é a questão das bolhas. De fato, essa foi uma motivação para que eu escrevesse este livro, mas do modo inverso ao qual ela se refere — não nasci numa bolha "alheia" ao desenvolvimento social, mas sim na bolha dos engajados socialmente, e daí o desafio de furá-la, de fazer com que engajamento social e carreira se mesclem e se tornem algo muito mais comum em nossa sociedade. A questão da relação com o dinheiro é um terceiro ponto de sinergia com esta obra — de fato, estudar e trabalhar para ficar rico é um mote que está se tornando obsoleto. Primeiro porque "ficar rico" é uma atividade-meio

---

10   Os dados do IPS RIO podem ser visualizados por meio do site www.ipsrio.com.br ou diretamente no portal DATA.RIO, do Instituto Pereira Passos.

11   O IPS Maré foi produzido pelo Instituto Pereira Passos em parceria com o Banco Mundial e a Fundación Avina. O estudo está disponível no portal DATA.RIO — http://www.data.rio/datasets/819f7e5d98d54fe38ddac54fe-212a9b5

O PODER MULTIPLICADOR DO GOVERNO

para atingir a felicidade (como se pensa), mas que, de fato, vem se provando falsa — a felicidade genuína está muito mais ligada ao sentimento de pertencimento e de utilidade. Segundo, porque todos já sabemos que o ritmo de produção industrial e extrativista do planeta é insustentável e um novo modelo de desenvolvimento é possível.

Por fim, deixo uma mensagem para você — não menospreze o poder da política em seu município. Às vezes o poder organizado vem desde o território local, do bairro, da comunidade e vai crescendo em uma espiral ascendente. O poder de transformação é muito maior no local. Precisamos nos lembrar de que a política local tem um potencial enorme de fazer o bem, de espalhar a ética do cuidado, do amor ao próximo. Espero que a entrevista inspire muitos jovens a enveredar por esses caminhos!

DANIEL LANÇA
O *CASE* DE SUCESSO DA NOVA GESTÃO PÚBLICA EM ITABIRA (MG)

Advogado com especializações em advocacia pública, gerenciamento de riscos e prevenção à corrupção, Daniel Lança atua na adequação da gestão pública a um cenário de menor burocracia, maior *compliance* e mais agilidade. Ele é também autor de um livro no qual conta experiências de sucesso junto a gestões municipais.

Em 2017, lancei um livro intitulado Governança Municipal,[12] no qual compartilhei histórias de experiências que têm transformado cidades pelo país afora por meio da gestão pública municipal. Na obra, trago 20 casos de sucesso em questões relativamente simples, mas cujos resultados são surpreendentes.

Minhas observações são embasadas na minha formação e nas experiências de trabalho pelas quais passei. Graduei-me em Direito em Belo Horizonte, na Faculdade de Direito Milton Campos, que cursei de 2004 a 2009. Posteriormente, acrescentei à minha trajetória acadêmica outros cursos, como especialização em Advocacia Pública, no IDDE — Instituto para Desenvolvimento Democrático —, também em Belo Horizonte; Gerenciamento de Risco, feito no IBMI, em Berlim; Corrupção e Fraude, respectivamente na Wharton School e no WVU John Chambers College of Business and Economics, ambos nos Estados Unidos; mestrado de dois anos

---

12 LANÇA, Daniel — *Governança Municipal — 20 Cases de Sucesso da Nova Gestão Pública nas Cidades Brasileiras*, Idde, 2017

em Ciência Política e Legal na Universidade de Lisboa; e especialização em Regulatory Compliance pela Universidade da Pensilvânia.

Entre os trabalhos nos quais me envolvi, destaco minha experiência na SG Compliance (SGC), com área de atuação em Belo Horizonte e São Paulo, da qual sou diretor e fundador, desde 2015. A SGC é uma consultoria especializada em governança corporativa, compliance antissuborno, políticas anticorrupção e proteção de dados. Outra experiência é a de ser o head de compliance, controles internos e gerenciamento de riscos e ombudsman do Instituto Cultural Inhotim, o conhecido complexo museológico situado em Brumadinho, a 60 quilômetros de Belo Horizonte.

Além desses dois trabalhos, uma experiência bem marcante foi a de ser o procurador-geral, entre agosto de 2013 e abril de 2015, do município mineiro de Itabira, a 109 quilômetros de Belo Horizonte, onde confirmei ser possível transformar para melhor a administração dos municípios, mesmo os de porte médio, e trazer resultados notáveis tanto para o poder público quanto para os empreendedores locais, além de possibilitar ganhos consideráveis para a população. Relatarei, adiante, o Projeto Desenvolver Itabira.

Uma pergunta que sempre surge no início das conversas é: por que trabalhamos nessa área pública? Minha resposta pessoal é a seguinte: por ideologia. Todos sabem que a gestão privada ainda está anos-luz à frente da pública; remunera melhor; traz resultados mais concretos e mais rápidos. Mas não é tão fascinante quanto o campo público. Nesse, há a oportunidade de influir em milhares de vidas, de fazer real diferença na comunidade, de poder tornar concretas as suas expectativas de melhoria de qualidade de vida e dignidade.

▌ ABACAXI NA MESA

Infelizmente, o que se vê no cenário nacional são candidatos, atores políticos e assessores sem visão, sem missão, sem valores, sem rumo. Ainda acho um Absurdo, com "A" maiúsculo, um proponente a gestor público municipal que se aventura em candidaturas a prefeito sem um plano de governo, sem muita ideia de políticas públicas efetivas, da mensuração do orçamento público. Daí vem a velha história — quando o cara se senta lá na mesa de prefeito, ele pensa: "E agora, o que vou fazer com todo esse abacaxi? Por onde começar?"

As experiências que relatei na minha obra mostraram que esse abacaxi pode ser transformado em algo bem mais palatável com medidas simples e o convencimento, por parte dos envolvidos, de que é possível mudar hábitos e visões negativas cristalizados, tanto naqueles responsáveis pela máquina pública como nos cidadãos que com ela se relacionam.

É preciso, portanto, profissionalizar. Pensar em um planejamento estratégico antes mesmo de se iniciar uma eleição. Talvez aí já se separem efetivamente as candidaturas que acreditam em fins eminentemente diferentes sobre a destinação do orçamento ou sobre a prioridade da consecução das políticas públicas. Quem sabe até não se identifiquem, entre si, políticos opostos com exatamente as mesmas ideias-tronco?

Os projetos e planos de governo que surgirão de aspirantes mais profissionais a líderes políticos certamente terão o poder de empurrar tanto a administração pública quanto os cidadãos para um novo limiar de inovação, criatividade e utilização de tecnologia para facilitar a vida das pessoas. Essas ações são capazes, ainda, de aproximar o diálogo do governo com os governados, reduzir custos desnecessários, diminuir o tempo para efetivar contratações, ampliar a receita sem aumentar impostos, diminuir burocracias e, em última análise, gastar melhor o dinheiro público.

É interessante mencionar essa última frase, porque à medida que o governo gasta menos com a própria máquina e suas burocracias, efetivando melhor suas ações para buscar os mesmos (ou melhores!) resultados, ele passa a gastar mais com o próprio cidadão. Isso significa mais dinheiro na educação e na saúde, por exemplo. Não que isso seja em si uma solução. Um dos dilemas que vivemos no Brasil é que o problema não é necessariamente a quantidade de dinheiro, mas também a qualidade do gasto público.

▌ PARA QUE ESTADO?

A pergunta de um milhão de dólares é: para que serve o Estado? Bem, sinto dizer que não existe resposta pronta nem de fácil construção. A minha concepção pessoal é a de que o Estado existe, sobretudo, para trazer justiça social, tratar desigualmente os desiguais e para dar as mesmas oportunidades de quem tem para aqueles que não têm ou têm menos.

É sempre proveitoso lembrar este ensinamento de Peter Drucker:[13] "Para quem não sabe para onde vai, qualquer caminho serve." Para não se perder no

---

13   Peter Drucker (1909–2005) foi um escritor, professor e consultor administrativo de origem austríaca, considerado como o pai da administração moderna — https://www.drucker.institute/perspective/about-peter-drucker/

CARREIRAS DE IMPACTO

"apagar de incêndios" do cotidiano das prefeituras brasileiras, é preciso traçar planos e metas com prazos e vencimentos diferentes e acompanhar/monitorar constantemente.

No meu livro, trato de histórias que marcaram as cidades — falo daquela que reduziu significativamente o tempo nas licitações públicas; de outra que aumentou a quantidade de compras públicas realizadas na localidade, mantendo, assim, a renda no município e direcionando o orçamento público para o pequeno produtor; sobre a que fez o prefeito utilizar novas tecnologias digitais que reduziram seu tempo despachando papéis e aumentando o seu tempo para "prefeitar"; e ainda outra que apertou o cerco contra a corrupção. Aqui, me limitarei ao exemplo de Itabira, que experienciou quase todas essas inovações.

Quando falamos de gestão de prefeituras, muitos são os problemas a serem enfrentados. Estão na lista a ausência de prática gerencial, dificuldades de mensuração de resultados e falta de talento humano e qualificação. Aliás, qualquer mudança sempre deve começar nas pessoas. São elas quem, de fato, movimentam as políticas públicas, o orçamento municipal, as burocracias etc. Um exemplo que gosto de citar: não basta simplesmente a um prefeito contratar uma grande consultoria especializada para entregar um diagnóstico alienígena e frio; é necessário mover o coração e a alma dos servidores para trazer efetiva mudança.

Aliás, qualquer mudança sempre deve começar nas pessoas. São elas quem de fato movimentam as políticas públicas, o orçamento municipal e as burocracias.

Outra fonte de relevância para transformações gerenciais profundas é a mudança de hábitos. A burocracia hoje está mais na cabeça e no coração do dia a dia da administração pública do que especificamente nas leis. Claro, inovação e empreendedorismo público pedem tanto coragem quanto audácia e até mesmo algum risco — é a quebra de paradigmas, sempre difícil e dolorosa. Mas vencê-la traz aquele sentimento de orgulho quando se consegue efetivar uma mudança no seu mundo e que refletirá "nos mundos" de todos aqueles cidadãos que fazem parte do dia a dia da sua cidade.

CANETA PROIBIDA

Um dos grandes paradigmas a saltar é o do culto à burocracia, o amor à papelada, aos carimbos e certidões. Mas o primeiro passo para dar esse salto é acabar com a burocracia que existe dentro da nossa própria mente. Quantas vezes vi situações em que servidores públicos impuseram dificuldades que não eram oriundas de lei! Simplesmente, impunham entraves por comodismo, pela cultura do "sempre foi assim".

Lembro-me de uma determinada ocasião em que um certo município queria, por alguns de seus servidores, anular atos administrativos porque eles tinham sido assinados com uma caneta preta. Achei aquilo totalmente sem sentido e resolvi perguntar o porquê daquilo. Alguns esfregaram a cabeça, até que um teve coragem e interpelou: "Há um decreto municipal que proíbe isso. Aqui só se assina com caneta azul." Claro, não havia nada daquilo. Como dissemos, a tal burocracia é cultivada na cabeça de alguns.

Talvez a principal meta para se buscar atingir uma cultura de gestão que se inicia no país seja perseguir uma administração de resultados — que possam ser mensurados, monitorados e comparados. Só assim consegue-se efetivamente medir o sucesso ou o fracasso de uma política pública, de determinado investimento nesse ou naquele setor.

Ainda temos um problema crônico de gerenciar com base em constatações subjetivas, ou seja, no "achômetro". Sem método, métrica e análise de dados, não se mensura e, portanto, não é possível saber se estamos caminhando na direção que queremos. Nesse sentido, estamos muito atrás de países como os EUA ou o Reino Unido, que já adaptaram o *big data* nas mensurações de políticas públicas locais. De alguma maneira, acredito que avançamos nessa direção na nossa experiência em Itabira.

Terra natal do festejado poeta Carlos Drummond de Andrade (1902–1987), Itabira tinha uma pedra no meio do seu caminho, ou melhor, uma pilha de processos na minha sala na Procuradoria-Geral do Município (PGM). Eles estavam por toda a parte, nas mesas de reunião e do gabinete, em cima das cadeiras, no chão, um verdadeiro cemitério de papel.

MUTIRÃO DE PROCURADORES

Nos primeiros dias, o trabalho foi manual, e pesado. Na base da transpiração, foram-se indo embora os processos. Em algumas semanas tinham sumido quase todos aqueles originais, mas muitos outros não paravam de chegar. Reconheço o bom trabalho dos procuradores de carreira que comigo fizeram um mutirão. Mas, naquele esforço, percebi que o desenho da lógica da tramitação dos processos estava equivocada, burocrática e centralizadora. Era hora de mexer naquilo tudo.

Criamos um laboratório fantástico de ideias, *brainstorms* e estratégias para melhorar a dinamicidade, padronizar entendimentos e materiais e acelerar o fluxo e a lógica. Uma das primeiras impressões que tivemos era a de que a sistemática interna era demasiadamente centralizada na pessoa do procurador--geral. Tudo obrigatoriamente passava pelo seu crivo, desde a distribuição dos processos entre os procuradores de carreira até as revisões de peças processuais e assinaturas. Mesmo despachos corriqueiros esperavam, por vezes, uma semana na minha mesa para análise, o que quase sempre ocorria nos mesmos despachos-padrão.

Era necessário redistribuir as tarefas. O desafio, nesse caso, é trabalhar a demonstração de confiança do líder em seus subordinados mediante a delegação de competências. Quando se conquista isso, o resultado é incrível. A não dependência do andamento dos processos em apenas uma pessoa traz dinamicidade e faz com que seus subordinados se sintam mais prestigiados e entusiasmados, já que trabalham com a confiança do chefe.

Um dos diagnósticos que descobrimos na PGM era de que 95% dos processos que chegavam a nós eram padronizados com as mesmas situações e, portanto, eram sempre as mesmas perguntas. Nossas respostas, entretanto, eram muito diferentes entre si, de acordo com o procurador que respondia determinado processo ou a época do parecer. Resultado: uma confusão. Não havia segurança jurídica decorrente da falta de padronização dos entendimentos internos da PGM.

Não eram somente os entendimentos que estavam sem padronização; os pareceres e peças processuais em si também eram completamente desarmonizados. Cada documento tinha fonte própria, tamanhos diferentes, formatos dos mais variados. Para alguns procuradores, dois curtos parágrafos bastavam; para outros, eram necessários verdadeiros tratados de Direito.

Quando entramos, sequer sabíamos quanto tempo, de fato, a tramitação de um documento interno demorava a sair com resposta. Após levantarmos os indicadores, chegamos ao número: antes dos trabalhos se iniciarem, a PGM trabalhava a uma média de 80 dias para cada parecer jurídico.

REVOLUÇÃO INTERNA

Após alguns meses, o novo indicador veio a público. Para nossa surpresa, o prazo de tramitação médio da PGM caiu de 80 para 2 a 3 dias por parecer. Uma verdadeira revolução interna, motivo de grande satisfação em toda a equipe. Claro, o desenho da gestão de processos internos foi fundamental. Mas o mérito foi todo da equipe da PGM, que abraçou a ideia e trabalhou motivada para a redução de prazos internos como nossa principal meta.

O prefeito também gostou: "Estou orgulhoso do trabalho da PGM, e dá para sentir substancialmente uma mudança na dinâmica do funcionamento", afirmou ele, surpreso com a diminuição de 80 para 2 a 3 dias para cada parecer jurídico. "Mas tenho um receio de que esse trabalho não é suficiente, não basta sermos ágeis na PGM se todas as outras fases dos processos internos continuam demoradas."

Propusemos, então, um desafio maior: "Por que não trabalharmos o processo de suprimentos (licitações públicas) como um todo?" O prefeito autorizou. Tínhamos muito trabalho pela frente. O primeiro passo foi a contratação de uma consultoria especializada em gestão de automação de processos para pensar conosco metodologias e diretrizes para a execução do projeto.

Numa primeira rodada de café e *brainstorming* com a equipe de consultores, surgiu uma das ideias que mudariam o jogo. Um deles me perguntou: "Por que, além de buscar agilidade nas compras públicas, também não nos esforçamos para incluir o aumento de compras da prefeitura no mercado local?"

Fazia todo o sentido. Era algo que estava em evidência nos setores empresariais, e também na iniciativa pública, que focavam o desenvolvimento dos pequenos negócios locais como uma política de geração de emprego e renda, de valorização do empreendedorismo e, consequentemente, de melhoria de qualidade de vida da população local, afinal era esse o principal motivo de estarmos ali na prefeitura da cidade.

Vários passos teriam de ser dados. Um deles foi uma pesquisa junto às empresas da cidade, o que se fez com questionários diretos e consultas às associações

CARREIRAS DE IMPACTO

de classe. Ao verificar o cadastro interno da prefeitura, descobrimos que pouco mais de 150 empresas locais estavam cadastradas; tínhamos na cidade mais de 4 mil delas. Após conduzir uma pesquisa entre os comerciantes da cidade, chegamos a algumas das respostas básicas do porquê do baixo interesse em participar das licitações municipais. Eis os principais motivos:

- A Prefeitura nunca foi próxima de nós (falta diálogo com o mercado local).
- Não sabemos como participar.
- A prefeitura é mal pagadora (demora muito a pagar).
- Ninguém lê o Diário Oficial do Município.
- Participar de licitações é muito burocrático.
- Preferimos vender para outros grandes *players* da cidade, como a Vale, por exemplo.

Com o diagnóstico em mãos, ficou mais fácil conduzir os trabalhos, tanto internamente (para acelerar o processo e diminuir as burocracias) quanto para aumentar a fatia de fornecedores locais e pequenos negócios nas compras municipais. Estabelecemos nossos objetivos:

- Aumentar o número de empresas itabiranas vencedoras de licitações.
- Aumentar o número de empresas itabiranas cadastradas na prefeitura.
- Aumentar o número de microempresas (ME) e empresas de pequeno porte (EPP) vencedoras de licitações.
- Reduzir a burocracia para facilitar o acesso aos pequenos negócios locais.
- Acelerar processos de licitação.
- Acelerar o processo interno de pagamento de notas fiscais aos pequenos fornecedores.

LISTA INTERMINÁVEL

A redução da burocracia é um ponto que merece destaque. Ao iniciarmos o projeto, verificamos que o município pedia aos concorrentes em qualquer licitação nada menos do que 21 documentos. Era uma lista interminável de documentos, muitos deles autenticados, alguns de difícil acesso ou dispendiosos para se ter sempre na mão.

Após analisarmos esse cenário à luz das legislações federal e municipal, descobrimos que podíamos reduzir significativamente a quantidade de documentos.

Alguns deles podiam, inclusive, ser emitidos por nós mesmos. Por que não criarmos uma sinergia entre secretarias para desburocratizar o processo e torná-lo mais rápido e eficiente?

Resultado: baixamos o número de documentos exigidos no cadastro de 21 para 6; muitos foram dispensados por serem irrelevantes; outros, passamos a buscar nós mesmos. Com isso, o processo de venda para a municipalidade começou a ficar mais fácil e interessante aos pequenos negócios locais.

Ao final de um ano de projeto, apresentamos os dados compilados nos últimos 12 meses de ação. Em todos os indicadores, recebemos resultados muito acima do esperado. O tempo médio de licitação da prefeitura caiu de 199 para 60 dias, uma redução de aproximadamente 70%.

O resultado mais comemorado, entretanto, veio dos indicadores sociais do projeto: a fatia de compras públicas realizadas no comércio local saltou substancialmente de 15% para 61,1%, o que significou a injeção de quase R$80 milhões a mais no comércio local. E mais: o percentual de micro e pequenas empresas vencedoras das licitações municipais alcançou 78,57%.

Após a divulgação dos resultados daquele ano, toda a equipe tinha muito a comemorar. Mas sabíamos que havia imensos desafios para os próximos anos; um deles — talvez o maior — era a continuação do projeto para que se transformasse em política de Estado e não de um governo.

Outro desafio era interferir no setor de pagamentos — esses continuavam burocráticos e demorados, o que literalmente pode "quebrar" um pequeno negócio. Baixamos uma norma que regulamentava o pagamento prioritário para pequenos negócios, como forma de defender e agilizar o recebimento das faturas desses comerciantes na prefeitura.

Outro sonho, ainda, era a criação de um modelo de Acordo de Resultados para áreas-meio da Administração que interferissem diretamente na agilidade e na eficiência dos servidores públicos que trabalham cotidianamente com licitações.

Antes que desenvolvêssemos tais atividades, o ciclo político foi alterado e o trabalho interrompido.

Penso que fizemos um trabalho extraordinário, repleto de inovações e cujas rotinas até hoje podem ser observadas. Mais importante foi a possibilidade de demonstrar que há formas inovadoras e criativas de enfrentar problemas tão sérios e crônicos que assolam norte a sul das administrações públicas no Brasil, especialmente nas gestões municipais. Fica o registro e a esperança de ventos inspiradores.

MARCELO COMENTA:

Lembro-me do exato dia em que conheci o Daniel, em um painel que compartilhamos em um evento sobre cidades inteligentes e sustentáveis em São Paulo. Ao ouvir Daniel relatando o *case* de Itabira, fui contagiado imediatamente por uma grande sensação de otimismo e por um sentimento de realização vindo diretamente do olhar pragmático e inovador que o Daniel traz. Era como se ele afirmasse, a cada minuto de sua apresentação: "É possível fazer melhor"; "há esperanças, o setor público pode, sim, ser modernizado e ser eficiente". A entrevista do Daniel dialoga diretamente com o poder local, ao olhar para a transformação em potencial a partir dos municípios.

Identifico-me muito também com a "administração de resultados" que ele menciona, ou seja, esse olhar para a administração pública que se apoia em etapas mensuráveis e comparáveis. Outra contribuição rica é sua visão de que processos e pessoas são elementos interconectados, e que sem mexer em um, não se mexe no outro. A questão da transformação pessoal aqui é chave também; como fazemos para desburocratizar nossas mentes, simplificar processos, acreditar na equipe para poder delegar em paz e com a confiança necessária. Todos esses são elementos que vimos ao longo deste livro.

Ao final, os números não mentem — e eis a vantagem de poder medir os avanços —, é possível celebrar os resultados e inspirar outros gestores a enveredar por essas soluções em outros municípios brasileiros. Recomendo fortemente a leitura do livro completo *Governança Municipal — 20 Cases de Sucesso da Nova Gestão Pública nas Cidades Brasileiras*, pois são exemplos reais, concretos e com potencial de serem replicados para os mais de 5 mil municípios brasileiros.

RENATA SENE
PREFEITA DE FRANCISCO MORATO
(GESTÕES DE 2017–2020 E 2021–2024)

Eleita na sua primeira campanha política, entre outros 8 candidatos, para o executivo municipal, Renata Sene iniciou sua trajetória como servidora pública aos 17 anos e vem implantando uma gestão participativa e inovadora que lhe valeu o reconhecimento, inclusive, por entidades fora do Brasil.

Talvez o meu impulso em ter uma atuação política tenha sido inspirado nos passos dados pela minha mãe, professora de escola pública. Pode também ter vindo do exemplo do meu pai, que foi ainda mais longe no seu envolvimento, servindo à cidade como vereador. Seja lá de onde possa ter surgido, o meu envolvimento com a população de Francisco Morato,[14] cidade em que nasci em maio de 1978, começou aos 17 anos, quando passei a dar aulas como professora de educação infantil e do ensino fundamental em escolas municipais.

Continuei meus estudos e me graduei em Serviço Social em 2001, quando passei a trabalhar na prefeitura da cidade. Outros cargos no município se seguiriam a esse. De 2005 a 2008, tornei-me coordenadora na Secretaria de Assistência Social; atuei, ainda, como assistente social no Fórum da cidade e exerci o cargo de Secretária Municipal de Assistência Social, de 2013 até 2015, quando me afastei para concorrer às eleições para a prefeitura da cidade de Francisco Morato.

Acreditando que a formação acadêmica é parte essencial no desenvolvimento da carreira, investi em cursos de pós-graduação que contribuíram sobremaneira para o meu crescimento profissional. Minha primeira especialização foi em Administração de Projetos Sociais, no Instituto Aleixo, em São Paulo; em seguida, cursei Psicopedagogia na Faculdade Paranaense Isepe. Com o intuito de aprofundar ainda mais o conhecimento, iniciei o mestrado em Ciências Sociais pela Universidade de La Matanza, em Buenos Aires, e finalmente concluí um MBA em Gestão de Administração Pública.

Mas o meu desejo em iniciar minha trajetória para tornar-me prefeita de Francisco Morato sem dúvida está ligado à minha formação como assistente social. A experiência de ser funcionária municipal e o meu olhar em relação à máquina pública abriram meu caminho até esse posto. Concorri à eleição em 2016, que consta como uma das mais disputadas na história da cidade, com nove candidatos. Filiei-me ao PRB e fui eleita com quase 30% dos votos.[15] Foi a primeira vez que disputei um cargo eletivo.

26 MIL CASAS

Entre os nove candidatos, eu era a única mulher, e disputava com pessoas que já possuíam um passado referenciado na cidade. Ouvi muitas vezes que eu não ganharia a eleição por não ter uma história política na cidade. Mas a aposta que

---

14 A cidade de Francisco Morato integra a Região Metropolitana de São Paulo e localiza-se a 32 quilômetros da capital. De acordo com as estatísticas do IBGE, a população do município, em 2019, somava 175 mil habitantes — https://cidades.ibge.gov.br/brasil/sp/francisco-morato/panorama

15 http://g1.globo.com/sao-paulo/eleicoes/2016/noticia/2016/10/renata-sene-e-eleita-prefeita-de-francisco-morato-sp.html

CARREIRAS DE IMPACTO

fiz foi a de construir um diálogo com as pessoas, indo até os bairros, fazendo mediação. Isso trouxe uma experiência muito grande, que se refletiria ao longo do meu mandato.

Ainda na campanha, começamos a fazer discussões junto às comunidades, de uma forma planejada, sobre as suas principais carências e anseios. Visitamos 26 mil casas. Foi mais de um ano de trabalho. Queríamos conversar com as pessoas e não simplesmente fazer uma campanha e dizer um número para que elas votassem em nós. Tivemos o engajamento delas e fui eleita com 23 mil votos.

A partir dos dados que coletamos nessas caminhadas, montamos planejamentos de governo para as regiões específicas pelas quais passamos. Tínhamos as reivindicações e comentários desses encontros anotados em papel. As conversas das mulheres, por exemplo, estavam registradas lá. "Existe uma unidade de saúde aqui, mas ela está muito longe da minha casa", era um assunto que costumava surgir nesses encontros. Transformamos, portanto, esses relatos em documentos que nos permitiriam, depois, voltar à região e responder às reivindicações. Até mesmo para dizer um "não", quando a reivindicação feita não coincidia com a prioridade daquele bairro.

Não queríamos perder a riqueza daquelas informações. Não adianta termos todos esses instrumentos e não transformar isso em um projeto para a cidade. Nós percebemos que daqueles diálogos surgia uma agenda importante. Muitas vezes, nós podemos estar dentro de uma bolha e não percebemos o que é, de fato, relevante. A administração pública suga os seus integrantes. Se mergulharmos nos pequenos problemas, perderemos a possibilidade de fazer grandes transformações.

▎SAIA DAQUI AGORA

O entendimento com os eleitores no período da campanha, no entanto, nem sempre aconteceu. Durante as caminhadas, passei por uma rua e me dispus a falar sobre o meu trabalho, quando uma pessoa se aproximou e disse: "Saia daqui agora, porque tudo o que você disser será uma mentira!" Aquilo me marcou. Eu entendi e respeitei a dor daquela pessoa naquele momento, pois aquele era um local que enfrentava uma situação grave.

Depois de eleita, passei novamente por aquela rua e ao voltar a ver aquela casa, onde esse diálogo se deu, me lembrei da mensagem marcante de dúvida:

"Seria possível conseguir transformar?" São muitas as mensagens fortes que encontramos quando escutamos o que os outros têm a dizer.

No meu primeiro ano de mandato, me recordo, os xingamentos eram de ordem pessoal. Em campanha é comum, que, ao falar do adversário, se discuta a pessoa e não os projetos para a cidade. Claro que é um desafio, já que a nossa história fortaleceu esse formato e a política pública está atrelada a uma série de referências que não são muito boas. Mas isso mudou bastante e encontrar uma população que faça escolhas por projetos elaborados com compromisso e responsabilidade demonstra uma perspectiva muito promissora para o futuro das próximas gestões do município.

Mesmo quando se tem uma longa carreira no funcionalismo, quando nos propomos a integrar o governo, isso se torna um desafio. Eu ficava imaginando qual seria a melhor mediação que poderia ser feita em relação às demandas da política sem descartar minhas crenças e propostas. A imagem bastante difundida é a de que todo político é ruim. Mas contraponho essa visão por acreditar que é na política pública, principalmente no poder executivo, que encontraremos os mecanismos adequados de proteção às pessoas.

Eu já conhecia bem a cidade, então começamos a fazer links com agendas positivas capazes de conectar a cidade. Francisco Morato é uma cidade na qual há fatores históricos que a limitam, inclusive simbolicamente. Essa é a última cidade, em termos geográficos, que integra a Região Metropolitana de São Paulo, sendo considerada uma "cidade dormitório". Cerca de 35 mil pessoas saem diariamente da cidade, de trem, para levar suas qualificações profissionais até São Paulo.

Uma característica da cidade é a nossa sociedade multicultural, que recebe pessoas de todo o Brasil. Gente que vem para cá procurando ter sucesso enquanto trabalhadores e, por não conseguirem se estabelecer na Capital, escolhem Francisco Morato como moradia. Mas, por não haver qualquer planejamento, a cidade se desenvolveu sem uma boa implantação.

Toda essa diversidade gera muitas expectativas. Então levantamos números e dados sobre quem, de fato, somos na cidade. Dessa maneira é possível um planejamento estratégico capaz de atender às expectativas coletivas. Muitas das pessoas com as quais nos relacionamos na época da campanha e, posteriormente, quando já havíamos assumido o governo municipal, começaram a entender a importância desse planejamento.

ESQUELETOS NA CIDADE

Eu não queria perder a conexão que fizemos durante a campanha. E, de fato, conseguimos retomar essa ligação em um tempo relativamente curto, realizando consultas públicas e perguntando para a população o que era prioridade. A nossa primeira audiência foi à noite, dentro de uma Igreja. Eu estava muito nervosa, porque eram apenas três meses de governo e eu não sabia como as pessoas reagiriam. Compareceram 158 pessoas. Começamos a divulgar mais essas audiências públicas, a fazer faixas na cidade, colocar no Facebook. As pessoas perceberam que a proposta era para valer. Foram realizadas, então, 11 audiências públicas. Quando chegou nosso último encontro da série, um sábado em uma escola, não havia lugar para se sentar. Mais de 500 pessoas estavam presentes.

Transformamos todas as falas em um documento público que se tornou o primeiro PPA[16] participativo da história da cidade. Nós dividimos a cidade em áreas, fomos até esses locais e falamos para as pessoas: o orçamento da cidade é esse, por onde nós devemos começar? E fizemos votações. Como não havia dinheiro para tudo, decidimos começar resolvendo os esqueletos da cidade.

Eram sete obras paradas, que estavam deixando a cidade em uma situação bastante fragilizada. Um desses esqueletos é, agora, o novo paço municipal. Finalmente, nós temos uma casa, uma sede administrativa. Outro esqueleto: um restaurante popular que integrava um convênio do governo federal já não existente. Nós precisávamos de creches, então montamos uma naquela obra abandonada, transformando-a em um modelo piloto. As pessoas passaram a responder a melhorias como essas. Ainda pensando no bem-estar das nossas crianças e em políticas públicas capazes de protegê-las, e que fossem garantidas por meio da legislação, fizemos uma lei municipal que se chama "Sistema de Avaliação Municipal", pela qual é possível acompanhar o desenvolvimento da criança, desde os seus primeiros dias até o quinto ano escolar. E os esqueletos não paravam por aí. Uma das prioridades apontadas no PPA Participativo foi a retomada da UPA[17] 24h, parada desde 2012. As consultas públicas confirmavam: a população queria que a obra fosse terminada.

---

16   PPA significa Plano Plurianual e é o principal instrumento de planejamento de médio prazo de ações do governo, abrangendo as diretrizes, os objetivos e as metas da administração pública. O PPA estabelece as medidas, gastos e objetivos a serem seguidos pelo governo ao longo de um período de quatro anos. Tem vigência do segundo ano de um mandato governamental até o final do primeiro ano do mandato seguinte — https://seplan.pa.gov.br/plano-plurianual-ppa

17   A Unidade de Pronto Atendimento (UPA) faz parte da Rede de Atenção às Urgências. O objetivo é concentrar

Reivindicações como essas chegavam até nós de várias maneiras. Um desses canais era um site feito por nós, no qual os moradores podiam acompanhar a votação das propostas. O resultado dessa votação funcionava, também, como uma ferramenta de convencimento do legislativo municipal. Dizíamos para os vereadores: "Olhem, a população fez a escolha, vamos trabalhar juntos, vamos resolver, vamos aprovar leis mais assertivas e mais atuais para a nossa cidade."

Talvez, mais importante do que o site, era a possibilidade de a população votar presencialmente na escolha dos temas que considerava de maior relevância. Colocamos locais de votação em várias regiões da cidade. Aos sábados à noite, as pessoas poderiam fazer suas escolhas nas escolas municipais. Ali eram organizadas salas temáticas, nas quais era possível falar sobre assuntos específicos. As pessoas, inclusive, sugeriam temas sobre os quais queriam falar. Alguém trazia questões sobre a causa animal; outro sobre a política de assistência; alguns queriam tratar de obras.

Muitas dessas iniciativas nasceram da minha própria vontade e das pessoas da nossa equipe, outras vieram inspiradas por leituras e exemplos reais. Estudei em Buenos Aires, em uma universidade federal argentina. Gostei especialmente de um conceito que eles têm que é o de estabelecer uma universidade dentro de uma comunidade, que, por sua vez, se organiza em torno da universidade. Eu me identifiquei com esse trabalho. Acreditava que nós deveríamos estar dentro da comunidade. Assim, nós desenvolveríamos os projetos de forma coletiva, com a participação efetiva da população.

Quando pensamos no PPA participativo, queríamos exatamente que as pessoas dissessem: "Eu votei nesse projeto!", e a partir daí desenvolvessem um sentimento de pertencimento. Que era algo que faltava na cidade. Francisco Morato sempre foi subjugada nos seus indicadores. Nós entendíamos que faltava um elo entre o poder público e a sociedade para resgatar esse sentimento de identificação com a cidade.

ESTUDAR MUITO

A iniciativa de conhecer experiências desenvolvidas em outros lugares, como essa na universidade argentina, deve estar sempre na atenção dos gestores e

---

os atendimentos de saúde de complexidade intermediária, compondo uma rede organizada em conjunto com a atenção básica, a atenção hospitalar, a atenção domiciliar e o Serviço de Atendimento Móvel de Urgência — SAMU. http://www.blog.saude.gov.br/servicos/33620-upa-e-ubs-sabe-o-que-significam-essas-siglas.html

CARREIRAS DE IMPACTO

daqueles que pretendem migrar para a gestão pública. É necessário estudar muito, trabalhar com indicadores, estar associado a uma agenda que discuta não apenas as necessidades de um município ou estado, mas que também contemple o que se está falando no mundo, o que há de experiências inovadoras, para então trazê-las de maneira estratégica para realidades mais restritas.

Como já disse, há a tendência de que o poder público concentre sua atenção na discussão de questões muito pontuais, pequenas, restritas ao âmbito municipal. Eu entendo que mergulhar e analisar projetos de uma maneira profunda é algo importante. Fazemos, no meu grupo, estudos constantes. Sempre procuramos a mediação, a conciliação. Isso é algo que me ajudou muito, inclusive a sobreviver psicologicamente nas minhas funções como prefeita.

É preciso estar atento a essa questão constantemente. Você tem uma estratégia, quer ir por um caminho e, de repente, há pessoas que querem que você faça a curva. Se não se mantiver firme e acreditar o tempo todo que a sua proposta trará resultados para a cidade, você pode se perder no processo.

Precisamos mudar o ponto de vista das pessoas que ainda veem o poder público como algo hostil, porque é exatamente esse o poder capaz de transformar suas vidas. Imagine ter 23 mil crianças nas escolas do município. Não são muitas as cidades no Brasil que apresentam números assim. Servir 27 mil refeições por dia! Claro que ninguém faz isso sozinho. Eu não fiz. Encontrei pessoas com outras capacidades que me ajudaram no entendimento de governo.

▍ FALAR DE INDICADORES

Mas é necessário um estudo permanente, ter indicadores e dados para mostrar resultados que engajem as pessoas. E fizemos, modéstia à parte, um bonito planejamento que vem nos permitindo executar uma gestão de excelência. O Conselho Federal de Administração, inclusive, premiou Francisco Morato com o título de primeiro lugar no ranking nacional de avaliação em qualidade de gestão.[18] Eu trouxe muita bibliografia, referências nacionais e internacionais para transformar a cidade. Fiz convites para as pessoas, mostrei números. Há, ainda, indicativos de vulnerabilidade, com muitos agravantes. Entretanto, não é porque somos uma cidade com indicadores frágeis que vamos deixar de falar disso.

---

18   http://www.franciscomorato.sp.gov.br/site/artigo/noticia/1017

O PODER MULTIPLICADOR DO GOVERNO **267**

Não acho que transformações como essas que acontecem em Francisco Morato sejam um fato isolado. Há muitas outras experiências de sucesso mundo afora. Fiz um curso na Universidade de Columbia, em Nova York, sobre administração pública. Foram selecionados 14 prefeitos do Brasil para participar. Lá eu encontrei outros gestores e gestoras com vocações transformadoras.

A internet possibilita que essas experiências sejam conhecidas. A Frente Nacional dos Prefeitos,[19] por exemplo, é um órgão no qual podem-se conhecer outras gestões bem-sucedidas. Penso, no entanto, que poderíamos falar ainda mais sobre essas inovações. Essa seria uma maneira de articular e fomentar outras estratégias que atenderiam melhor a população nos municípios. As organizações sociais do Terceiro Setor também têm um papel a cumprir e podem trazer um novo olhar para a gestão pública.

Vejo sinais de que há uma mudança em curso. A minha sobrinha me disse, um dia, que prestaria vestibular para Administração Pública. Eu perguntei o porquê dessa decisão. "Eu quero transformar a vida das pessoas, e sei que isso será feito pelos órgãos públicos." Ela prestou o vestibular para a Fundação Getúlio Vargas e foi aprovada.

Aqui, em Francisco Morato, estamos fazendo a nossa parte. Pela primeira vez na história da cidade abrimos oportunidades de estágio. Criamos 200 vagas para quem quiser fazer estágio na administração pública. Já temos estagiários em ação e acabamos nos apaixonando por essa linguagem jovem, essa energia. A única pena é que eles entram em sintonia com o governo e, de repente... o estágio deles acaba! Mas fica em nosso coração a certeza de que, para essa juventude que representa o futuro, houve um despertar com relação à importância de uma gestão pública exercida com responsabilidade e que o trabalho coletivo de uma equipe de profissionais engajados em trazer o que há de melhor para a população gera resultados muitas vezes inimagináveis.

Eu costumo dizer que um governo precisa conversar com a população que tem! A nossa gente é trabalhadora, forte, resiliente... a gestão municipal precisa estar conectada com o povo. E foi exatamente isso que buscamos durante quase quatro anos de governo: uma conexão profunda com a nossa comunidade de forma a atender às demandas mais urgentes e resolver os maiores desafios. E deu certo! As pessoas aprovaram esse modelo, se viram representadas nele. Nós percebemos que havíamos acertado o caminho escolhido. Essa parceria,

---

19   Fundada em 1989, a Frente Nacional de Prefeitos tem como foco de atuação os 406 municípios com mais de 80 mil habitantes. Esse recorte abrange 100% das capitais, 61% dos habitantes e 75% do Produto Interno Bruto (PIB) do país — https://www.fnp.org.br/fnp/historico

poder público e sociedade, foi tão assertiva que se refletiu em uma expressiva votação nas urnas. Fui reeleita com 86,99% dos votos. A cidade de Francisco Morato disse sim ao trabalho realizado! Um sentimento profundo de gratidão me tomou e despertou ainda mais vontade de trabalhar. A cidade está em novo rumo, escrevendo uma história de conquistas e superações. Exatamente como sua população. E as perspectivas para o futuro são excelentes: a construção coletiva de uma cidade cada vez melhor para nossas crianças, nossos jovens, nossas mulheres e toda a nossa gente!

MARCELO COMENTA:

A trajetória da Renata é incrível, no sentido de que apresenta muitos elementos que, embora superdesejáveis para a cena política brasileira, são bastante incomuns.

A primeira coisa que chama a atenção — mulher, professora, jovem e funcionária pública — não é o perfil típico do candidato a cargos políticos no Brasil, que na maioria são conquistados por homens brancos com longa carreira na política. Felizmente, Renata é um dos casos que começam a surgir no cenário de novas candidaturas que vêm com propósito genuíno de trabalhar para uma mudança social. Vêm de uma ideia de coconstrução com as pessoas nos bairros, olhando para as coisas do dia a dia — a construção de um posto de saúde mais próximo ou a possibilidade de abrir um contraturno na creche do bairro.

Como cientista de dados que sou, me enche os olhos de alegria saber que essa coconstrução foi amplamente baseada no diálogo e na coleta participativa de dados mesmo antes da eleição, como construção do próprio plano de governo, iniciativa que considerei inovadora e genial. A amplitude do trabalho também chama muito a atenção — visitar 26 mil casas, coletando dados qualitativos e quantitativos, ao longo de um ano, é realmente um trabalho hercúleo. E os resultados vieram — a gestão finalizou obras paradas, vem sendo reconhecida pela sua qualidade e logrou manter o diálogo aberto com a população da cidade. Mais um caso exemplar que, espero, possa estimular a entrada de novos talentos na política municipal com base em um interesse genuíno de ajudar as pessoas e de facilitar a vida do cidadão. É a prova que o árduo trabalho sempre compensa.

GERMANO GUIMARÃES
GRUPO TELLUS

Diretor-presidente do Grupo Tellus, organização voltada para inovação e design de serviços públicos no Brasil, atuando em projetos de inovação em parceria com entidades governamentais e do meio privado e da sociedade civil. Germano Guimarães formou-se em Administração Pública pela Fundação Getúlio Vargas.

Eu descobri meu interesse por assuntos governamentais muito cedo, quando ainda era um garoto de 14 anos e morava na pequena Iporá, cidade do interior de Goiás. É provável que se naquela época alguém me perguntasse o que significava exatamente a expressão "assuntos governamentais", com certeza eu não saberia o que responder.

A minha primeira aproximação desse assunto foi algo bastante ingênuo. Eu ficava imaginando como seria a vida na minha cidade em 2030, 2050... Pensava sobre as coisas, sobre o sentido da vida, e dali, ainda de uma maneira intuitiva, comecei a ver que eu possuía uma certa sensibilidade para a área social.

Então pegava um lápis e ia desenhando como seria essa Iporá futurística. Desenhava como eu imaginava que seria a escola, o hospital, a calçada. Projetava as casas, a lixeira e até mesmo o uniforme do policial que patrulharia aquelas ruas dali a 50 anos. Esse exercício de imaginação aumentava o meu interesse pela esfera pública. Tudo que era público, ligado à cidade e a seus aparelhos urbanos, me interessava.

Um dia, quando já estava no ensino médio, um amigo viu meus desenhos. Com certeza ele era alguém mais bem informado do que eu, pois me explicou o que eu ainda não sabia sobre mim mesmo. "Que bom que você gosta de desenhar", ele disse. "Acho que tudo isso tem muito a ver com urbanismo, com administração pública." E ele disse ainda mais. Explicou-me que em São Paulo havia uma faculdade que valia a pena conhecer, a Fundação Getúlio Vargas.

Aquilo ficou na minha cabeça. Nessa época, eu já havia me mudado com os meus irmãos para Ribeirão Preto (SP). Foi ali que procurei um dos meus professores e perguntei o que era, afinal, a Fundação Getúlio Vargas. Ele explicou que era uma instituição que formava muita gente que ia trabalhar no governo. As pessoas saíam dali para o Ministério da Educação, para o Ministério da Fazenda. Elas ajudavam a pensar soluções para o Brasil, ele contou. Fiquei encantado com tudo aquilo. Decidi que o que eu queria mesmo era estudar na FGV.

No primeiro vestibular que eu tentei, não fui aprovado. Pedi aos meus pais que me ajudassem. Eles pagaram a minha matrícula em um cursinho especializado na FGV e ainda me levaram de carro até São Paulo para o vestibular no qual, finalmente, consegui ser aprovado.

Fiquei muito feliz. Brinco com os amigos que eu engoli a faculdade. Desejei tanto estudar lá que não conseguia, nem queria, sair dali. Ficava na FGV das 07h às 23h, todos os dias. Ainda sou apaixonado pela faculdade, pois foi ali que encontrei minha vocação e onde mais aprendi.

Logo no início dos estudos, descobri que havia ali uma empresa júnior pública, que trabalhava com foco na área social. Passei por essa empresa e ainda participei de alguns projetos sociais da faculdade. Surgiu também a oportunidade de estagiar na Secretaria de Assistência e Desenvolvimento Social do Estado de São Paulo; integrar um programa de intercâmbio no Conselho Administrativo de Defesa Econômica — CADE — em Brasília. E, durante três anos, estagiei na Secretaria de Educação do Estado de São Paulo.

ANJO NA PORTA

Se as coisas já iam bem, tornaram-se surpreendentes quando surgiu um anjo em minha vida. Um personagem tão inesperado e transformador para a minha vida como aquele amigo que viu meus desenhos e me diagnosticou como alguém encantado com a administração pública. O anjo apareceu quando eu estava na faculdade, no último semestre do curso. Do nada, surgiu uma garota na porta da sala de aula. "Você que é o Germano?" Sim, era eu. "Fiquei sabendo de uma bolsa de estudos", ela disse. "E, pelo que ouvi falar, você tem grande interesse pela área pública. Se quiser saber mais, procure esta pessoa aqui." Ela me entregou um papel, virou as costas e nunca mais a vi. Foi tão rápido que eu nem soube o nome dela.

O prazo final da entrevista para a bolsa era no dia seguinte. Procurei a pessoa e fiquei sabendo que o curso seria dado na Universidade de Georgetown, em Washington (EUA). Era uma terça-feira, na quarta-feira fiz a entrevista e na sexta-feira o responsável pela seleção me avisou: "Parabéns, prepare o seu passaporte."

O PODER MULTIPLICADOR DO GOVERNO **271**

Para quem gosta de assuntos de governo, Washington é uma Disney. Lá estão todas as instituições multilaterais, como o Banco Mundial e o Banco Interamericano de Desenvolvimento. Uma cidade repleta de embaixadas. Visitei vários *think tanks*,[20] centros de estudos em políticas públicas. Essas instituições são conhecidas nos Estados Unidos como "governo em espera", já que os melhores talentos desses centros são convidados a participar do governo para formular políticas públicas.

Nessa mesma época, eu e mais três amigos da faculdade, igualmente interessados em políticas públicas, passamos a pensar no que poderíamos fazer no Brasil para ajudar o país a se desenvolver. Não queríamos ser *think tanks*, queríamos fazer coisas, atuar, colocar a mão na massa. Foi quando decidimos, em 2010, um ano depois de voltar de Washington, fundar o Tellus.

Começamos do zero. Nós havíamos acabado de terminar a graduação e estávamos sem dinheiro algum. Fizemos um plano de negócios que, desde o início, nos definiu como um negócio social. Mas de onde viria o dinheiro? Não acreditávamos que seríamos sustentáveis caso contássemos apenas com doações. As pessoas doam por dois, três anos e depois desistem. Aí você precisa estar sempre correndo atrás de dinheiro e não tem como focar a operação. O que acreditávamos era que precisávamos ter produtos, serviços e projetos que fossem valorizados pela sociedade, que pagaria por eles, viabilizando a nossa operação.

Passamos o chapéu entre amigos e ex-chefes. Fui até a financiadora da bolsa de estudos na Universidade de Georgetown. Apresentamos o nosso plano, dividimos os recursos necessários em cotas e explicamos que precisávamos de financiamento por três anos, quando atingiríamos o *breakeven*, o ponto de equilíbrio do negócio.

▋ FRIO NA BARRIGA

Conseguimos o financiamento, mas a Universidade de Georgetown impôs uma condição para ser também uma sócia-investidora: eu precisaria me dedicar em tempo integral ao Tellus. O que eles queriam com isso era a garantia do resultado, pelo dinheiro que estavam investindo em nós. Fiz isso, à época já não estava na Secretaria de Educação, estava trabalhando na Endeavor. Sim, deu

---

20   *Think tanks* são instituições dedicadas a produzir e difundir conhecimentos e estratégias inovadores sobre assuntos políticos, econômicos ou científicos estratégicos para a sociedade. São grupos, em geral, independentes de partidos, empresas e governos — https://www.institutomillenium.org.br/o-que-significa-um-think-tank-no-brasil-de-hoje/

CARREIRAS DE IMPACTO

um frio na barriga, afinal eu estava deixando de ser empregado para tornar-me um empreendedor social. Mas fomos felizes e, finalmente, em três anos começamos a ter pernas para andarmos sozinhos.

O que nos encorajou a acreditar que estávamos no caminho correto foi ter, nessa época, ganhado um prêmio de inovação, o Prêmio Mário Covas, quando trabalhava na Secretaria de Educação. A premiação foi o reconhecimento das soluções de gestão que permitiram a economia de R$102 milhões em um ano para a secretaria. Esse foi o clique! Se aquilo deu certo na Secretaria da Educação, poderia funcionar em outros lugares.

O grande diferencial do Tellus é que nele nós desenhamos o serviço público sob a ótica do usuário. Não entregamos simplesmente nossa proposta ao governo e voltamos para casa. Vamos na ponta, no hospital, no posto de saúde, na escola. Levantamos o que os usuários e os funcionários envolvidos almejam. Também desenhamos novos layouts, fazemos obras, executamos reformas e capacitamos pessoas.

No início da nossa empresa, nos instalamos em um escritório cedido por uma amiga. No entanto, decidimos perguntar na FGV se poderíamos ficar trabalhando dentro do prédio da faculdade e eles concordaram! Ficamos estabelecidos durante quase cinco anos na própria Fundação Getúlio Vargas, o que foi fundamental para conseguirmos ganhar reputação. Quando fazíamos reuniões com potenciais parceiros e clientes dentro da Fundação, eles naturalmente ficavam impressionados e nos respeitavam mais.

Algum tempo depois, já havíamos organizado produtos e serviços que seriam interessantes para os clientes e eles começaram a nos contratar. Eram institutos, fundações e entidades governamentais querendo fazer projetos sociais com a nossa ajuda.

Talvez toda a nossa trajetória, com uma garota-anjo surgindo do nada oferecendo uma oportunidade em Washington; ter um espaço cedido pela Fundação Getúlio Vargas e os financiamentos do exterior não sejam apoios que surgem todos os dias para qualquer empreendedor. Acredito que foram consequências de nossa dedicação e paixão em querer genuinamente fazer a diferença aliadas a um pouco de sorte. Mas o que considero replicável em toda essa experiência pela qual passamos é a vontade de empreender um negócio social, a vontade de construir uma organização sem fins lucrativos. Isso está ao alcance de muita gente.

DESIGN THINKING

Atualmente, acredito que está mais fácil atrair clientes interessados em trabalhar com *Design Thinking*[21] em serviços públicos, que é o que fazemos. Há dez anos, pouquíssimas pessoas entenderiam o que era a nossa proposta de trabalho. De novo, considero que o desejo de empreender abre caminhos, mas, nessa área, aquele modelo de negócio tradicional, no qual você tem um investidor, faz um protótipo do negócio e vai em frente, não é o que costuma funcionar. Fomos aprendendo enquanto caminhávamos. Não havia *benchmarking*, não tínhamos em quem nos inspirar.

É claro, absorvemos boas práticas de alguns *think tanks* dos Estados Unidos, de agências de *design thinking* de outros países e de várias outras fontes. Mas nos apoiamos bastante em mentorias. Ouvimos muitos conselhos. Nossos financiadores se tornaram nossos conselheiros, e grande parte deles ainda continua nos dando apoio. Eles nos orientam sobre o foco da estratégia e o da atuação, assim como o que deve ir rápido e quando é preciso ir mais devagar. Com muita humildade, nós fomos em busca de referências de pessoas mais sêniores que pudessem nos orientar. Até hoje, pedimos muita mentoria. Se não sabemos algo, nos sentamos à mesa e estudamos.

Desde que fundamos a nossa empresa, há dez anos, o cenário de negócios vem mudando de uma maneira consistente. Essa última década foi intensa e construtiva na área de impacto social, tanto no Brasil quanto no mundo. Não há uma explicação única, nem muito clara, do porquê dessa mudança ter começado no início da década de 2010.

Certamente um fator é a nossa geração, a chamada geração millennial, estar assumindo posições de poder nas sociedades. Toda geração que chega agrega algo de novo. Trazem tanto coisas boas como outras nem tão boas assim. Mas se há uma contribuição positiva que a minha geração traz é esse sentido de ter um propósito nas coisas que pretende fazer. O trabalho já não é mais exclusivamente um gerador de renda. Não estamos mais dispostos a suportar uma série de coisas negativas em função do ganha-pão.

---

21 *Design Thinking* é uma abordagem que busca a **solução de problemas** de forma coletiva e colaborativa, em uma perspectiva de empatia máxima com seus *stakeholders* envolvidos. O processo consiste em tentar mapear e mesclar a experiência cultural, a visão de mundo e os processos inseridos na vida dos indivíduos, no intuito de obter uma visão mais completa na solução de problemas — https://endeavor.org.br/tecnologia/design-thinking-inovacao/

▌ JANELA DE OPORTUNIDADE

Hoje as pessoas querem ter um sentido no que fazem, seja ele qual for. Se elas escolhem como o seu banco, por exemplo, o Nubank, fazem isso talvez não pelo banco em si, mas porque querem sentir que estão revolucionando, com a sua escolha, o setor financeiro. O que se busca, agora, é sentido. Uma empresa mais humana e que seja sustentável. Vejo tudo isso como uma excelente janela de oportunidade. É um momento histórico da sociedade que deve ser aproveitado.

Para os próximos dez anos, o que assistiremos será a uma fortíssima influência da tecnologia, que estará ainda mais presente em todas as nossas atividades, inclusive nas causas sociais. Talvez nossa atenção vá se fixar exatamente em como a tecnologia será capaz de escalar o impacto social das nossas atividades. Nossa maneira de fazer as coisas mudará. Os governos também se transformarão em decorrência dessa sociedade cada vez mais digitalizada.

Nosso trabalho no Tellus, e em outras iniciativas semelhantes, também terá de acompanhar essa grande mudança. Precisaremos desenhar serviços públicos que sejam mais digitais. Acredito que a colaboração entre as pessoas será muito forte, a comunidade muito mais integrada e que todos se integrarão em uma rede de contatos mais presente.

O impulso de fazer juntos, de compartilhar — o *share value* — estará muito mais presente na minha geração e nas novas que estão entrando no mercado de trabalho. Inclusive, esse processo de digitalização também já está impactando todas as demais gerações — trata-se de uma mudança de *mindset* em curso. Além da busca pelo propósito, a noção de que as coisas precisam ser divididas em todos os sentidos será a nota dominante. Já vemos isso hoje com negócios como Airbnb, Uber, e até mesmo nas patinetes compartilhadas. Claro que todas as iniciativas disruptivas são de risco. Algumas delas darão certo, outras não. Sou otimista, no entanto. Acredito que a tecnologia irá baratear o acesso a muitos benefícios e isso será muito positivo, inclusive para a área social.

Já estamos vendo que mesmo empresas tradicionais, com muitos anos de experiência, vêm fazendo movimentos em direção a esse novo posicionamento. Cada vez há mais convicção de que velhas certezas já não estão funcionando bem. Vamos imaginar um exemplo, que já vem se tornando uma narrativa clássica no setor, de um fabricante de refrigerantes.

MORREU UMA BALEIA

O CEO dessa empresa sabe que seu negócio gera um impacto, uma externalidade negativa para a sociedade, que são as garrafas PET do refrigerante que ele coloca no mercado. Para enfrentar isso, ele cria um projeto para minimizar o impacto desse plástico sobre o ambiente, funda um instituto ou uma fundação. Talvez até mesmo os dois. E o CEO fica feliz e diz: "Estou cumprindo o meu papel, diminuindo meu impacto!"

Um dia, esse CEO está no meio de uma reunião e seu celular começa a zumbir. Vários SMS estão chegando: "Morreu uma baleia! Morreu uma baleia!", as mensagens dizem. O CEO não entende aquela agitação: "O que está acontecendo, o que eu tenho a ver com a morte da baleia?" Mas logo compreende o problema, quando começam a circular nas redes sociais fotos da baleia morta, com a barriga aberta. E, dentro da barriga, as garrafas PET do refrigerante fabricado pela sua empresa.

E aí o que acontece? A ação da companhia cai. Há um protesto, com faixas e pessoas gritando na frente da empresa. Nas mídias sociais, os consumidores juram que nunca mais comprarão aquele refrigerante. O conselho da empresa se reúne e derruba o CEO.

Este é o mundo em que vivemos agora. Muitas coisas acontecem, e acontecem rápido, quase de um dia para o outro, deixando pouco tempo para reagir. Como enfrentar problemas como esse? Não há respostas simples. Hoje o consumidor começa a refletir sobre o que vale a pena ter, o que precisa mudar. "Será que esses produtos são mesmo necessários?", eles se perguntam. Se a demanda vem mudando, a área social já não é mais algo acessório, ela passa a ser o centro, o fundamento dos negócios que estão por vir.

MUDANÇAS NA ESSÊNCIA

É essa percepção, e essa inteligência, que empresas como o Tellus e os novos empreendedores começam a trazer para o negócio. Será preciso redesenhar os produtos, ser sustentável. Nos próximos anos, veremos muitas mudanças na essência dos negócios empresariais. Também será exigido das empresas que sejam coerentes em todas as suas atividades e tenham uma cultura definida e conhecida.

CARREIRAS DE IMPACTO

Não é só mais o produto que importa, mas também a existência de uma cultura de diversidade, ter mulheres na liderança, uma cultura de gêneros, raça. Estamos em meio a esse turbilhão de coisas. Essa geração que está vindo tem a oportunidade de alavancar tudo isso — mudar as organizações e deslanchar o empreendedorismo social.

Para quem está chegando a esse campo social, eu incentivaria que ouvisse a sua voz interior sobre o seu propósito, seu significado de vida. Este mundo muitas vezes vai nos limitando, tirando o nosso brilho. Há muitas distrações no caminho, muitas tentações, e costumamos nos deixar levar pelas ofertas mais tradicionais.

Contudo, devemos acreditar que a nossa contribuição para um mundo melhor é possível, inclusive do ponto de vista do mercado de trabalho. Mas é preciso ter paciência. Nenhuma realização vem no curto prazo, principalmente no campo social e, em particular, no trabalho junto aos governos.

Quando se trata de saúde, educação e desenvolvimento social os movimentos costumam ser mais lentos. Estamos falando de um trabalho que se estende por gerações. Faça a sua contribuição e esteja em paz com o que você está fazendo. Para chegarmos aonde estamos, subimos nas costas de outras pessoas, ou seja, aprendemos com as suas experiências, erros e acertos. Precisamos, agora, fazer a nossa parte para que esse movimento não pare. Tenha a clareza que você terá um papel importante nessa visão de longo prazo da humanidade e sinta-se seguro com o papel que lhe caberá nisso.

MARCELO COMENTA:

Mesmo trabalhando há anos com organizações não governamentais, eu conheci o trabalho do Grupo Tellus de modo inusitado. Um dia estava na casa dos meus pais e minha irmã, Renata Mosaner, que é fotógrafa, mostrou as fotos de uma escola pública na cidade de Santos (SP), que havia sido realizada pelo Grupo Tellus. A foto foi tirada antes e depois, exatamente no mesmo ângulo, e ver o trabalho dela — além da excelente qualidade estética — me tocou pela sua materialidade. Quando se fala em design de processos, parece uma coisa abstrata à primeira vista. Mas tudo começa no desenho, como os esboços de Germano da Iporá futurística. Logo vi que por detrás da revitalização do espaço físico houve um processo de escuta ao usuário, do mesmo modo que uma empresa inteligente escuta seu consumidor. O governo deve fazer o mesmo — simples assim!

Para você, leitor, que busca construir uma carreira de impacto, a história do Germano é uma história de paixão às políticas públicas e de perseverança. Ele não passou no primeiro ano na FGV, e fez um ano inteiro de cursinho para conseguir entrar no curso escolhido. Ele largou um emprego público para trabalhar em tempo integral em uma startup. Imaginem quantos "nãos" foram necessários até o negócio ficar de pé. E hoje o Grupo Tellus é referência em design de serviços públicos, reconhecido em todo o Brasil e com uma grande trajetória ainda pela frente.

Mais uma prova que os dois "Ps" mágicos — paciência e persistência — são elementos muito importantes para uma trajetória profissional bem-sucedida. Para finalizar, no caso do Germano o vínculo acadêmico também foi muito importante. Como escrevo em capítulos anteriores, e ficou claro pelas dezenas de conversas com profissionais atuantes no campo de impacto social, verdadeiras oportunidades de carreira podem começar do interesse acadêmico, de seu projeto de pesquisa ou do interesse e do relacionamento com professores e orientadores.

UM BOM PRESSENTIMENTO

Nas muitas conversas que tive enquanto escrevia este livro, por várias vezes surgiu uma pergunta: quando as organizações do campo de impacto social começaram a se fortalecer no Brasil? Certamente, não é possível determinar uma data precisa para algo assim, mas há um consenso de que esse campo tenha começado a se alargar de uma maneira que me parece irreversível por volta de 2010.

Mas o que teria acontecido dez anos atrás? O que vem fazendo com que um número cada vez maior de pessoas tenha interesse em se engajar nessas organizações deixando, inclusive, seus empregos convencionais de lado, e muitas vezes recebendo salários menores? De novo, não há uma resposta exata para essas questões, porém a mais fundamentada suspeita é a de que o principal responsável por isso sejam as novas gerações, em especial a chamada geração millennial, ou geração Y, formada por aquelas pessoas nascidas entre 1980 e 1995.

Hoje, em uma faixa de idade que se estende dos 25 aos 40 anos, esses homens e mulheres começam a ocupar posições-chave na sociedade e chegam nesses postos com a energia que lhes é passada por um forte sentido de propósito, algo que os diferencia da média das gerações anteriores.

Mas ao escrever este livro não pensei exclusivamente na geração Y, à qual pertenço, mas em todas as outras pessoas, não importando sua idade, que também cultivam o firme desejo de cumprir sua parte em tornar este mundo mais saudável e mais justo para todos os seres que aqui vivem.

Ao longo deste livro, falamos das grandes crises sociais e ambientais do nosso tempo. Mostramos as razões pelas quais temos não apenas motivos de sobra para estarmos ansiosos em relação ao futuro, mas também muitos outros argumentos que nos permitem ter esperança.

É reconfortante, por exemplo, sabermos que há espaço para alinhar uma carreira de alto impacto na área social com muita qualidade de vida e satisfação. Essa satisfação não está ligada a bônus milionários nem ao consumo de bens e serviços de luxo, mas sim ao simples e profundo contentamento que vem de poder usar nosso bem mais precioso — nosso tempo de vida — para produzir valor para todos aqueles que nos cercam, com um olhar dedicado aos mais vulneráveis e menos favorecidos.

Você, que me seguiu até aqui, pôde entender como funciona o campo de impacto social, quais são suas principais áreas, assim como leu sobre diversos casos de impacto com organizações relevantes e, muitas vezes, pioneiras na área. Arrisco a dizer que aprendeu mais sobre si mesmo, sobre suas capacidades e competências e até mesmo a respeito dos principais desafios e erros mais comuns e como ficar atento para não cair neles. Não há como construir uma carreira de impacto sem errar, aprender com o erro e usá-lo a seu favor.

Senti uma grande alegria em escrever esta obra. Falei sobre o que acredito: a importância das atividades de monitoramento, da avaliação e da aprendizagem necessárias para se construir organizações sólidas e dedicadas ao impacto social.

Encerro esta minha contribuição com um bom pressentimento, o de que você conseguirá realizar seu sonho e começará, em breve, a atuar com impacto social. Isso se você já não conseguiu concluir a sua transição ao longo da leitura deste livro, algo que me trará a sensação de que nós vamos, sem dúvida, atingir o nosso objetivo em tornar este mundo um lugar mais justo e feliz.

REFERÊNCIAS

▌ CAPÍTULO 2

ABC. American Brodcasting Company. Earth 2100 Lucy's story. Nova York: ABC, 2017. Disponível em: <https://www.youtube.com/watch?v=_8ZGy_QxrqE>. Acesso em 15 jan. 2020.

GESSEN, Masha. The fifteen-year-old climate activist who is demanding a new kind of politics. Nova York: The New Yorker, 2018. Disponível em: <https://www.newyorker.com/news/our-columnists/the-fifteen-year-old-climate-activist-who-is-demanding-a-new-kind-of-politics>. Acesso em: 15 jan. 2020.

IBGE. Instituto Brasileiro de Geografia e Estatística. Síntese de indicadores sociais: uma análise das condições de vida da população brasileira. Rio de Janeiro: Coordenação de População e Indicadores Sociais, 2018. Disponível em: <https://biblioteca.ibge.gov.br/visualizacao/livros/liv101629.pdf> Acesso em: 15 jan. 2020.

OPHI. Oxford Poverty & Human Development Initiative. Global MPI case studies. Oxford: University of Oxford, 2018. Disponível em: <https://ophi.org.uk/multidimensional-poverty-index/mpi-case-studies/>. Acesso em: 15 jan. 2020.

WORLD BANK. Unrealized potential: the high cost of gender inequality in earnings. Washington, D.C.: The Worl Bank Group, 2018. Disponível em: https://www.worldbank.org/en/topic/gender/publication/unrealized-potential-the-high-cost-of-gender-inequality--in-earnings. Acesso em 15 jan. 2020.

WWF. World Wildlife Fund. Threats: water scarcity. Washington, DC: WWF, 2020. Disponível em: <https://www.worldwildlife.org/threats/water-scarcity#:~:text=Billions%20of%20People%20Lack%20Water,may%20be%20facing%20water%20shortages.> Acesso em: 15 jan. 2020.

CAPÍTULO 3

BRASIL. Ministério da Economia. Enimpacto, 2020. Disponível em: <https://www.gov.br/produtividade-e-comercio-exterior/pt-br/assuntos/inovacao/enimpacto>. Acesso em: 01 mar. 2020.

BRONSTEIN, Paula. The list: the world`s most powerful NGOs. Washington, D.C.: Foreign Policy, 2008. Disponível em: <https://foreignpolicy.com/2008/07/01/the-list-the-worlds-most-powerful-development-ngos/>. Acesso em: 01 mar. 2020.

G1. SABMiller aceita oferta de compra da AB InBev por US$109 bilhões. Rio de Janeiro: Organizações Globo, 2015. Disponível em: <http://g1.globo.com/ economia/negocios/noticia/2015/10/sabmiller-aceita-oferta-de-compra-da-ab-inbev-por-us   -109-bilhoes.html>. Acesso em: 01 mar. 2020.

GIIN. Global Impact Investing Network. Sizing the impact investing market. Nova York: GIIN, 2019. Disponível em: < https://thegiin.org/research/publication/impinv-market-size>. Acesso em: 01 mar. 2020.

GRAMEEN, Bank. Dhaka: Grameen Bank, 2020. Disponível em: < https://www.grameen-info.org/grameen-founder-muhammad-yunus/>. Acesso em: 01 mar. 2020.

IBGE. Instituto Brasileiro de Geografia e Estatística. Estatísticas Econômicas. FASFIL 2016: número de entidades sem fins lucrativos cai 14% em relação a 2013. Rio de Janeiro: Agência IBGE Notícias, 2019. Disponível em: <https://agenciadenoticias.ibge.gov.br/agencia-sala-de-imprensa/2013-agencia-de-noticias/releases/24162-fasfil-2016-numero-de-entidades-sem-fins-lucrativos-cai-14-em-relacao-a-2013 >. Acesso em: 01 mar. 2020.

INEP. Instituto Nacional de Pesquisas e Estudos Educacionais Anísio Teixeira. Escolas públicas atendem 45 milhões de alunos no Brasil. Brasília: INEP, 1999. Disponível em: <http://inep.gov.br/artigo/-/asset_publisher/B4AQV9zFY7Bv/content/escolas-publicas-atendem-45-milhoes-de-alunos-no-brasil/21206 >. Acesso em: 01 mar. 2020.

IPEA. Instituto de Pesquisa Econômica Aplicada. Mapa das organizações da sociedade civil. Brasília: IPEA, 2016. Disponível em: <https://mapaosc.ipea.gov.br/resultado-consulta.html>. Acesso em: 01 mar. 2020.

LEMANN, Fundação. Pessoas no setor público: a gestão de pessoas pode ajudar governos a entregarem serviços com mais qualidade. São Paulo: Fundação Lemann, 2020. Disponível em: <https://fundacaolemann.org.br/projetos/pessoas-no-setor-publico>. Acesso em: 01 mar. 2020.

McARTHUR, John W.; RASMUSSEN, Krista. An assessment of grant-based multilateral funding flows from 2014 to 2016. Global Policy 10, no. 2 (2019): 238-249. Disponível em: <https://onlinelibrary.wiley.com/doi/full/10.1111/1758-5899.12653 >. Acesso em: 01 mar. 2020.

NETFLIX. O Código. Los Gatos: Netflix, 2017. Disponível em: < youtube.com/watch?v=yO-CjrGevsdo >. Acesso em: 01 mar. 2020.

PRIZE, The Nobel. The Nobel Peace Prize 2006. Estocolmo: The Nobel Foundation, 2006. Disponível em: < https://www.nobelprize.org/prizes/peace/2006/summary/ >. Acesso em: 01 mar. 2020.

PÚBLICO, Prêmio Espírito. Como reconhecer e compartilhar as trajetórias de profissionais públicos que transformam? São Paulo: Prêmio Espírito Público, 2020. Disponível em: <https://premioespiritopublico.org.br/sobre/ >. Acesso em: 01 mar. 2020.

RENOUARD, Cécile. A social business success history: Grameen Danone in Bangladesh. Cergy: Essec Business School, 2012. Disponível em: < http://knowledge.essec.edu/en/sustainability/a-social-business-success-story.html >. Acesso em: 01 mar. 2020.

YUNUS, Muhammad. Criando um negócio social: como iniciativas economicamente viáveis podem solucionar os grandes problemas da sociedade. Rio de Janeiro: Elsevier, 2010.

_____. Um mundo sem pobreza: a empresa social e o futuro do capitalismo. São Paulo: Ática, 2008.

WAKOBA, Sam. Globa`s SMS money transfer service targets Africa`s unbanked population — and the world. Amsterdam: The Nex Web, 2012. Disponível em: <https://thenextweb.com/africa/2012/05/23/globas-sms-money-transfer-service-targets-africas-unbanked--population-and-the-world/>. Acesso em: 01. Mar. 2020.

▌ CAPÍTULO 4

AMERICAN RED CROSS. Bringing communities hope: annual report 2019. Washington, D.C.: American Red Cross, 2019. Disponível em: < https://www.redcross.org/content/dam/redcross/about-us/publications/2019-publications/Annual-Report-2019.pdf >. Acesso em: 01 mar. 2020.

CONTÁBIL, Jornal. O que é renúncia fiscal? São Paulo: Jornal Contábil, 2015. Disponível em: <https://www.jornalcontabil.com.br/o-que-e-renuncia-fiscal/>. Acesso em: 01 mar. 2020.

GIFE. SAEZ, Erika Sanchez; BERNARDINO, Gustavo e ZACCHI, José Marcelo (Org.). SANTIAGO, Graziela (Coord.) Censo GIFE 2018. São Paulo: GIFE e Uaná Consultoria e Assessoria, 2019. Disponível em: < https://sinapse.gife.org.br/download/censo-gife-2018 >. Acesso em: 01 mar. 2020.

IDIS. Instituto para o Desenvolvimento do Investimento Social. Pesquisa doação Brasil 2015. São Paulo: IDIS e Gallup, 2016. Disponível em: < https://idis.org.br/pesquisadoacao-brasil/wp-content/uploads/2016/10/PBD_IDIS_Sumario_2016.pdf>. Acesso em: 01 mar. 2020.

SANTANA, Diogo. Os mitos e mentiras sobre o trabalho essencial das ONGs. São Paulo: Nexo Jornal, 2019. Disponível em: < https://www.nexojornal.com.br/ensaio/2019/Os-mitos-e-mentiras-sobre-o-trabalho-essencial-das-ONGs?fbclid=IwAR0mb9Z9s7SgSJgnMevXa_ADfqqzJxGV59xhzfNf9zzDPpUnaWq2WxCtnyU&utm_medium=article_share&utm_campaign=self >. Acesso em: 01 mar. 2020.

CAPÍTULO 5

IPS AMAZÔNIA. Índice de Progresso Social Amazônia. IMAZON, Progresso Social Brasil e Social Progress Imperative. Disponível em: < http://www.ipsamazonia.org.br/>. Acesso em: 18 mar. 2020.

IPS RIO. Índice de Progresso Social Rio de Janeiro. Prefeitura do Rio. Instituto Pereira Passos (IPP) e Progresso Social Brasil. Disponível em: < http://www.ipsrio.org.br/>. Acesso em: 18 mar. 2020.

SPI. Social Progress Imperative. Disponível em:<http://socialprogress.org >. Acesso em 18 mar 2020.

CAPÍTULO 6

IDIS. Instituto para o Desenvolvimento do Investimento Social. Teste — Descubra sua causa. São Paulo: IDIS, 2020. Disponível em: < https://descubrasuacausa.net.br/home >. Acesso em: 20 mar. 2020.

CAPÍTULO 7

CARVALHO, Rafael. Soft Skills: habilidades que destacam profissionais. Rio de Janeiro: Edools, 2018. Disponível em: < https://www.edools.com/soft-skills/ >. Acesso em: 25 mar. 2020.

McKAUGHAN, Sean. Colaboração: um guia prático para promover a sustentabilidade. Bogotá: Fundación Avina, 2019. Disponível em: < https://colaboraction.com/home-pr/ >. Acesso em: 25 mar. 2020.

CAPÍTULO 8

ALVIM, Mariana. Sarampo no Brasil tem avanço preocupante, alerta UNICEF. São Paulo: BBC News Brasil, 2019. Disponível em: <https://www.bbc.com/portuguese/geral-47410826>. Acesso em: 10 abril 2020.

BREGNOCHE, Brian. O que é equity? São Paulo: Eqseed, 2017. Disponível em: <https://blog.eqseed.com/o-que-e-equity/ >. Acesso em: 10 abril 2020.

IBGE. Instituto Brasileiro de Geografia e Estatística. PNAD contínua TIC 2017: internet chega a três a cada quatro domicílios do país. Rio de Janeiro: Agência IBGE de Notícias, 2018. Disponível em: <https://agenciadenoticias.ibge.gov.br/agencia-sala-de-imprensa/2013-agencia-de-noticias/releases/23445-pnad-continua-tic-2017-internet-chega-a-tres-em-cada-quatro-domicilios-do-pais>. Acesso em: 10 abril 2020.

IPEA. Instituto de Pesquisa Econômica Aplicada. Em dois anos, a capacidade de energia solar no Brasil avança mais de 10 vezes. Brasília: IPEA, 2019. Disponível em: <https://www.ipea.gov.br/portal/index.php?option=com_content&view=article&id=34723>. Acesso em: 05 abril 2020.

▌ CAPÍTULO 9

ENDEAVOR. Prevenindo com o Compliance para não remediar com o caixa. São Paulo: Endeavor, 2020. Disponível em: <https://endeavor.org.br/pessoas/compliance/?gclid=C-j0KCQjwpfHzBRCiARIsAHHzyZoAuLT5Sy3n7Kvat0E78ii4LGbqMZonr_3xlvvNhujYpZBO-DigveKQaAqJDEALw_wcB >. Acesso em: 20 abril 2020.

INSPIRA, Ink. O que é matriz de marco lógico. São Paulo: Ink Inspira, 2020. Disponível em: < https://inkinspira.com.br/matriz-marco-logico/ >. Acesso em: 20 abril 2020.

SIGNIFICADOS. Significado de Accountability: o que é Accountability. São Paulo: Significados, 2020. Disponível em: < https://www.significados.com.br/accountability/ >. Acesso em: 20 abril 2020.

▌ CAPÍTULO 10

BRASIL, Anjos do. O que é um investidor-anjo. São Paulo: Anjos do Brasil, 2020. Disponível em: https://www.anjosdobrasil.net/o-que-eacute-um-investidor-anjo.html . Acesso em: 25 maio 2020.

CEBDS. Conselho Empresarial Brasileiro para o Desenvolvimento Sustentável. Quebrando muros — Economia Circular. Rio de Janeiro: CEBDS, 2020. Disponível em: <https://cebds.org/publicacoes/quebrando-muros-economia-circular/#.X9VBZdhKg2z >. Acesso em: 25 maio 2020.

CUNHA, Simone. Empresas 2.5 combinam foco em lucro com transformação social. Rio de Janeiro: G1, 2012. Disponível em: < http://g1.globo.com/economia/negocios/noticia/2012/10/empresas-25-combinam-foco-em-lucro-com-transformacao-social.html >. Acesso em: 25 maio 2020.

▌ CAPÍTULO 11

ARANGO, José Bernardo Toro. El cuidado: el paradigma ético de la nueva civilización. Bogotá, 2014. Disponível em: < https://www.las2orillas.co/wp-content/uploads/2014/11/EL-CUIDADO-COMO-PARADIGMA.pdf >. Acesso em: 01 jun. 2020.

BOFF, Leonardo. Saber Cuidar: ética do humano — compaixão pela Terra. Petrópolis: Vozes, 1999.

▮ CAPÍTULO 12

DESIDÉRIO, Mariana. Para a Natura, momento é de ganhar mercado dos concorrentes. São Paulo: Exame, 2020. Disponível em: < https://exame.com/negocios/para-a-natura-momento-e-de-ganhar-mercado-dos-concorrentes/ >. Acesso em: 05 jun. 2020.

IDIS. Instituto para o Desenvolvimento do Investimento Social (Coord. e Org.). FABIANI, Paula et al. Avaliação de impacto social: metodologias e reflexões. São Paulo: IDIS, 2018. Disponível em: < https://www.idis.org.br/wp-content/uploads/2018/05/Artigo_Avaliacao_Impacto_Social_06.pdf >. Acesso em: 05 jun. 2020.

NUSSBAUM, M. Creating Capabilities: The Human Development Approach. Cambridge, Massachusetts: Harvard University Press, 2013.

PNUD. O que é o RDH. Brasília: Nações Unidas, 2020. Disponível em: < https://www.br.undp.org/content/brazil/pt/home/idh0/conceitos/o-que-e-o-rdh.html >. Acesso em: 05 jun.2020.

QUEIROZ, Nana. Como a ajuda humanitária agrava a crise de fome na África. São Paulo: Veja, 2011. Disponível em: < https://veja.abril.com.br/mundo/como-a-ajuda-humanitaria-agrava-a-crise-de-fome-na-africa/ >. Acesso em: 05 jun. 2020.

RIFF, Alice; ONÇA, Luciano. Conectados, ou um réquiem para a lan house: minidoc mostra o declínio das lan houses, da febre nos anos 2000 até a persistência atual em alguns lugares da periferia. Santos: Revista Fórum, 2015. Disponível em: < https://revistaforum.com.br/noticias/conectados-ou-um-requiem-para-a-lan-house/ >. Acesso em: 05 jun. 2020.

ROCHA, Josilene. Entenda o marco regulatório do Terceiro Setor. São Paulo: Observatório do Terceiro Setor, 2015. Disponível em: < https://observatorio3setor.org.br/noticias/entenda-o-marco-regulatorio-do-terceiro-setor/ >. Acesso em: 15 jun.2020.

USP. Universidade de São Paulo. Avaliação de impacto (apresentação em PowerPoint). São Paulo: USP: Disponível em:<https://edisciplinas.usp.br/pluginfile.php/4149822/mod_resource/content/1/Avaliacao%20impacto%20JPAL%20MOVE%20outros.pdf >. Acesso em: 05 jun. 2020.

▮ CAPÍTULO 13

BERNARDES, Adriana. et al. Bolsonaro é esfaqueado no abdome, tem hemorragia e precisa ser operado. Brasília: Correio Braziliense, 2018. Disponível em: <https://www.correiobraziliense.com.br/app/noticia/politica/2018/09/06/interna_politica,704442/bolsonaro-leva-facada-durante-ato-publico-em-juiz-de-fora-mg-nesta-q.shtml >. Acesso em: 05 jun. 2020.

CHEN, James. Environmental, Social and Governance (ESG) Criteria: What are Environmental, Social and Governance (ESG) Criteria. Nova York: Investopedia, 2020. Disponível em: <https://www.investopedia.com/terms/e/environmental-social-and-governance-esg-criteria.asp >. Acesso em: 11 nov. 2020.

CHILDFUND BRASIL. Você sabe o que significa advocacy? Brasília: Child Fund Brasil, 2020. Disponível em: < https://www.childfundbrasil.org.br/blog/advocacy-voce-sabe-o--significa/ >. Acesso em: 05 jun. 2020.

FEILER, Camila. Sistema B: o que é isso? São Paulo: Nossa Causa, 2020. Disponível em: <https://nossacausa.com/sistema-b-o-que-e-isso/ >. Acesso em: 05 jun. 2020.

G1. TSE decide que Lula não pode ser candidato. Rio de Janeiro: GloboNews, 2018. Disponível em: < https://g1.globo.com/globonews/jornal-das-dez/video/tse-decide-que-lula-nao-pode-ser-candidato-6988998.ghtml >. Acesso em: 05 jun. 2018.

IGN. Darth Vader. Nova York: IGN, 2020. Disponível em: < https://www.ign.com/lists/top--100-villains/1 >. Acesso em: 13 out. 2020.

MILLENIUM, Instituto. O que significa um think tank no Brasil de hoje. São Paulo: Instituto Millenium, 2009. Disponível em: < https://www.institutomillenium.org.br/o-que--significa-um-think-tank-no-brasil-de-hoje/ >. Acesso em: 05 jun. 2020.

REUTERS. Bolsonaro diz que ONGs podem estar por trás de queimadas na Amazônia. São Paulo: Thomson Reuters, 2019. Disponível em: < https://br.reuters.com/article/topNews/idBRKCN1VB1BI-OBRTP >. Acesso em: 15 jun.2020.

REUTERS. Magazine Luiza acelera vendas desde abril, após impacto da Covid-19. Rio de Janeiro: G1, 2020. Disponível em: < https://g1.globo.com/economia/noticia/2020/05/25/magazine-luiza-acelera-vendas-desde-abril-apos-impacto-da-covid-19.ghtml>. Acesso em: 05 jun. 2020.

RODRIGUES, Maria Cecília Prates. Planejamento e avaliação de projetos sociais: o marco lógico revisitado. São Paulo: GIFE, 2014. Disponível em: < https://gife.org.br/planejamento-e-avaliacao-de-projetos-sociais-o-marco-logico-revisitado/ >. Acesso em: 05 jun. 2020.

STARWARS. Jedi order. Burbank: Lucasfilm, 2020. Disponível em: <https://www.starwars.com/databank/jedi-order>. Acesso em: 05 jun. 2020.

UOL. Eduardo Campos morre em acidente de avião em Santos. São Paulo: Uol, 2014. Disponível em: < https://eleicoes.uol.com.br/2014/noticias/2014/08/13/eduardo-campos--estava-no-aviao-que-caiu-em-santos.htm >. Acesso em: 05 jun. 2020.

WADHAMS, Nick. Bad charity? (All I got was this lousy T-shirt!). Nova York: Time, 2010. Disponível em: < http://content.time.com/time/world/article/0,8599,1987628,00.html >. Acesso em: 05 jun. 2020.

▌ CAPÍTULO 14

BRASIL. Ministério da Saúde. Blog da. UPA e UBS. Sabe o que significam essas siglas? Brasília: Ministério da Saúde, 2014. Disponível em: < http://www.blog.saude.gov.br/servicos/33620-upa-e-ubs-sabe-o-que-significam-essas-siglas.html >. Acesso em: 19 set. 2020.

REFERÊNCIAS **289**

ENDEAVOR BRASIL. Design thinking: ferramenta de inovação para empreendedores. São Paulo: Endeavor, 2015. Disponível em: < https://endeavor.org.br/tecnologia/design-thinking-inovacao/ >. Acesso em: 19 set. 2020.

FRANCISCO MORATO. Prefeitura Municipal de Francisco Morato. Coordenadoria de Relações Públicas. Francisco Morato conquista primeiro lugar na avaliação de gestão de cidades. Francisco Morato: Prefeitura da cidade de Francisco Morato, 2019. Disponível em: <http://www.franciscomorato.sp.gov.br/site/artigo/noticia/1017>. Acesso em: 19 de set. 2020.

G1. Eduardo Paes é eleito prefeito do Rio de Janeiro. Rio de Janeiro: Organizações Globo, 2008. Disponível em: < http://g1.globo.com/Eleicoes2008/0,,MUL832458-15693,00-EDUARDO+PAES+E+ELEITO+PREFEITO+DO+RIO+DE+JANEIRO.html>. Acesso em: 19 set. 2020.

G1. Renata Sene é eleita prefeita de Francisco Morato (SP). Rio de Janeiro: Organizações Globo, 2016. Disponível em: < http://g1.globo.com/sao-paulo/eleicoes/2016/noticia/2016/10/renata-sene-e-eleita-prefeita-de-francisco-morato-sp.html >. Acesso em: 19 set. 2020.

IBGE. Instituo Brasileiro de Geografia e Estatística. Panorama do município de Francisco Morato. Rio de Janeiro: IBGE, 2020. Disponível em: < https://cidades.ibge.gov.br/brasil/sp/francisco-morato/panorama>. Acesso em: 19 set. 2020.

LANÇA, Daniel — Governança Municipal — 20 Cases de Sucesso da Nova Gestão Pública nas Cidades Brasileiras. Belo Horizonte: Idde, 2017.

LIMA, Samantha. Eduarda La Rocque manda no cofre do Rio. São Paulo: Exame, 2011. Disponível em: < https://exame.com/revista-exame/ela-manda-no-cofre-do-rio/ >. Acesso em: 19 set. 2020.

MILLENIUM, Instituto. O que significa um think tank no Brasil de hoje. São Paulo: Instituto Millenium, 2009. Disponível em: < https://www.institutomillenium.org.br/o-que--significa-um-think-tank-no-brasil-de-hoje/ >. Acesso em: 05 jun. 2020.

PARÁ. Governo do Estado. Secretaria de Planejamento. Plano Plurianual — PPA. Belém: Governo do Pará, 2020. Disponível em: < https://seplan.pa.gov.br/plano-plurianual-ppa >. Acesso em: 19 set. 2020.

RIO DE JANEIRO. Prefeitura da Cidade do. Conselho estratégico de informações da cidade: atas das reuniões. Rio de Janeiro: Prefeitura da Cidade do Rio de Janeiro, 2015. Disponível em: <http://www.rio.rj.gov.br/documents/91329/88b83877-498a-45c1-98a-8-9f15a2b4d5ac>. Acesso em: 19 set. 2020.

Índice

A

ABONG, a Associação Brasileira de ONGs **87, 214, 235**

Adiar a felicidade **12**

Administração de resultados **260**

Agências de cooperação nacionais **44**

    DFID **44**

    GIZ **44**

    USAID **44**

Agenda 2030 **X**

Amartya Sen **211**

Ambev **34, 198**

    projeto Ama **34, 198**

Angústia de fundo **XIX, 8, 16, 66, 132**

Ansiedade **101**

Assimetria de poder **199**

Assistência humanitária **57**

Associação Brasileira de Captadores de Recursos (ABCR) **42, 110, 126**

Atuação cosmética **154**

Autoaceitação **73**

Autoconexão **96**

Autoconhecimento **73, 95, 104, 221**

    exercitar o **95**

investir no **104**

Autocuidado **184, 211**

Autonomia de decisões **16**

Autorrealização **5**

Autorresponsabilidade **185**

B

Bagagem comportamental **95**

Banco Interamericano de Desenvolvimento (BID) **39, 44**

Banco Mundial **20, 27**

Bernardo Toro **184**

Bill & Melinda Gates Foundation **40**

BlackRock **220**

BRAC, ONG **32**

Burnout **178, 226**

C

Campo de impacto social **13, 38, 97, 153, 202**

    papel principal do **55**

Capacidade de planejamento **118**

Capitalismo de stakeholders **219, 222**

Categoria de investimento ESG **220, 222**

Clima organizacional **113, 117**

ÍNDICE 291

Condição de vulnerabilidade **26**

Condições de trabalho **113**

Consciência ambiental **11**

Controladoria Geral da União **60**

Conversas de orientação **103**

Cooperação internacional **44**, **133**

Criança Esperança **54**

Crise

ambiental global **23**

de governança **26**

Critério

de accountability **152**

de compliance **152**

Cruz Vermelha Internacional **32**, **55**

Cultura

de monitoramento **202**

organizacional **189**

D

Daniel Lança **251**

Danone **34**

Shokti Doi **35**

Desastre climático **23**

Desenvolvimento

comunitário **78**

humano **28**

Desumanização de problemas **21**

Diáspora Black **144**

Distribuição do valor social da produção **116**

Dois "Ps" mágicos **121**, **277**

paciência **121**, **277**

persistência **121**, **277**

Downgrade financeiro **105**

E

Economia

de impacto **X**

do desenvolvimento **81**

Eduarda La Rocque **244**

Empreendedorismo social **276**

Empresas

B **XXII**, **217**

sociais **11**, **35**

Enimpacto **38**

Estratégias de "evangelização" **117**

Estresse laboral **182**

Ética do cuidado **183**, **184**

Externalidades **200**

F

Falta de oportunidades **22**, **26**

no mercado de trabalho **26**

Feira Preta **37**

Financiamento social **34**

Franklin Felix **214**, **235**

Frente Nacional dos Prefeitos **267**

Fundação

Boticário **39**

Bradesco **39**, **62**

Itaú Social **39**

Lemann **44**

programa Pessoas no Setor Público **44**

Roberto Marinho **39**

Fundación Avina **42**, **45**, **110**, **159**

G

Ganho de maturidade **73**

Germano Guimarães **269**

Gestão da produtividade **127**

GIFE, Grupo de Institutos, Fundações e Empresas **40**, **87**, **214**, **222**

GIIN, Global Impact Investing Network **38**

Global Health **142**

GRAAC **35**

Grameen Bank **36**

Green Climate Fund **141**

Greenpeace **41**, **99**

Greta Thunberg **23**

Grupo

    automotivo PSA **190**

    Tellus **269**

I

ICE, Instituto de Cidadania Empresarial **39**

IDIS, Instituto para o Desenvolvimento do Investimento Social **100**, **214**, **227**

    página Descubra a sua causa **100**

Impact investing **46**

Inclinações culturais **134**

Inclusão

    digital **145**

    social **58**

Indeed **88**

Indicadores de resultado **XXII**, **155**, **208**

Índice de Progresso Social **86**, **110**, **250**

INEP **43**

Iniciativas

    cosméticas **33**

    inócuas **XXI**

Insegurança alimentar **144**

Instituto

    Algar **39**

    de Pesquisa Econômica Aplicada (IPEA) **143**

    Natura **39**

    República **43**

    Rodrigo Mendes **35**

        educação inclusiva **35**

Inteligência emocional **118**

Inter Region Economic Network **201**

Intersetorialidade **223**

Intraempreendedorismo **219**

IPEA, Instituto de Pesquisa Econômica Aplicada **40**

J

James Shikwati **201**

Jason Sadler **200**

Jean Paul Sartre **3**

Johan Meyer **37**

K

KPMG, multinacional **34**

L

Ladislau Dowbor **81**

Lei Rouanet **145**

Leonardo Boff **183**

Limite de tempo **69**

M

Magalu **218**

Mal-estar

    coletivo **3**

interno **6**

Marcel Fukayama **214**

Márcia Pregnolatto **110**, **118**

Marco

lógico **203**

Regulatório do Terceiro Setor **235**

Martha Nussbaum **211**

Médicos Sem Fronteiras **32**

Medir resultados alcançados **196**

Mercado consumidor **25**

Michel Freller **42**, **110**, **125**, **128**

Movida **217**

Movimento de "profissionalização" **11**

Muhammad Yunus **36**

N

Natura **33**, **217**

Necessidade de monitoramento **202**

Negócios sociais **35**

Networking **87**

New Development Bank **44**

Nível de energia **7**

O

Objetividade **118**

OCDE **44**

OIS **142**, **159**

ONG (Organização Não Governamental) **32**

o papel das **56**

Oportunidades verdes **71**

Organização das Nações Unidas (ONU) **84**, **151**

17 Objetivos de Desenvolvimento Sustentável (ODS) **84**, **88**

PNUD **210**

Organização Mundial da Saúde (OMS) **145**

Organizações da Sociedade Civil (OSCs) **31**, **43**, **52**, **190**

Organizações de impacto (OIS) **25**, **115**, **119**

Organizações sem fins lucrativos **13**

Over-claiming **152**

Oxfam, ONG internacional **25**, **41**

P

Pamella Canato **88**, **214**, **222**

Paula Fabiani **214**, **227**

Perfil comportamental **134**

Peter Drucker **253**

Piloto automático **2**

estar preso nos trilhos **2**

Planos de carreira **180**

Plongê **165**

PNL, Programação Neurolinguística **82**

Pobreza extrema **20**, **26**, **138**

comunidades de **79**

Poder de pressão **26**

Políticas públicas **23**

bem focalizadas **23**

Prêmio Espírito Público **44**

Processo de coaching , **69**, **92**, **104**

Produtos sociais **33**

Profissionalização **169**

das organizações de impacto social **14**

importância da **169**

Propósito **76**, **147**, **218**, **274**

identificar o **97**

CARREIRAS DE IMPACTO

trabalhar com **218**

R
Recursos
  de cooperação internacional **44**
  naturais finitos **23**
Rede Brasileira de Monitoramento e Avaliação **87**
Relatório de Desenvolvimento Humano de 1990 **210**
Renata Fabrini **165**
Renata Sene **260**
Renúncia fiscal **60**

S
Saútil, aplicativo **142**
Sean McKaughan **120**
Senac São Paulo **88**
  site Setor3 **88**
Sensação de impotência **21**
Senso de realização **79**
Sentimento
  de impotência **75**
  de pertencimento **117**
Serviço Pastoral do Migrante (SPM) **41**
Setor 2.5 **174**
Sistema
  B Internacional **214**
  Marco Lógico **157**
SITAWI **37**
  iniciativa Finanças do Bem **37**
Social Progress Imperative **86**
Soft skills **118**
Soluções sociais **11**
Søren Kierkegaard **3**

Startups sociais **11**
Status quo **6**, **27**, **121**
Sustentabilidade financeira **14**

T
Taxa de fracasso **38**
Teleton **54**
Teoria de Mudança (TdM) **203**, **207**
TETO, ONG **74**, **79**, **139**, **204**
Trê Negócios Sociais **37**, **143**

U
Uberização da economia **19**

V
Valor social **28**
Vampiros do dia a dia **187**
  vampiro das reuniões **188**
Vazio
  de sentido **116**
  interno **72**
Visão unificadora **120**
Voluntariado **12**, **85**, **135**
Vox Capital **37**

W
World Wildlife Foundation (WWF) **41**, **99**, **170**

Projetos corporativos e edições personalizadas
dentro da sua estratégia de negócio. Já pensou nisso?

Coordenação de Eventos
Viviane Paiva
viviane@altabooks.com.br

Assistente Comercial
Fillipe Amorim
vendas.corporativas@altabooks.com.br

A Alta Books tem criado experiências incríveis no meio corporativo. Com a crescente implementação da educação corporativa nas empresas, o livro entra como uma importante fonte de conhecimento. Com atendimento personalizado, conseguimos identificar as principais necessidades, e criar uma seleção de livros que podem ser utilizados de diversas maneiras, como por exemplo, para fortalecer relacionamento com suas equipes/ seus clientes. Você já utilizou o livro para alguma ação estratégica na sua empresa?

Entre em contato com nosso time para entender melhor as possibilidades de personalização e incentivo ao desenvolvimento pessoal e profissional.

PUBLIQUE SEU LIVRO

Publique seu livro com a Alta Books.
Para mais informações envie um e-mail para: autoria@altabooks.com.br

 /altabooks   /alta-books   /altabooks   /altabooks

CONHEÇA OUTROS LIVROS DA **ALTA BOOKS**

Todas as imagens são meramente ilustrativas.

Este livro foi impresso nas oficinas gráficas da Editora Vozes Ltda.,
Rua Frei Luís, 100 – Petrópolis, RJ.